高等职业院校公共基础课系列教材

赢在起点

——大学生职业生涯规划

主　编　田正本　赵争东　卢彦峰

副主编　朱云洁　白娟娟　满春燕　张新蕾　张梦含

参　编　李英儒　高玲玲　苟　强　聂　璐　王　博

科 学 出 版 社

北　京

内 容 简 介

本书围绕职业生涯规划认知、自我探索、职业世界探索、职业生涯决策认知、职业生涯规划制订和职业生涯规划评估与调整六大项目全面展开，内容涵盖职业生涯规划的各个方面，旨在帮助大学生从认识自我到探索职业世界，最终制订切实可行的职业生涯规划，并进行持续评估与调整。本书内容兼具实用性与思辨性，旨在唤醒大学生的职业觉悟，帮助他们尽早树立职业生涯规划意识，并为他们实现理想目标提供切实可行的指导。

本书既可作为职业院校职业生涯规划的公共基础课教材，也可作为职场人士提高职业生涯规划能力的参考用书。

图书在版编目（CIP）数据

赢在起点 : 大学生职业生涯规划 / 田正本, 赵争东, 卢彦峰主编. -- 北京 : 科学出版社, 2025. 2. -- (高等职业院校公共基础课系列教材). -- ISBN 978-7-03-081454-8

I. G717.38

中国国家版本馆 CIP 数据核字第 20253N7G47 号

责任编辑：吕燕新 / 责任校对：赵丽杰

责任印制：吕春珉 / 封面设计：东方人华平面设计部

科学出版社 出版

北京东黄城根北街 16 号

邮政编码：100717

http://www.sciencep.com

天津市新科印刷有限公司印刷

科学出版社发行　各地新华书店经销

*

2025 年 2 月第 一 版　开本：787×1092 1/16

2025 年 2 月第一次印刷　印张：13 1/2

字数：310 000

定价：49.00 元

（如有印装质量问题，我社负责调换）

销售部电话 010-62136230　编辑部电话 010-62135397-2015

前言

PREFACE

随着社会的不断发展和竞争的日益激烈，大学生面临的职业选择变得更加多样化与复杂化。曾经大学生的就业问题主要集中在“找到一份工作”上，而如今更多的年轻人开始思考如何通过合理的职业生涯规划，实现长期的职业发展与个人价值的最大化。面对如此复杂的就业环境，职业生涯规划的重要性越发凸显。职业生涯规划不仅关乎职业选择，还体现了个人发展目标、人生价值追求与社会责任之间的有机统一。

大学生正处在人生的关键时期，职业生涯规划不仅关系到他们的职业发展方向，也直接影响到个人价值的实现、社会角色的定位及人生幸福的获得。因此，职业生涯规划的过程实际上是一个认识自我、了解世界、做出明智决策并不断调整优化的过程。

为了给大学生提供一条清晰的路径，帮助他们在踏入社会之前，科学地制订职业生涯规划，为未来的成功奠定基础，编者编写了本书。本书的主要编写特色体现在以下几个方面。

1）形式新颖，体例丰富。编者采用项目-任务驱动式，围绕大学生职业生涯规划的核心问题展开，主要分为 6 个项目，涵盖职业生涯规划认知、自我探索、职业世界探索、职业生涯决策认知、职业生涯规划制订及职业生涯规划评估与调整等内容。每个项目都包含“项目导言”“案例导入”“知识考核”模块，每个任务下均设置“任务目标”“知识讲解”“实训任务”“任务自测”“拓展阅读”模块，体例清晰完整、内容丰富，实用性强。

2）以任务为主线，以活动为中心。本书以学生完成某一个具体的实训任务并形成相应的能力为目标，引导学生主动探索、思考和体验，从而激发学生主动学习职业生涯规划的相关知识，提高职业生涯规划的能力。

3）融入思政元素，落实课程思政。为了落实立德树人的根本任务，充分发挥教材承载的思政教育功能，编者将职业价值观、职业理想、职业道德、规范意识、团队意识，以及正确的就业观、择业观、创业观等思政元素融入教学内容，可潜移默化地提升学生的思想政治素养。

4）数字资源配套，适应信息化教学。为了方便教师教学和学生自主学习，本书中穿插有二维码资源链接，通过扫描可以观看相关的微课视频。

在编写本书的过程中，编者参考并借鉴了一些文献和网络资料，在此向相关作者表示诚挚的谢意。

由于编者水平有限，加之时间仓促，书中不足之处在所难免，敬请广大读者批评指正。

目　录

CONTENTS

项目一

职业生涯规划认知

【项目导言】

在当今社会，职业生涯规划不仅是个人发展的必备工具，也是社会责任感和时代使命感的重要体现。在追求个人职业发展的同时，应将自己的职业目标与社会需求相结合，主动担当起社会发展和国家建设的责任。职业生涯规划不仅能帮助个体明确职业方向、增强竞争力，还能引导人们在职业选择中做出符合社会价值的决策，为国家经济发展和社会进步贡献力量。

在进行职业生涯规划时，应有全球视野和家国情怀，并积极承担起推动国家现代化建设和促进社会公平正义的责任。职业选择不仅仅是个人兴趣的体现，更应以服务社会、回报国家为出发点，注重在社会大局中实现个人价值。只有将个人发展与国家、社会的发展紧密结合，才能实现自我价值的最大化，为中华民族的伟大复兴贡献力量。

【案例导入】

小李是一名即将毕业的高职生，他所学的专业是机电一体化技术。经过 3 年的学习，他具备了一定的专业知识和技能，但当他开始思考毕业后的人生道路时，却发现自己并没有明确的职业目标。虽然他在校期间有过一些实习经历，接触过不同类型的企业和工作岗位，但他始终不知道自己适合做什么，也不清楚自己的兴趣所在。在面临选择时，小李感到非常困惑，甚至产生了对未来职业发展的焦虑。

在一次与导师的交流中，导师告诉小李，职业生涯规划是一个长期的过程，需要对自己的兴趣、优势，职业发展趋势，行业需求等因素进行全面分析和思考。导师建议他深入了解自己，明确职业目标，并根据实际情况制订有针对性的职业生涯规划。

小李开始反思自己的兴趣和技能，结合行业前景，重新审视自己的未来发展方向。他意识到，只有做好职业生涯规划，才能更好地面对未来的挑战。

问题：

1. 小李在职业选择中产生了哪些困惑？这些困惑背后可能隐藏着哪些职业生涯规划中的盲点？

2. 职业生涯规划为什么重要？如何更清楚地认识自己未来的职业发展方向？
3. 如何从自身的兴趣、能力、市场需求等方面出发，制订合理的职业生涯规划？

任务一 理解职业生涯规划的定义及特性

【任务目标】

微课：职业生涯规划的内涵及意义

知识目标

- 了解生涯和职业生涯。
- 理解职业生涯规划的定义。
- 掌握职业生涯规划的特性。

能力目标

- 能够通过对不同定义的理解，明确职业生涯规划的核心要素及其在职业发展中的重要性。
- 能够根据职业生涯规划的特性，及时调整职业生涯规划，以应对外部环境和个人情况的变化。

素质目标

- 培养对职业发展的敏感性，增强自我认识和反思的能力，能够理性分析自己在职场中的优势和不足。
- 培养适应职业变化、承受职场压力，并能积极调整心态应对挑战的心理素质。

知识讲解

古人云：“凡事预则立，不预则废。”“预”是规划，凡事都需要规划，职业生涯也是如此。那么，什么是职业生涯规划？职业生涯规划包括选择什么职业、在什么地区或什么单位从事该职业、在该职业队伍中担负何种责任等内容。孔子曰：“吾十有五而志于学，三十而立，四十而不惑，五十而知天命，六十而耳顺，七十而从心所欲，不逾矩。”这段话勾勒出人生不同阶段的发展轨迹，可谓生涯规划的典范。

一、生涯和职业生涯

1. 生涯

“生涯”一词源于庄子所说的“吾生也有涯，而知也无涯”。这里，“生”指生命，“涯”为边际、极限的意思。庄子表达的意思是“我的生命是有限的，但需要我学习、探索的知识却是无限的”。中国古人的诗词中也有“生涯”这个词，如南宋诗人陆游在《秋思》中写道：“身似庞翁不出家，一窗自了淡生涯。”生涯的英文是 career，从字源看，该单词来自罗马词 via carraria 及拉丁词 carrus，二者的意义均指古代的战车。在希腊文中，career 有疯狂竞赛的含义，最早常用于动词，如驾驭赛马（to career a horse）。在西方人的概念中，“生涯”一词隐含未知、冒险精神等意思。如今“生涯”多被引申为人生发展历程。生涯是指每个人有限而完整的人生旅程，涵盖了从出生到去世的全部生活内容与意义。《辞海》对“生涯”一词的定义是“从事某种活动或职业的生活”。

目前，大多数西方学者所认可的生涯的定义是唐纳德·舒伯（Donald Super）的观点：生涯是生活里各种事态的演进方向和历程，它统合了人一生中的各种职业和生活角色，由此表现出个人独特的自我发展形态。生涯是人生从青春期到退休之后，一系列有酬或无酬职位的综合。它不仅涵盖职业，还包括与工作有关的角色，如学生、退休者，以及家庭和公民等角色。角色由 3 个层面构成：长度，指个人生命的时长；广度，指扮演角色的多少；深度，指角色投入的程度。

由于生涯是人一生中各种角色的综合，在生涯发展过程中，人们可能会在不断的角色扮演中寻找自我，发掘人生的意义与前进方向。了解生涯的特性（图 1-1）有助于认识生涯的本质，以便更合理地规划人生，从而能坦然面对各种情境。

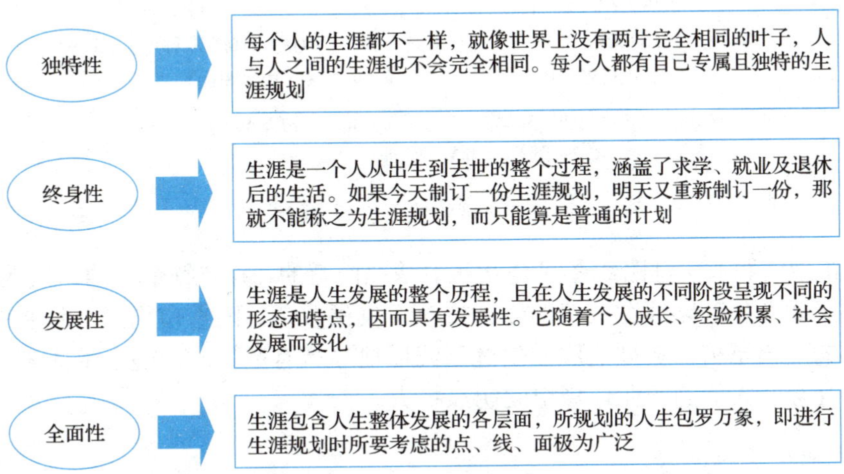

图 1-1 生涯的 4 种特性

2. 职业生涯

目前对职业生涯的定义还没有统一的界定，不同的学者从不同的角度进行了论述。

有学者认为，职业生涯是指一个人一生经历的所有职位的整体历程，是生活中多种事件的前进方向和历程，是个人独特的自我发展类型。也有学者认为，职业生涯是指一个人一生经历的与工作相关的经验方式，这种工作经历包括职位、职务经验和工作任务。还有学者指出，职业生涯是指一个人依据理想的长期目标所形成的一系列工作选择，以及相关的教育或训练活动，是有计划的职业发展历程。

职业生涯是有关工作经历的过程或结果，以及工作历程中所扮演的职业角色，有人生经历、生活道路和职业、专业、事业的含义。简而言之，职业生涯是指一个人一生中所从事的工作及所担任的职务、角色，同时也涉及其他非工作或非职业的活动和个人生活中衣食住行娱等方面的活动与体验。

3. 常见的职业生涯路线图

职业生涯路线是指一个人选定职业后，为了实现职业目标和职业理想所选择的路径。例如，是向行政管理方向发展，还是向专业技术方向发展，抑或是向其他方向发展等。

典型的职业生涯路线图（图 1-2）是一个 V 形图。例如，一个人 24 岁大学毕业后参加工作，即 V 形图的起点是 24 岁，那么从起点向上发展，左侧是行政管理路线，右侧是专业技术路线。将路线划分成若干等份，每一等份表示一个年龄段，并将专业技术等级、行政职务级别分别标在路线图上，作为自己的职业生涯目标。

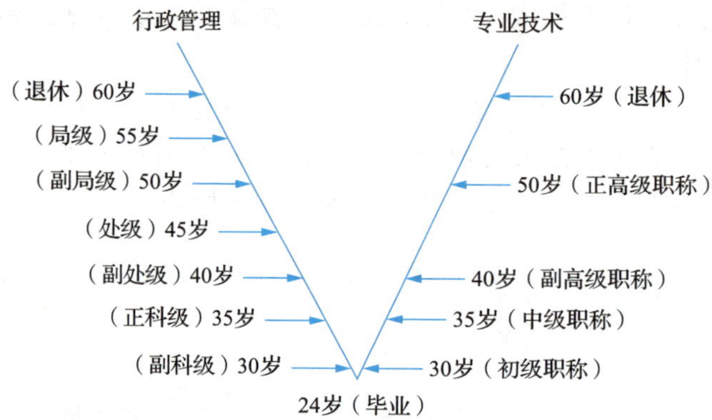

图 1-2　典型的职业生涯路线图

当然，典型的职业生涯路线图只是就一般情况而言的，并非每个人的路线图都是如此。它只是提供了职业生涯路线图大概的设计方法，仅供参考。随着市场经济体制的不断完善和新兴职业的层出不穷，典型的职业生涯路线图已显得有些过时，适用的人群大为缩减。毕竟在当今社会，人们的职业选择空间明显扩大。

4. 外职业生涯和内职业生涯

埃德加 · H. 施恩（Edgar H. Schein）将职业生涯分为外职业生涯和内职业生涯，可以从这两个角度来加深对职业生涯内涵的理解。

外职业生涯指从事职业的工作单位、工作地点、工作内容、工作职务、工作环境、工资待遇等因素的组合及其变化过程。例如，将职务目标定为销售部经理、营销总监，将经济目标定为 30 周岁之前赚取 20 万元、40 周岁之前赚取 100 万元。外职业生涯的构成因素通常是由他人给予的，也容易被他人收回，且其获得往往与个人付出并不成正比，尤其在职业生涯初期。有的人一生疲于追求外职业生涯的成功，但内心极为痛苦，其根本原因在于他们未认识到外职业生涯的发展建立在内职业生涯发展的基础上。

内职业生涯指从事一项职业所具备的知识、观念、心理素质、能力、内心感受等因素的组合及其变化过程。例如，将工作成果目标定为担任销售经理职务并用一年时间建立公司的营销网络管理体制；将心理素质目标定为经受得住挫折，能做到临危不惧、宠辱不惊。内职业生涯的各项因素虽可在他人帮助下获得，但主要依靠个人的努力追求。内职业生涯的构成因素一旦获得，就难以被他人收回或剥夺。

二、职业生涯规划的定义

从广义上来看，职业生涯规划是指不仅要设计自己职业发展的目标和道路，还要运用各种信息和方法去获得更大的成功。因此，广义的职业生涯规划包含两个方面的内容：①职业生涯的设计（这也可以看作狭义的职业生涯规划）；②职业生涯的发展，即如何将设计好的职业生涯规划付诸实施。

三、职业生涯规划的特性

职业生涯规划的特性体现了其作为一个持续调整、长期进行、个体化和动态发展的过程的重要性。个人在职业生涯中需要有清晰的目标，深入了解自我，具备适应变化的能力，并根据外部环境和个人兴趣不断进行调整，以实现长远的职业发展目标。职业生涯规划的特性如下。

1. 个体化

职业生涯规划是一个根据个体特征来定制的过程。每个人的兴趣、价值观、性格、能力及目标存在差异，这些差异决定了每个人在职业生涯中所追求的路径和目标各不相同。因此，职业生涯规划不应仅依赖通用的职业模型或他人的经验，而要充分考虑个人的独特性。无论是在职业领域、岗位类型的选择上，还是在工作环境、企业文化的匹配上，个体都需要根据自身的特点做出最适合的决策。

例如，有些人可能倾向于技术性的职业，如软件开发、工程设计等；而有些人则热衷于人际互动、沟通与协调，可能适合从事销售、市场营销等工作。再如，一些人可能对挑战性较大的工作充满兴趣，渴望在职场中有所突破；而另一些人则可能更注重工作与生活之间的平衡，倾向于选择一份稳定、压力较小的工作。这种个体化的规划能够帮助个体更好地发挥自身优势，避免职业生涯中的迷茫和不适应。

2. 动态性

职业生涯规划并不是一成不变的，而是随着个人的成长和外部环境的变化而需不断调整。随着时间的推移，个人的兴趣、价值观、生活目标及技能水平等都会发生变化。例如，年轻人在职场初期可能更注重工资待遇和职位晋升，但随着工作经验的积累，他们可能开始关注工作内容的挑战性和职业发展的长期方向。此外，生活中的重大变化，如婚姻、子女出生或健康状况的变化，也可能影响个人的职业选择。

此外，社会环境和行业趋势也在不断变化。例如，随着科技的进步，一些传统行业可能逐渐被淘汰，而新的行业和职业出现，个人的职业生涯规划就需要根据这些变化做出相应调整。因此，职业生涯规划要求个体具备灵活性和敏感性，能够及时识别这些变化并做出相应的调整，以确保自身的职业路径始终在正确的轨道上。

3. 长期性

职业生涯规划是一个长期而持续的过程。一个人的职业生涯通常会跨越几十年，在这段时间里，个人会经历不同的职业发展阶段，每个阶段的需求和目标会有所不同。因此，职业生涯规划不仅仅是设定一个短期的职业目标，更要考虑整个职业生涯的长期规划。短期目标可能会帮助个人在职业生涯初期积累经验，但只有通过长期规划，才能确保在整个职业生命周期中逐步实现更高的职业目标。

长期性特征的另一层含义是职业生涯规划不应局限于眼前的目标，而应有意识地规划未来。例如，职业早期，个体往往侧重于职业技能的积累；而随着经验的增长，则可以将更多关注转向管理技能、领导力的提升，乃至行业影响力的建立。因此，职业生涯规划需要从长期视角出发，将目标分为不同阶段，并为每一阶段制定相应的发展策略，从而确保整个职业生涯的成功。

4. 层次性

职业生涯规划具有层次性，这意味着职业目标通常不是一蹴而就的，而是分阶段进行的。每个阶段的目标都应与个体的职业经验和能力水平相匹配，并且不断地向上推进。层次性可以帮助个体有条理地规划职业生涯，逐步实现更高的目标。通常，职业生涯的初期阶段侧重于基础知识与技能的积累，并逐步建立对行业的基本认知；中期阶段，则通过提升管理能力、拓展人脉资源等手段，逐渐承担更多责任；后期阶段，个体往往追求更高层次的领导职位，或致力于在某一领域内成为专家型人才。

短期目标和长期目标的有机结合，是职业生涯规划中实现层次性发展的关键。短期目标通常较为具体，具有可操作性，帮助个体逐步达到长期目标。例如，在职业生涯初期，短期目标可能是获得某个职位的晋升，或是通过学习获得某项技能；而长期目标则可能是成为某一领域的优秀人才或进入更高层次的职业圈。层次性不仅能帮助个体确保职业发展的连续性，也能让个人不断体验成功和成长，增强自信心。

5. 目标导向性

职业生涯规划具有明确的目标导向性。规划的核心在于通过设定清晰的职业目标，明确自身努力的方向，从而避免迷失在职业发展的道路上。目标导向性有助于个体专注于实现自己的职业目标，并通过逐步积累经验、提升技能、拓展人脉等方式，朝着目标不断前进。具体的职业目标可以设置为：在 5 年内成为部门经理，或者在 10 年内担任公司高管。

目标导向性要求个体在职业生涯规划过程中设定明确的时间节点。例如，短期目标可以是专注于完成某项职业资格的考试或完成一个项目，中期目标可以是实现职位上的晋升或转型，长期目标可以是成为行业的领导者。明确的目标不仅能帮助个体把握职业发展的方向，还能使他们在面对挑战时保持专注，从而克服困难。

6. 综合性

职业生涯规划不仅关注个人的职业目标，也是一个涉及个人生活、职业价值、家庭责任等方面的综合性过程。个人的职业目标、价值观、生活状态、家庭状况等会影响职业选择和职业生涯规划。因此，在制订职业生涯规划时，需要考虑各层面的因素，从而制订出既符合个人需求又能够在实际中执行的规划。

例如，有些人在职业初期可能对收入有较高的期望，而另一些人可能更看重工作对生活的影响，如是否有更多的休假时间或实行弹性工作制。综合性要求职业生涯规划不仅要关注职业目标的实现，还要考虑其他生活方面的需求，从而更全面地服务于个人的整体发展。

7. 适应性

随着技术和行业的不断变化，职业生涯规划需要具备较强的适应性。职业环境的快速变化要求个体迅速识别这些变化并灵活应对。尤其在快速发展的行业中，新的技术、趋势或岗位不断出现，个体必须具备根据变化调整职业生涯规划的能力。例如，人工智能和数字化转型已深刻改变了许多传统职位，个体可能需要通过再学习或转换职业路径来适应这些变化。

此外，适应性也指个体在面对职业发展中的挑战和波动时，能够保持灵活性并调整计划。职业道路上难免会遇到挫折，如职位晋升不顺利或公司裁员等，适应性要求个体具备积极的心态，并在困难中找到新的机会。

实训任务

职业生涯规划的内涵探究

【实训目的】

通过实训，学生畅想 20 年后的自己，能够初步思考自己的职业生涯，了解职业生涯的内涵。

【实训过程】

1. 规则与流程

1）以 4～6 人为一组，围绕如“20 年后从事什么样的职业”这类主题展开讨论。可以谈 20 年后的自己在什么样的环境下工作，工作的内容是什么，具备什么样的技能和素质。小组成员共同搜集信息，保证畅想内容的合理性。

2）教师把各小组的主题写在黑板上。

3）同一小组的学生不仅要搜集所畅想的内容信息，还要集思广益，设想其他小组可能提出的问题，以便做好准备，接受提问。

4）每组针对其他小组的主题设想 3～5 个问题，并选出 3 个问题在其他小组发言时进行提问。

2. 小组讨论

1）你畅想的 20 年后的景象是什么？

2）你的理想与现实之间的主要差距有哪些？

3）怎样才能实现你的理想？

【实训总结】

通过本次实训，学生不仅能够对自己理想的职业生涯状态进行畅想，还能够了解自己期待的职业生涯愿景，初步认知自己的职业生涯状态，树立职业生涯规划意识。通过分享与讨论，学生之间可以相互启发，激发有关职业生涯规划的思考，增强职业发展的信心与动力，为未来的职业选择奠定坚实基础。

任务自测

项目一任务一学习自测

理解的知识点	
掌握的技能点	
感受与收获	
任务成效评分	0 分---10 分

拓展阅读

职业生涯规划的类型

职业生涯规划是个体结合自身情况与职业环境，对职业生涯进行系统设计的过程，其类型多样，以下从规划期限、规划主体、规划内容等维度进行分类。

1. 按规划期限分类

（1）短期规划（1～2 年）

特点：规划期限较短，目标具体且明确，易于操作和实现，主要关注当前岗位的工作表现和近期发展机会。

示例：一名新入职的营销专员，其短期规划可能是在 1 年内熟悉公司产品和市场，掌握基本的营销技巧，完成每月既定的销售任务，在第二年争取成为部门内的销售骨干，获得“优秀员工”称号。

（2）中期规划（3～5 年）

特点：在短期规划的基础上，对未来 3～5 年的职业发展进行规划，目标相对更具前瞻性和挑战性，需要考虑个人能力提升、职业晋升路径及行业发展趋势等因素。

示例：一位软件工程师，其中期规划可能是在 3 年内掌握一门新的编程语言和技术框架，提升自己的项目开发和管理能力，从初级工程师晋升为中级工程师，在 5 年内成为项目团队的核心成员，负责带领小型团队完成项目开发。

（3）长期规划（5 年以上）

特点：规划时间跨度大，目标具有战略性和全局性，需要综合考虑个人的兴趣、价值观、职业理想，以及社会、行业的发展趋势，规划的重点在于确定个人的职业方向和发展愿景。

示例：一名有创业梦想的职场人，其长期规划可能是在 10 年内积累足够的行业经验、人脉资源和资金，创办一家属于自己的科技公司，在行业内树立良好的品牌形象，成为具有一定影响力的企业家。

2. 按规划主体分类

（1）个人职业生涯规划

特点：由个人自主制订和实施，完全基于个人的兴趣、能力、价值观和职业目标，具有较强的个性化和自主性。个人可以根据自己的实际情况随时调整规划，以适应不断变化的环境。

示例：一位热爱艺术的年轻人，根据自己的兴趣和特长，制订了成为一名知名画家的个人职业生涯规划。他通过参加艺术培训、举办个人画展等方式不断提升自己的绘画水平，同时积极拓展人脉资源，争取在艺术领域取得成功。

（2）组织职业生涯规划

特点：由组织为员工制订和实施，旨在满足组织发展对人才的需求，同时帮助员工实现个人职业发展目标。组织会根据自身的战略目标和人力资源规划，为员工提供培训、晋升、轮岗等发展机会，促进员工与组织的共同发展。

示例：一家大型企业为了培养未来的管理人才，制订了组织职业生涯规划。企业通过内部选拔、培训、导师辅导等方式，为有潜力的员工提供晋升通道和发展机会，帮助员工逐步成长为企业的中高层管理人员。

3. 按规划内容分类

（1）技能提升型规划

特点：重点在于提升个人的专业技能和知识水平，以适应不断变化的职业需求。技能提升型规划通常包括参加培训课程、获取专业证书、参与实践项目等。

示例：一名会计人员为了提升自己的专业能力，制订了技能提升型规划。他计划在 1 年内考取注册会计师证书，参加相关的财务培训课程，学习最新的税收政策和会计准则，以提高自己在财务领域的竞争力。

（2）职位晋升型规划

特点：以获得更高的职位和更大的权力为目标，规划的重点在于积累工作经验、提升管理能力、建立良好的人际关系等。

示例：一位部门主管希望晋升为部门经理，他制订了职位晋升型规划。在规划中，他明确了在接下来的 1 年内要完成的重要项目，提升团队管理能力，加强与上级领导和其他部门的沟通协作，争取在绩效考核中取得优异成绩，为晋升做好充分准备。

（3）职业转型型规划

特点：当个人对当前的职业不满意或发现更好的职业机会时，需要进行职业转型。职业转型型规划需要考虑个人的兴趣、能力、市场需求等因素，制订合理的转型路径和策略。

示例：一名传统媒体行业的记者，由于行业发展趋势的变化，决定转型到新媒体领域。他制订了职业转型型规划，首先学习新媒体运营、内容创作等相关知识和技能，然后通过实习、兼职等方式积累新媒体工作经验，最终成功转型为一名新媒体编辑。

任务二 探讨职业生涯规划的原则与意义

【任务目标】

知识目标

- 理解职业生涯规划的原则。
- 掌握职业生涯规划的意义。

能力目标

- 能够在制订职业生涯规划时，严格遵循择己所爱、择己所长、择世所需、择己所利等原则。
- 能够在进行职业生涯规划时，充分考虑职业生涯规划的意义，制订出切实可行的方案。

素质目标

- 具备清晰的职业意识，明确职业发展是个人的责任，能够主动规划职业生涯，而不是依赖外界的指引或干预。
- 具备较强的适应能力，能够面对外部环境的变化（如社会经济发展、行业需求变化等）及时做出调整，并保持职业生涯规划的灵活性和前瞻性。

知识讲解

职业生涯规划能够帮助人们明确职业目标，做出科学决策。通过遵循择己所爱、择己所长、择世所需等职业生涯规划的原则，人们能够在不断变化的职场中明确发展方向，不仅能提升职业竞争力，还能实现个人价值，协调处理职业与生活之间的关系，从而获得长期的满足感和成就感。

一、职业生涯规划的原则

有些大学生在规划自己的职业生涯时，常感到困惑和不知所措。这就要求大学生在制订职业生涯规划前先了解职业生涯规划的原则，确保规划既合理可行，又能与自身实际情况相契合。在进行职业生涯规划设计时，应遵循以下原则。

1. 择己所爱

选择自己热爱的工作，是职业生涯规划的关键步骤。兴趣不仅能给予人从事工作的动力和热情，还能让人在工作中获得持续的满足感。当从事自己热衷的职业时，工作不再是一种负担，而是一种享受。调查显示，个人的兴趣与成功之间具有显著的正相关性。只有真正喜欢自己的职业，才能保持长期的投入和持续的成长。因此，在职业生涯规划时，务必充分考虑自身的兴趣和特点，选择能够激发自己热情的领域和职业。

2. 择己所长

每个职业都对从业者提出一定的技能要求。不同的职业领域需要不同的专业知识、能力和经验。在选择职业时，应当优先考虑自己的强项，在此基础上发展和提升相关技能。每个人的时间和精力有限，因此，不能期望在所有领域都成为专家，而应专注于自己擅长的领域，通过不断提升自身的专业能力，发挥个人优势。在选择职业时，可以结合个人优势和市场需求，确保职业发展具备竞争力。根据比较优势原理，应选择能发挥自身最大技能优势的职业，避免在自己不擅长的领域投入过多精力。

3. 择世所需

随着社会的发展，市场需求不断变化，部分传统行业和职业可能逐渐被淘汰，而新的行业和职业则不断涌现。在职业生涯规划过程中，应密切关注社会发展的整体趋势，预测未来行业的走向。通过深入了解社会需求，优先选择具有发展潜力和广阔前景的职业。在此基础上，应有意识地培养和提升相关技能，以更好地适应未来职业的变化。在制订职业生涯规划时，要具备前瞻性，着眼长远，关注可能出现的新兴职业。同时，应综合分析当前与未来的市场变化，优先考虑那些能够提供长期发展机会的行业和岗位，确保职业路径的可持续性和竞争力。

4. 择己所利

职业不仅是谋生的手段，还是追求幸福的途径。个人的职业选择往往与生活质量、精神满足感及社会地位密切相关。因此，在选择职业时，首先要考虑个人的预期收益。这些收益不仅包括经济收入，还涉及社会地位、工作成就感、个人成长等方面。每个人对幸福的定义不同：有些人追求高收入，有些人更看重工作与生活的平衡，也有人将工作中获得的成就感视为最大的回报。无论选择哪种方式，都应结合自身实际情况和长期发展目标，进行全面权衡与理性判断。在职业选择中，应理智地权衡收入、职业发展空间、社会地位及工作内容等因素，最终做出符合自身利益的选择。

5. 择心所向

每个人对于工作的意义、人生的价值等会有不同的理解和追求。因此，在进行职业生涯规划时，应思考自己希望通过职业获得什么样的满足感。例如，有些人希望通过工作实现社会价值，有些人则希望通过工作获得经济独立和财富自由。通过设定符合自己内心需要的职业目标，可以增强职业生涯的动力，使职业发展更加充实且富有意义。

6. 择适者为佳

每个行业和职业都有其独特的要求与挑战，因此在选择职业时，应评估自己是否具备适应特定职业环境和文化的能力。例如，有些职业可能需要频繁出差，有些职业要求较强的创造力和沟通能力，而有些则可能要求长时间的工作投入。选择适合自己性格和生活方式的职业，不仅能提高工作效率，还能减少职业压力和焦虑感。在进行职业生涯规划时，应选择既能发挥自身优势又能融入其中的行业或职位。

7. 择行而治

成功的职业生涯规划并非仅依赖单一因素，而是需要从多方面进行综合考量。社会需求、个人兴趣、自身能力、收入预期及工作内容等都是重要的决策依据。这一规划过程是系统化的，既要考虑短期目标，又要兼顾长期发展，同时还要权衡内外部因素，灵活应对各种变化。在职业生涯的不同阶段，应定期回顾并调整自己的规划，使其与时俱进，并持续优化，以更好地适应不断变化的环境和个人成长需求。

总之，职业生涯规划是一个全面而复杂的过程，既需要考虑社会的需求，也需要结合个人的兴趣、能力、价值观和生活目标。科学合理的职业生涯规划可以帮助个人更好地实现职业理想，追求职业发展的最大化。在职业生涯中，只有不断调整和完善自己的目标，努力提升自我，才能在充满挑战的职场中获得成功和满足。

二、职业生涯规划的意义

近年来，尽管国家和学校纷纷出台相关政策和措施加强职业发展指导教育，强化大学生职业生涯规划的意识，但不少大学生对职业生涯规划的重要意义认识不足，将规划流于形式，导致职业生涯规划不能充分发挥应有的作用。实际上，大学生做好职业生涯规划，无论是对个人、学校还是社会都具有重要的意义。

（一）对学生个人的意义

1. 有利于明确职业目标

职业生涯规划能够帮助学生明确自己的职业目标，为未来的职场生涯绘制出清晰的发展路线图。如果没有明确的目标，学生在职业选择中就会感到迷茫，难以集中精力提升自己；而有了明确的目标，学生就能够在学习过程中围绕目标进行规划，选择合适的课程、课外活动和实习机会，从而为进入职场做好充分准备。此外，职业生涯规划还可以帮助学生设定短期和长期的职业目标。通过这些具体的目标，他们可以逐步实现自己的职业理想，同时减少职业发展的盲目性和随机性。

随着社会和行业的不断发展与变化，职业目标也需要进行相应的调整和优化。职业生涯规划不仅仅是设定一个静态的目标，更是一个动态的过程。在这个过程中，学生将定期评估自己的进展，并根据外部环境的变化和个人兴趣的发展，及时调整自己的目标和方向。这种灵活性使职业生涯规划更具前瞻性和适应性，有助于学生在职业生涯中走得更稳、更远，避免因目标不明确而错失发展机会。

2. 有利于提高自我认知

职业生涯规划能够使学生更好地认识自己，包括自己的兴趣、性格、能力和价值观。通过这一过程，学生不仅能发现自己在某些领域的天赋和优势，还能识别出自己的短板和发展空间。自我认知是职业生涯规划中的一个核心部分，只有了解自己，才能做出适合自己的职业选择。如果没有形成正确的自我认知，就可能会受到外部环境的影响，选择不适合自己或过于主流的职业，进而在职业发展中产生困惑和不满。

通过职业生涯规划，学生可以借助职业测评、兴趣测试、性格分析等工具更深入地了解自己。在深入了解自己的兴趣和天赋后，学生能够更加精准地选择那些符合自己兴趣和优势的职业，从而避免进入那些过于消耗精力、与自己个性不匹配的行业。这将有助于提升学生的职业满意度，使他们在未来的职业生涯中更加投入和快乐。自我认知的提升不仅能帮助学生做出理性的职业选择，也能为他们日后职业生涯中的自我调整和自我提升奠定基础。

3. 有利于提升竞争力

随着社会竞争的日益激烈，职场对人才的要求越来越高。职业生涯规划促使学生从大学阶段就开始有针对性地积累与未来职业相关的经验和技能。例如，通过选择与未来职业发展方向相关的课程，学生能够掌握必要的专业知识；通过参与相关的课外活动和实践项目，学生能够提升综合能力，增强职场竞争力。职业生涯规划还有助于学生合理选择实习机会，从而提前体验职场环境，了解行业的实际需求，为顺利进入职场打下坚实的基础。

此外，职业生涯规划还能帮助学生准确评估市场需求和趋势，并据此对规划做出调整。这种前瞻性的视角有助于学生发现潜在的就业机会，选择那些不仅符合个人兴趣，还满足较高市场需求的行业。在就业市场中，掌握一项或多项与目标职位高度匹配的技能，将显著提升学生的就业竞争力，使他们在求职中脱颖而出。通过有规划的学习和实践，学生能够提前为自己的职业发展铺平道路，从而增强未来职业生涯的灵活性和多样性。

4. 有利于增强自信和动力

通过职业生涯规划，学生能够增强自信心和职业动力。当明确自己的职业目标并了解自己在职场中的位置时，就会更加自信地面对未来的职业挑战。具备职业生涯规划能力的学生通常能够保持清晰的思维，知道自己在学业和实践中需要关注的重点，并能够合理安排时间和精力去实现这些目标。这样的学生在进入职场后，通常表现出从容不迫，能够迅速适应职场的要求，并以积极的心态应对可能遇到的困难和压力。

职业生涯规划不仅能帮助学生设定目标，更能激发他们的内在动力。在制订职业生涯规划的过程中，学生会不断反思自己的兴趣和优势，明确努力的方向。职业生涯规划能够帮助学生设定阶段性目标，并通过实现这些目标所获得的实际成就感来保持动力。无论是在学业上还是在工作中，有了明确的目标和规划，就能够在面临困境时保持积极的心态，克服挑战，最终实现自己的职业理想。

（二）对学校的意义

1. 有利于提升教育质量

学校通过为学生提供职业生涯规划方面的支持，不仅帮助学生更好地理解所学的理论知识，还能增强这些知识的实用性和针对性。职业生涯规划可以推动学校教学内容与社会需求之间的有效对接，使学生获得适应社会和行业发展的技能。通过职业生涯规划，学校能够根据行业和社会的最新发展趋势，调整课程设置和教学内容，为学生提供更具市场竞争力的知识体系。

此外，学校的教育质量不仅体现在学术成绩上，也体现在培养学生的实践能力和创新思维上。通过提供职业生涯规划指导，学校鼓励学生将所学理论应用于实际工作中，从而提升实践能力。这种教育模式的转变不仅能提高学校的教学质量，还能增强学生的就业能力，确保学校教育与快速变化的社会需求和行业发展保持同步，从而提升学校在社会中的声誉和影响力。

2. 有利于增强社会责任感

职业生涯规划能够帮助学校培养学生的职业意识和社会责任感，使学生不仅关注学术成绩，也能注重提升社会适应能力和责任感。学校通过引导学生进行职业生涯规划，帮助他们认识到自己未来不仅仅是职业发展的参与者，更是社会主义建设的贡献者。学校将学生的职业生涯规划融入教育过程，不仅能提升学生的职业素养，也能增强学生的社会责任感，激励他们为社会的发展和进步贡献力量。

在职业生涯规划的过程中，学校鼓励学生思考如何在未来工作中发挥自身的社会价值，如何在实现个人职业目标的同时关注社会的共同利益。这种教育方式不仅关注知识技能的积累，还注重培养学生的道德意识和社会担当，有助于学生全面发展。学校通过为学生提供全方位的支持，推动学生成长为具有社会责任感、创新能力和团队合作精神的综合人才，进而增强学校的社会责任感。

3. 有利于促进校企合作

职业生涯规划的实施为学校与企业之间的合作创造了更多的机会。学校可以通过职业生涯规划课程、讲座、实习和招聘活动等形式，积极与企业开展合作，为学生提供更多的实践机会。企业可以通过学校的职业生涯规划活动了解学生的能力和需求，从而为学生提供有针对性的实习机会和就业岗位，帮助学生顺利地过渡到职场。通过校企合作，学生不仅能提前接触行业环境，还能建立起与企业的联系，增加未来的就业机会。

同时，学校与企业的合作关系也有助于提升学校教学资源和就业服务的质量。企业可以为学校提供实际的行业需求和趋势，帮助学校调整教学内容和课程设置，以更好地适应行业发展和技术进步。通过与企业的深入合作，学校能够为学生提供更加多样化的就业平台和机会，促使学生获得更多的实践经验和职业技能。校企合作不仅能增强学校的教育功能，也能帮助学生更好地实现职业发展目标。

4. 有利于提高毕业生就业率

职业生涯规划的有效实施，有助于学生更好地了解自己的优势和职业兴趣，从而在选择职业方向时做出更加明智的决策。在职业生涯规划的过程中，学生能够明确自己的职业目标，并借助学校提供的职业辅导和资源，提前培养进入职场的相关技能。这种提前的职业准备，使学生在求职时更加自信，能够迅速定位适合自己的职位和行业，减少职业选择的盲目性和随意性。

随着学生的就业准备更加充分，毕业生的就业率也自然会提高。学生能够有目的地进行实习、参与实践项目和建立职业网络，提升在职场中的竞争力。学校通过职业生涯规划帮助学生制定明确的就业目标，并提供相关的就业指导和资源支持，确保毕业生顺利进入自己心仪的岗位。提高毕业生就业率不仅增强了学校的社会声誉，也提升了学校在用人单位中的口碑，进一步巩固了学校在教育领域的优势地位。

（三）对社会的意义

1. 满足社会需求

职业生涯规划的实施，能够使学生更加清晰地了解社会各行业对人才的需求，尤其是特定领域的人才和行业中的紧缺人才。社会的需求是动态变化的，随着技术的发展和行业的变革，某些职业和技能的需求不断提升。在此背景下，职业生涯规划能够帮助学生把握这些趋势，选择那些与市场需求相符的职业方向，从而确保他们毕业后满足社会对高素质、专业化人才的需求。

通过职业生涯规划，学生将更有针对性地选择适合自己的行业，并且增强对行业发展的敏感度。这不仅能帮助学生在就业市场中占据有利位置，也有助于各行业得到更多适应性强、具备创新能力和专业技能的高素质人才。这些人才将为社会发展贡献力量，推动行业和技术的进步，满足社会不断变化的需求，从而促进社会的持续发展与进步。

2. 推动社会经济发展

职业生涯规划能够帮助学生更好地选择与市场需求契合的职业方向，并确保他们具备所需的专业技能。在当今经济社会中，职业选择和专业技能不仅影响个人的职业发展，还直接关系到社会经济的运转效率与创新发展。学生通过职业生涯规划获得知识和技能，从而顺利进入各行各业，为经济增长贡献力量。越来越多具备实际技能的毕业生进入职场，将有效提升工作效率，推动技术创新，并为各行业的繁荣注入新的活力。

此外，随着社会对技术型、创新型人才的需求日益增加，职业生涯规划能够帮助学生在选择专业时更加注重技能的实际应用。这使得社会在培养各类专业人才时，能够更好地契合经济发展的趋势。高素质的劳动者将推动整个社会经济的发展，促进产业结构的优化和社会生产力的提升，从而形成良性循环，推动社会经济持续稳定发展。

3. 降低就业市场的失业率

如果没有制订职业生涯规划，就可能会在进入职场时遇到职业方向模糊、过度竞争或者无法适应工作的挑战，从而陷入就业困境。职业生涯规划有助于学生更加清晰地认识自己的职业目标，并根据市场需求做出合理选择。这样能够避免盲目就业或选择不适合自己的行业，从而减少职场中的竞争压力和不必要的困惑。

职业生涯规划通过帮助学生选择符合自己兴趣和能力的职业，能够有效避免人才的浪费，降低就业市场的失业率。这种方式不仅优化了社会的就业结构，还实现了人才资源的精准配置。此外，职业生涯规划的实施还能减少职业选择不当导致的人员流动，从而促进社会的稳定与和谐。

4. 促进人才资源的优化配置

职业生涯规划能够帮助学生根据自身优势和社会需求进行合理匹配，从而优化社会的人才资源配置。在当今社会，随着全球化和技术的不断发展，行业对专业人才的需求变得越来越细化和多样化。通过制订职业生涯规划，学生能够更好地理解社会各行业的发展趋势和人才需求，进而调整自己的专业方向，选择那些既符合自己兴趣和优势，又能满足社会需求的职业领域。

这种人才资源的优化配置有助于行业的持续发展和技术的不断创新。当人才能够准确地与社会需求对接时，社会各行业将会获得更多高素质、专业化的人才。这不仅能推动行业的发展，也能为社会创新提供源源不断的动力。优化人才资源配置的同时，还能够有效推动产业升级，促进社会各层面的协调发展，从而形成更加高效的社会运转机制，提升国家的整体竞争力。

实训任务

大学生职业生涯规划的意义探析

【实训目的】

通过实训，学生能够深入理解职业生涯规划的重要性，并认识到职业生涯规划对个人职业发展、学校教育及社会经济等方面的深远影响。

【实训过程】

1. 前期学习

1）学生需提前阅读有关职业生涯规划的重要性、意义和影响因素的相关资料，并观看关于职业生涯规划的讲座视频。

2）在观看过程中，学生应做好笔记，并在课堂上分享自己的理解与感受。

2. 小组讨论

1）将学生分为若干小组，每组 4～5 人。

2）每组选择一个角度，如个人职业发展、社会需求、学校教育或家庭因素等方面，探讨职业生涯规划的意义。

3）小组成员讨论以下问题：①为什么职业生涯规划对个人的重要性不容忽视？②职业生涯规划如何影响个人的长期职业发展？③社会经济的变化对职业生涯规划有何影响？它如何影响社会整体的人才需求？④学校如何帮助学生理解并制订职业生涯规划？

4）每组需要进行 3～5 分钟的简短汇报，展示讨论结果。

3. 个人分析任务

每位学生需基于小组讨论的内容和自己的职业发展愿景，撰写一篇关于职业生涯规划的意义的分析报告，内容包括但不限于：①职业生涯规划对个人发展的意义；②在职业生涯规划中面临的主要挑战和困惑；③如何通过职业生涯规划提升自我认知、竞争力和职业满意度；④如何根据社会需求、市场变化和家庭情况调整职业生涯规划。

4. 报告提交与展示

1）每位学生需在指定日期前，将个人报告提交至教学平台。

2）选取 5～6 份具有代表性的报告进行分享，每位报告者需进行 5 分钟的展示，并与其他学生进行互动问答。

【实训总结】

通过本次实训，学生不但深入探讨了职业生涯规划的多方面意义，而且将理论知识与个人实践相结合，经过分析和讨论，深刻理解了职业生涯规划的多重意义，进而提高了制订科学、有效的职业生涯规划的能力。

任务自测

项目一任务二学习自测

理解的知识点	
掌握的技能点	
感受与收获	
任务成效评分	0 分--10 分

拓展阅读

国外大学生的职业生涯规划

在西方一些国家，职业生涯教育从小学便开始。进入大学后，学生的教育形式更加多样化，如职业日、职业兴趣测试、社会实习等。学校非常注重学生对社会工作经验的积累，每隔一段时间就会邀请各种职业人士到学校介绍各自领域的工作；还会定期组织一系列模拟实践活动。年满 14 周岁的学生便可以利用业余时间到校外打工，积累宝贵的工作经验。

国外大学生职业生涯规划设计一般包括以下 4 个阶段。

1. 大学一年级：收集信息

1）学业方面：在辅导员的引导下计划学习课程；参与小组项目或研究工作。

2）择业方面：在就业中心注册，了解其提供的各类资源，并与职业咨询师进行沟通；通过职业兴趣测试和问卷调查，了解自己感兴趣的专业领域和职业方向；向高年级学生或学院咨询，获取不同专业及其相关职业的详细信息；学习撰写简历的方法，寻找暑期实习机会。

3）社会活动方面：参加协会或俱乐部活动；休闲时间多和朋友交流心得。

2. 大学二年级：探索职业选择

1）学业方面：选择专业前，了解各专业相关信息；主动认识一些教师，并积极与他们交流；努力取得优异的学业成绩。

2）择业方面：寻找职业咨询师进行评估，确定职业目标；定期更新简历；学习与职业目标相关的专业技能，并积极参与实习或研究项目；利用暑期进行工作实习。

3）社会活动方面：参加（或组织）协会或俱乐部活动；加入学校运动队；主动结识来自不同国家的学生。

3. 大学三年级：获取经验

1）学业方面：选择学习其他专业课程或攻读双学位，拓展职业选择路径；参加行业讨论会；成为相关行业的学生会员。

2）择业方面：与职业咨询师共同分析、确定自己的兴趣、目标和价值观；准备考研或求职，留意考研信息和相关讲座；为校园招聘做准备；参加实习就业招聘会；留意就业中心发布的实习和工作机会。

3）社会活动方面：参加协会或俱乐部活动；休闲时间多和朋友交流心得。

4. 大学四年级：做出决定

1）学业方面：主动认识一些教师，并积极与他们交流；确定研究生专业方向，申请研究生；努力取得优异的学业成绩。

2）择业方面：分析总结 4 年来获得的经验，明确自身强项和所掌握的技能；定期更新简历，参加就业技能和面试技巧相关培训；实际练习应聘技巧，并进行模拟面试；与亲朋好友和教师建立联系，抓住就业机会；参加校园招聘会，同时留意校外招聘信息。

3）社会活动方面：评估社会关系对求职的帮助；制订合理的经济开支预算。

任务三 掌握职业生涯规划的步骤和方法

【任务目标】

知识目标

- 理解职业生涯规划的具体步骤。
- 掌握职业生涯规划各步骤的具体实施方法。

能力目标

- 能够清晰地阐述职业生涯规划的具体步骤，并系统地进行分析与总结。

- 能够运用职业生涯规划的方法和工具，指导他人制订符合其个性特征与发展需求的职业生涯规划。

素质目标

- 提高与他人交流和协作的能力，能够清晰地表达自己的职业目标和规划，并有效地与他人进行沟通和合作。
- 提高时间管理与自我驱动力，能够合理安排时间，制订切实可行的时间表，并按照既定计划推进职业目标的实现。

知识讲解

职业生涯规划是一个系统化、长期性的过程，旨在帮助个体根据自身的兴趣、能力、价值观等因素，选择并实现适合自己的职业目标。通过掌握职业生涯规划的步骤与方法，大学生能够更好地进行职业生涯的管理与调整。

职业生涯规划的具体步骤如下。

一、自我认知

自我认知是职业生涯规划的基础。通过对自身的全面了解，可以清楚地知道自己在哪些方面有优势，哪些领域是不喜欢或不擅长的，从而做出更符合自己兴趣、性格和价值观的职业选择。具体实施方法如下。

（一）兴趣评估

自我反思和兴趣测试是帮助学生了解自身兴趣的重要工具。自我反思通过引导学生回顾过去的经历、成就和兴趣点，帮助他们识别自己在不同情境下的表现和反应。这种方式能让学生从内心深处真正了解自己的兴趣所在，并明确自己在职业选择中的偏好。例如，有些学生在回顾学校生活时，可能发现自己曾热衷于参与某些项目、活动或课程，而这些经历可能与未来的职业方向有着密切联系。通过自我反思，学生能够明确自己的兴趣领域。

此外，职业兴趣测试，如霍兰德职业兴趣测试或职业兴趣问卷等，以结构化的方式来评估学生的兴趣倾向。这些测试通常会根据学生的回答，将其兴趣分为不同的类型，并匹配到相应的职业类别。例如，霍兰德职业兴趣测试将兴趣分为 6 种类型：现实型（realistic type，R 型）、研究型（investigative type，I 型）、艺术型（artistic type，A 型）、社会型（social type，S 型）、企业型（enterprising type，E 型）和常规型（conventional type，C 型）。这些类型能够帮助学生识别他们在工作中的潜在兴趣方向，如某些人可能对艺术创作或设计工作感兴趣，而有些人可能倾向于工程类或管理类工作。借助这些工具，学生可以更加清晰地了解自己在职业选择中的兴趣所在，从而制订出更贴合自身特点的职业生涯规划。

（二）性格分析

性格类型在职业选择中起着重要的作用。性格特征直接影响个人在职场中的行为方式、沟通风格、工作习惯和决策方式。例如，外向型的人通常善于与他人互动，喜欢参与团队合作，并且在社交环境中表现得非常自如。他们通常在与他人频繁沟通、建立关系的工作中表现出色，如销售、市场营销、公共关系或客户服务等职业。这些职业需要较强的沟通能力和团队协作能力，而外向型的人通常具备这些特质。

相反，内向型的人则往往更喜欢安静的工作环境，倾向于独立完成任务，并且在深思熟虑后做出决策。内向型的人可能更适合从事一些需要高度专注和独立思考的工作，如研究、数据分析、编程或写作等。这类工作更注重个人能力和深度专注，而不是团队合作或频繁的社交互动。

因此，通过性格测试［如 MBTI（Myers-Briggs type indicator，迈尔斯-布里格斯类型指标）］，学生能够了解适合自己的工作环境和职业类型，从而做出契合自身特质的职业选择。了解自己性格类型的优势和局限，有助于更好地规划职业生涯，避免选择与自己性格不匹配的职位，降低工作压力，提高职业满意度和成就感。

（三）能力评估

评估个人的核心技能是职业生涯规划的关键一步，可以帮助学生明确自身竞争优势，并发现需要改进的地方。学生可以通过多种途径来识别自身优势和不足。

1）回顾学术成绩。在学术方面，学生可以分析自己在不同学科中的表现，了解哪些领域表现突出，哪些领域存在弱项。这种分析能够帮助学生识别自己的学习能力、理解能力及专业技能，从而明确在特定领域的发展潜力。

2）参与项目实战、实习或志愿者活动。在项目实战中，学生可以锻炼团队合作能力、领导力、时间管理能力、解决问题能力等，这些都是职业生涯中极为重要的核心技能。例如，通过团队合作项目，学生能够评估自己在协作中的表现，是否具备良好的沟通协调能力、解决冲突的能力和推动团队合作的能力。此外，领导力和沟通能力也是评估个人能力的重要方面。学生可以通过参与组织活动或担任领导角色，观察自己在决策、责任分配、执行力和沟通协调方面的表现，从而清晰了解自己在这些核心能力上的长处与待加强的地方。这些评估结果将为职业生涯规划提供重要参考，帮助学生找到最适合自己发展的职业方向，并制订出具体的提升计划。

（四）价值观认知

了解个人的职业价值观是职业生涯规划的重要环节，能够帮助学生在众多职业选择中找到最符合自身需求的路径。职业价值观反映了个人在工作中所追求的核心需求和目标，它直接影响职业选择的方向和决策。例如，有些人高度看重收入和职位晋升机会，可能倾向于选择高薪的行业或职位，如金融、科技等；而另一些人更注重职业的稳定性和长期保障，可能倾向于选择公务员或国有企业等提供较高稳定性的职位。

此外，工作自由度也是一种重要的职业价值观。对某些人来说，灵活的工作时间和自主选择工作方式是他们选择职业的重要标准，他们可能更愿意选择自由职业或创业等形式，这类职业能够提供更多的独立工作机会和创新空间。对于那些注重社会贡献和个人使命感的人来说，他们可能更倾向于选择公益、教育、医疗等行业，因为这些行业不仅能使人产生成就感，还能实现个人的社会价值。通过对职业价值观的认知，学生能够明确自己的需求和目标，确保在职业选择时做出更符合内心期待的决策，从而提高职业生涯的满意度和成功感。

二、职业目标设定

职业目标设定是职业生涯规划过程中至关重要的一步。它不仅能够帮助个人明确在职业道路上的方向和追求，还能够为个人提供清晰的行动指南，使他们在面对各种选择和挑战时保持专注和动力。明确的职业目标还能增强个人的自信心和职业认同感，使其在职业发展中更有目标感和成就感。具体实施方法如下。

（一）SMART 分析法

SMART 分析法是一种被广泛应用于个人规划、团队管理、项目执行等场景的目标制定框架，它能帮助目标更清晰、可执行、可衡量，从而提高实现概率。其核心是让目标满足5 个维度的要求，分别是 S（specific，明确性）、M（measurable，可衡量性）、A（attainable，可达成性）、R（relevant，相关性）、T（time-based，时限性）。

S：目标应清晰且明确，避免模糊的描述。设定目标时，要回答“谁、什么、在哪里、何时、为什么”这些问题，确保目标是具象且易于理解的。例如，“成为市场营销部门经理”是具体的目标，而“提升职位”则过于模糊。具体的目标能够让个体更加清楚自己努力的方向和行动步骤。

M：目标应具有可量化的标准，以便追踪进度和评估目标是否达成。例如，目标可以通过数字、比例或其他具体指标来衡量，如“在 3 年内晋升为高级项目经理”或“年销售增长 20%”。设定可衡量的目标有助于清晰地看到成就，并在过程中进行调整。

A：目标应是现实且可实现的。考虑到现有的资源、时间和能力，虽然设定挑战性的目标很重要，但超出能力范围的目标可能会使人产生挫败感。制定目标时，要评估当前的条件与能力，确保目标在努力的基础上得以实现。例如，“在半年内获得英语六级证书”对于部分学生来说可能过于简单，但对有些学生来说则可能具有挑战性。

R：目标应与个人的长期愿景、职业发展方向及价值观相一致。一个相关的目标应与个人的生活目标和职业生涯规划相符。例如，某个人的职业目标是成为一名高级程序员，学习高级编程语言或参与大型软件项目就是相关目标。如果设定与个人职业方向不符的目标，就可能会浪费时间和精力。

T：每个目标都应设定一个明确的时间框架，避免无休止的延迟。时间限制可以激励人更高效地工作，确保目标按时达成。例如，“在 5 年内完成并通过职业资格认证”就是一个有明确时限的目标。明确的截止时间有助于保持动力，以及更好地规划和分配资源。

（二）设定长期目标与短期目标

在职业生涯规划过程中，应同时设定明确的长期目标和可行的短期目标。通过将长期目标与短期目标相结合，学生可以清晰地规划自己的职业发展路径，并在实现目标的过程中保持动力和方向。

1. 设定长期目标

长期目标是学生职业生涯的终极愿景，通常涉及个人职业发展的远大目标和方向。例如，长期目标可以是“成为××行业的领军人物”或“在 10 年内成为一名高级管理者”。长期目标为学生提供了清晰的职业方向和动力，是所有短期目标的指南针，指引学生朝着最终的职业成就迈进。

设定长期目标时，需要考虑个人的兴趣、价值观、市场趋势及职业发展潜力。例如，一个有志于从事医疗行业的学生，长期目标可以是“在 10 年内成为某医疗机构的首席医疗官”。要实现这个目标，不仅需要考虑医疗行业的变化，还需要对未来的成长路径有清晰的规划。

2. 设定短期目标

短期目标是长期目标的分解和具体化，帮助个人在日常学习和职业生涯初期逐步积累经验和技能。它通常是更具体、可实现的目标，有明确的时间框架和可衡量的成果。例如，可以设定以下短期目标：1 年内提升公共演讲能力，参加至少 3 次公开演讲比赛；3 年内完成一项与专业相关的实习，获得专业技能资格证书；6 个月内提升外语水平，取得英语六级证书。

短期目标能够帮助个人分阶段实现长期目标，而每个短期目标的达成都会让人产生一定的成就感。这些小的成功不断积累，最终将助力个人实现更大的目标。

3. 将长期目标与短期目标相结合

将长期目标与短期目标相结合，能够让个人在实现长远职业目标的过程中，保持动力、集中精力并进行有效的自我评估。

1）具有具体性与可操作性：长期目标提供了总体方向，而短期目标则提供了具体的实施步骤，促使个人将远大的目标转化为切实可行的行动计划。

2）逐步实现与反馈：通过完成短期目标，获得及时的反馈，检视自己是否朝着长期目标发展。短期目标的逐步达成，能够提供必要的信心和动力，避免因目标遥远而感到沮丧或迷茫。

3）灵活调整与反思：在长期目标的框架下，短期目标允许个人根据实际情况调整计划，确保目标始终与个人发展和外部环境变化相契合。如果短期目标的实现面临挑战或变化，则可以根据实际情况灵活调整，不断优化职业发展路径。

（三）设定分阶段目标

职业发展的不同阶段有不同的特点和需求，因此每个阶段设定的目标也有所不同。一般来说，职业发展可以分为以下几个主要阶段：学业阶段、职场初期阶段、职业发展阶段、职业成熟阶段和职业巅峰阶段。

1. 学业阶段

在学业阶段，目标主要聚焦于知识积累、实践经验获取、职业探索和软技能提升。

1）知识积累：应通过课本学习、课堂讨论和课外阅读，掌握所学专业的核心理论与实践技能，打好职业生涯的基础。

2）实践经验获取：参加实习、学术研究项目或志愿活动，获取初步的行业经验，拓宽视野，积累实际操作能力。

3）职业探索：利用职业辅导、行业讲座、职业咨询等机会，探索自身兴趣和职业目标，了解不同职业领域的要求与挑战。

4）软技能提升：除了专业知识，还需提升沟通、团队合作、时间管理等软技能，为进入职场做好准备。

2. 职场初期阶段

在职场初期阶段，目标主要聚焦于技能提升、工作经验获取、职业网络建立、职业规划这几个方面。这一阶段通常是职业生涯的学习阶段，需要快速适应职场环境，积累专业能力。

1）技能提升：根据职业要求，进一步学习并掌握工作所需的具体技能，如行业工具、技术软件或管理方法等。

2）工作经验获取：通过日常工作中的实际操作，学习如何应对复杂问题、管理任务和沟通协调，获取项目经验。

3）职业网络建立：通过参与公司内部活动、行业会议、社交平台等，建立广泛的人脉关系，为未来的职业发展奠定基础。

4）职业规划：明确自己的职业兴趣和发展方向，评估个人的优势与不足，逐步调整自己的职业目标和发展路径。

3. 职业发展阶段

在职业发展阶段，个人通常已积累一定的工作经验，目标应转向领导力发展、跨领域能力拓展、职业定位、行业深耕这几个方面。

1）领导力发展：培养团队管理和领导能力，逐步承担更多的责任，领导项目或团队，提升在组织中的影响力。

2）跨领域能力拓展：通过继续教育或行业内不同领域的工作经验，扩展知识面和技能边界，提升跨职能的工作能力。

3）职业定位：进一步明确自己的职业定位，是继续深耕技术路线、转向管理路线，还是探索其他领域。

4）行业深耕：逐步在所在行业中建立声誉，成为某一领域的专家或意见领袖。

4. 职业成熟阶段

在职业成熟阶段，职场人士通常处于事业的高峰期，目标主要聚焦于战略性思维培养、高级管理或专家角色定位、企业内外部影响力扩展，以及社会贡献践行。

1）战略性思维培养：在公司或行业层面参与战略决策，提升宏观管理能力，关注企业的长远发展。

2）高级管理或专家角色定位：如果选择管理路线，目标可以是晋升到高层管理职位，如总监、副总裁或首席执行官；如果选择专业路线，目标可以是成为行业顶尖专家或学者。

3）企业内外部影响力扩展：提升个人在行业内的声誉，扩大社会影响力，成为行业内的思想领袖或创新者。

4）社会贡献践行：不仅关注个人职业发展，还考虑如何回馈社会或行业，可以通过创业、参与慈善活动、担任行业协会职务等形式实现。

5. 职业巅峰阶段

在职业巅峰阶段，目标主要聚焦于传承与培养、社会责任承担，以及职业总结与回顾。

1）传承与培养：将自己的经验和知识传授给年轻一代，培养后备人才，帮助他们快速成长。

2）社会责任承担：以更广阔的视角来看待个人的社会责任，参与公益活动、担任行业导师等。

3）职业总结与回顾：回顾自己的职业生涯，总结经验教训，规划未来的退休生活或转型路径。

三、职业选择探索

探索不同的职业选择，有助于学生清晰地了解适合自己的职位，并根据个人兴趣、技能及社会需求，选择最佳的职业路径。具体实施方法如下。

（一）行业调研

对大学生而言，行业调研有助于他们做出明智的职业选择。在进行行业调研时，大学生可以通过查阅行业报告、研究行业前景、分析发展趋势等方式，深入了解行业的整体情况。例如，研究行业的市场规模、技术进步、政策环境、未来发展潜力等能够帮助大学生预测行业未来几年的发展方向。此类调研可以通过阅读行业分析报告、参加行业相关的讲座、关注行业内的权威网站和社交平台等途径进行。这样不仅能了解该行业的当前状态，还能洞察行业的创新领域和未来的机会，从而明确自己的职业定位。

除了宏观层面的行业趋势，大学生还应关注行业内的就业机会、薪资待遇、就业稳定性等因素。不同的行业对人才的需求、工作环境、职位发展空间、薪资水平等有不同的要求。例如，科技行业可能对技术能力和创新思维的要求较高，薪资待遇通常较为丰厚，但竞争激烈且要求高。一些传统行业如教育、医疗等，则可能更注重稳定性和职业的长期发展。在了解这些具体情况后，大学生可以根据自身的兴趣、技能和职业规划，选择适合自己的行业。行业调研有助于大学生降低盲目就业的风险，避免选择不适合自己的领域，从而使自己的职业道路更加清晰和有针对性。

（二）职业调研

职业调研是帮助大学生深入了解特定职业的关键环节，尤其是在选择职业方向时尤为重要。通过职业调研，大学生能够全面了解某个职业的具体工作内容、工作环境、薪资待遇、晋升空间等信息，从而为自己未来的职业选择做出更为理性和精准的决策。具体来说，大学生可以通过参加行业讲座、职业发展讲座、企业招聘宣讲会等途径，直接接触行业内部的专家和从业者，了解职业的实际工作情况。这些活动提供了与职场人士面对面交流的机会，不仅能听取他们的经验分享，还能了解不同职业的成长路径和面临的挑战。

此外，职场实习也是职业调研的重要途径之一。通过在相关行业的实习，大学生可以获得一手的工作经验，直接体验某个职业的日常工作流程，感受工作环境和企业文化。这不仅能帮助大学生确认自己是否适合某个职业，还能锻炼实际操作能力，为将来的求职加分。通过这些方式，大学生能够获得对职业更全面、真实的认识，避免仅凭表面信息做出选择，从而制订出更加明智的职业规划。

（三）访问与咨询

访问与咨询是职业调研中至关重要的一部分，通过与从事该行业或职业的前辈、导师、职业顾问等专业人士进行交流，可以获得第一手的行业信息和宝贵的职业建议。这些前辈和导师通常具备丰富的行业经验，能够提供更加具体、实际的职业建议。例如，他们分享自己的职业发展经历，解释某个职业的挑战和机遇，帮助大学生了解从业过程中可能遇到的实际问题。通过与这些有经验的人士沟通，大学生不仅能够解决自己在职业选择上的疑问，还能够获得在该领域脱颖而出的具体建议。

此外，通过面对面的交流，不仅有助于打消内心的疑虑，还能够获得更多的行业内部信息。许多行业或职业领域的特殊性并不容易通过公开渠道得知，而通过与行业内部人士的沟通，大学生能够获得一些更深入、更实用的信息。例如，某些职业可能在外界看来薪资丰厚、前景光明，但实际的工作压力、工作时间安排和生活平衡可能并不如预期。通过咨询从业者的真实体验，大学生能够更全面地评估职业选择，避免因不了解行业情况而做出错误决策。此外，通过与导师或职业顾问的长期交流，能够获得持续的职业指导和职业发展建议，助力个人规划未来的职业路径。

四、职业发展计划制订

制订详细的行动计划是确保职业目标顺利实现的关键。大学生需要明确如何一步步执行职业目标，掌握实现这些目标所采取的行动、时间管理和资源配置。具体实施方法如下。

（一）明确行动步骤

在设定职业目标时，明确具体的行动步骤至关重要。学生应将每个职业目标分解为一系列具体且可执行的行动计划，确保目标的实现具有清晰的方向和可操作性。首先，需要根据自己的职业目标，确定实现该目标所需的关键步骤。例如，如果目标是成为某个领域的专家，就需要通过完成相关课程或培训项目，掌握领域内的核心知识和技能。这些教育和培训不仅能为大学生提供专业基础，还能使他们获得必要的行业认证和证书，如专业资格证书、技术认证等，进一步增强他们在职场中的竞争力。

除了学术和证书的获得，还需要通过参与实际项目或实践活动来积累经验，增进对行业的了解。例如，通过参与目标领域相关的实习、志愿者活动或项目管理工作，可以获得实践经验，建立与行业内人士的联系，进一步深化对专业领域的理解。这些实践经验不仅有助于将理论知识应用于实际工作中，还能提高综合能力，提升未来求职的优势。通过明确列出每个具体的实施步骤，能够清晰地看到实现目标的路径，并在每个阶段评估自己的进度和成果，确保顺利达成职业目标。

（二）时间管理

时间管理是职业规划中不可或缺的一部分，它直接影响目标的实现和职业发展的进度。需要为每个具体的行动步骤设定明确的时间框架，确保每个阶段的任务能够按时完成，从而避免拖延或盲目推进。通过合理的时间安排，能够更有效地分配精力和资源，保持高效的学习和工作节奏，确保目标的逐步达成。

例如，如果目标是成为某个领域的专家，就可以通过设定时间框架来明确每个阶段的重点任务。第一年内，可以专注于完成专业课程的学习，确保基础知识扎实；第二年内，可以安排积累相关工作经验或实习，进入实际工作环境，提升实践能力；第三年及之后，可以计划参加行业相关的认证考试、参与高难度项目或开展学术研究等。通过这种分阶段的时间规划方式，学生不仅能高效利用每个阶段的时间，还能根据自身进展情况适时调整目标和计划，从而确保整个职业发展的持续推进。

此外，时间管理还包括定期评估和调整计划。可以每月、每季度或每学期回顾自己所设定的时间框架，检查自己的任务完成情况，并根据实际情况调整时间安排。例如，若某一项任务因某些因素进展缓慢，则可以根据优先级重新安排，确保后续目标不受影响。通过这种灵活而科学的时间管理，能够在规定的时间内有效达成各项目标，最终实现职业规划。

（三）资源配置

在实现职业目标的过程中，资源配置是不可忽视的重要环节。每个目标的实现都离不开相应的资源支持，这些资源包括但不限于专业培训课程、书籍、学术资料、网络资源及社交机会等。大学生需要在职业规划的行动计划中详细列出所需的各种资源，确保在不同阶段充分获取并利用这些资源。例如，为了提升专业技能，大学生可能需要参加特定领域的培训课程或获取行业认证，这些课程和证书有助于提升大学生的市场竞争力。此外，相关的书籍、学术期刊和在线课程也能帮助大学生在理论学习上不断进步，掌握行业最新的技术、理念和趋势。

除了学习资源，社交机会也是职业发展的关键资源之一。大学生应积极参与各种行业交流活动，如行业大会、研讨会、校友聚会等，以拓展自己的人脉圈并加深对行业的理解。通过与行业专家和从业者的面对面交流，大学生可以获得宝贵的行业洞察、职业建议和潜在的职业机会。因此，大学生需要有意识地安排时间，主动参与这些社交活动，并将其作为自身资源配置的一部分。此外，互联网提供了丰富的在线平台和工具。通过加入行业相关的论坛、微信群、领英（Linkedin）等社交平台，可以随时获取行业信息、技术分享和招聘信息。通过合理配置这些资源，不仅能提升专业能力，还能在求职过程中获得更多的机会，为职业目标的实现奠定坚实的基础。

五、实施与调整

在实践中推进职业目标，并不断进行反馈与调整，确保计划适应变化的环境，最终顺利实现。具体实施方法如下。

（一）执行计划

在职业规划的执行过程中，确保严格按照设定的目标和步骤来实施是至关重要的。需要根据已制订的行动计划，确保每个环节都得到有效落实。这意味着不仅要按时完成学术课程的学习，参加相关的培训和考试，还要通过积极参与行业项目和实践活动，积累实际工作经验。通过参与项目，将理论知识与实际操作相结合，提升自身的综合能力，逐步接触并熟悉未来职场所需的技能。这不仅能帮助大学生在求职时脱颖而出，还能为他们的职业发展奠定坚实的基础。

此外，在执行计划的过程中，大学生应持续增加知识储备和提升技能。无论是继续学习新技能，还是参与学术研究项目或参加行业论坛等，都应保持对自身发展的高度关注。通过不断学习和积累，能够及时更新行业知识，把握新兴领域的机会，并提升在竞争激烈的职场中的适应性和可塑性。在这一过程中，大学生应定期评估自己的进度，查看是否按计划完成了目标任务，并根据实际情况调整计划，以保持计划的灵活性和高效性。通过积极执行这些步骤，大学生可以逐步朝着自己的职业目标前进，获取更好的职业发展。

（二）跟踪进度

在职业发展过程中，跟踪进度是确保目标顺利达成的重要步骤。定期检查进度有助于确保行动计划与预定目标保持一致。每隔一段时间，如每 3 个月，应进行一次职业生涯规划的回顾，评估自己在过去一段时间内的任务完成情况。通过回顾，可以清晰地了解自己在各阶段所取得的成就及未完成的任务。这种定期的回顾不仅有助于反思已取得的进展，还有助于识别潜在的问题或偏差，为下一阶段的努力做好准备。

此外，持续的进度跟踪有助于及时发现自己是否偏离原定的职业规划，并采取必要的调整措施。如果某个阶段的目标进展缓慢，或遇到新的挑战，就可以根据实际情况对计划进行优化。例如，某个技能的学习可能需要更多时间，或某项实践经验的积累受到限制，就可以通过调整时间安排、增设额外的学习任务或寻求更多的资源支持来弥补这些差距。这种灵活的进度跟踪和调整有助于确保自己的职业发展始终朝着正确的方向前进，并能够有效应对不断变化的职场需求与机遇。

（三）自我调整

在职业生涯中，大学生应具备灵活调整目标和行动计划的能力，以应对外部环境（如行业趋势、市场需求、技术发展等）的变化，以及自身兴趣、技能、经验等内在因素的演变。例如，随着某些行业的崛起或衰退，大学生可能需要调整职业目标，向新的领域或岗位拓展。同时，随着时间的推移，大学生的兴趣和能力也可能发生变化，原先设定的职业目标可能不再符合个人的长期发展需求。因此，大学生应定期对自己的职业规划进行反思，并根据最新的情况进行必要的调整。

自我调整的过程不仅包括对外部环境变化的响应，也包括对个人成长的积极反馈。一方面，如果在某一领域取得新的成就，或者发现自己对某一职业方向产生更强的兴趣，就应该调整目标，进一步深化对该领域的探索和发展。另一方面，若遇到意外挑战或新的机遇，则应当及时重新评估现有计划，并做出相应的调整。保持职业规划的灵活性和前瞻性，不仅能帮助大学生适应快速变化的职场环境，还能确保职业目标与个人成长和时代需求保持一致，从而促进长期职业成功。

六、职业生涯管理

在职业生涯管理的过程中，应持续进行自我管理和提升，确保在不断变化的职场中保持竞争力。具体实施方法如下。

（一）持续学习

持续学习是职业发展的关键组成部分，它帮助个人不断提升专业能力，紧跟行业发展的步伐。在现代职场中，技术和行业趋势的变化速度极快，单靠学历和经验难以维持竞争力。通过参加培训课程和获得行业相关资格证书，能够进一步深化自己的专业知识，提升在某一特定领域的专业水平。例如，许多行业都要求从业人员定期更新技能认证，确保他们了解最新的技术、法规或操作方法。随着教育技术的发展，学习形式更加灵活，学习不再受时间和地点的限制。大学生可以通过在线课程学习或参加在职培训进行知识更新。

除了专业技能的提升，软技能的培养也很重要。在职场中，沟通能力、团队协作能力、解决问题能力和领导力等软技能是取得成功的关键因素。通过阅读行业书籍、参加专业网络研讨会、参加工作坊或参与小组讨论，可以提高软技能，增强在职场中的适应性和领导潜力。现代职场不仅仅需要技术能力，更需要在多变的环境中与他人有效合作、快速应对变化并做出决策的综合能力。因此，大学生应利用各种渠道进行全方位的学习，不断提升各方面的能力，确保在快速发展的职业道路上保持竞争力。

（二）拓展人际网络

拓展人际网络是职业发展中至关重要的一环。参加行业会议、加入专业组织和参与各类社交活动等方式，不仅有助于深入了解行业动态，还能结识业内人士，交流专业知识。通过与不同领域的专家和同行互动，可以获得更多关于行业趋势、技术革新及职业机会的信息。此外，行业会议通常会邀请知名企业的领导人或行业巨头作为演讲嘉宾，大学生可以借此机会向他们请教，并在适当的时候展示自己的才能，以提升个人的知名度。

通过积极参与这些社交活动，不仅能扩展自己的人际圈子，还能建立长期有效的职业关系。人脉资源的积累往往会带来意想不到的职业机会。当与他人建立深厚的信任关系时，一旦在职业生涯中遇到困境，就能够得到更多人的支持和帮助。此外，良好的网络关系还能提供合作机会和项目资源，帮助个人在职业道路上获得更快的晋升和更大的发展空间。因此，主动拓展人际网络是提升职业竞争力和开拓新机会的关键一步。

（三）评估与反馈

评估与反馈是职业发展过程中不可忽视的环节。定期回顾自身的职业生涯进展，不仅有助于检查当前的工作成果与职业目标是否一致，还有利于发现自身在职业路径上的成长与不足。在这一过程中，设定清晰的目标并定期对照目标进行评估，能够确保朝着既定方向前进。例如，设定一定的时间周期，回顾自己是否完成了目标任务，是否在专业技能、管理能力等方面有所提升，是否有新的职业需求或目标的调整。这样可以及时调整职业规划，使自己在瞬息万变的职场中保持灵活性和竞争力。

与此同时，寻求反馈也是职业发展的关键。通过向上司、导师或同行请教，可以从不同视角获得对自己工作表现的客观评价。这不仅有助于了解自己在工作中的优势，还能明确改进空间和提升方向。上司或导师的反馈通常能够提供更具建设性的意见，使大学生更好地识别自己在团队中的角色与贡献；同行的反馈则可以让大学生了解自身在行业中的竞争力和专业水平。通过不断地反思和接受反馈，大学生能够不断完善自身的职业能力，为未来的职业目标奠定更坚实的基础。

实训任务

大学生职业生涯规划的方法探究

【实训目的】

通过实训，学生能够学习并掌握科学的职业生涯规划方法，如 SWOT 分析法[①]、SMART 分析法等，提升职业规划能力。

【实训过程】

1）教师介绍常见的职业规划方法，如 SWOT 分析法、SMART 分析法、职业兴趣测评等，帮助学生掌握具体的规划技巧。

2）通过分析典型的职业生涯规划案例，学生学习如何根据个人特点制订适合自己的职业发展道路。

3）学生将自己的职业规划方案提交给教师进行评审，教师提供专业意见和反馈，帮助学生发现潜在问题并进行调整。

4）学生之间进行讨论，分享各自的职业规划思路和方法，从他人经验中获取灵感，进一步完善自己的规划。

5）学生根据反馈意见，对自己的职业生涯规划方案进行调整并完成最终报告，详细阐述职业目标、实施路径及个人发展计划。

6）每位学生进行简短的汇报，分享规划过程中的思考与收获。

【实训总结】

通过本次实训，学生意识到职业生涯规划不仅仅是制定目标，更是一个动态调整和持续改进的过程，他们将持续关注自己的职业发展，不断优化和调整自己的职业路径，以应对未来的职业挑战。

---

① SWOT 分析法是一种常用的战略分析工具，用于系统评估个人、组织或项目在发展过程中面临的竞争优势（strengths）、竞争劣势（weaknesses）、机会（opportunities）和威胁（threats）。其名称即来源于这 4 个英文单词的首字母。

任务自测

项目一任务三学习自测

理解的知识点	
掌握的技能点	
感受与收获	
任务成效评分	0 分---10 分

拓展阅读

如何确定职业生涯目标

在职业生涯规划中，目标具有极其重要的意义。每个人都需要确立一个明确的目标，它是推动个人前进的动力，职业发展的成功在很大程度上取决于这一目标的实现。那么，大学生应如何确立自己的职业生涯目标呢？下面根据主（客）观条件进行归纳和分析。

1. 确立志向

古人云："自知者不怨人，知命者不怨天；怨人者穷，怨天者无志。"大学生应明确志向是事业成功的基本前提；没有志向，事业的成功就无从谈起。俗话说："志不立，天下无可成之事。"纵观古今各行业的佼佼者，他们的共同点是拥有远大的目标和志向。是否立志反映了一个人是否拥有远大的抱负、宽阔的胸怀和正确的价值观，同时它还影响一个人的奋斗目标及成就。因此，在制订职业生涯规划时，首先要确立志向，这是制订职业生涯规划的关键。

2. 体现自我特色

职业的选择是为了参与社会劳动，创造物质和文化财富，并在劳动中获得相应的报酬。不同的职业对劳动能力有不同的要求，因此应根据自己的优势选择职业方向，尽量发挥自己的长处。只有这样，才能在职业发展的过程中得心应手，处于有利的地位。

通常，职业生涯方向的选择需要考虑以下几个问题：①我想往哪个方面发展？②我能往哪个方面发展？③我可以往哪个方面发展？④我的职业选择能帮助我实现人生的最终目标吗？⑤是否有一种途径可以让我现有的职业与人生的基本目标保持一致？

3. 满足社会与组织的需要

在确立职业生涯目标时，应综合考虑内外部环境的需求，使目标既符合社会发展的方向，也契合组织的用人需要。只有当目标对应广阔的市场需求时，才能为实现目标提供更大的发展空间和更多的机会。

4. 目标不能过高或过低

目前，我国高校毕业生就业市场仍面临供需失衡的结构性矛盾，就业竞争压力持续凸显。然而，一些大学生的就业观念尚未转变，择业时常常眼高手低，目标定得过高，沉迷于不切实际的幻想，最终难以实现理想；而另一些大学生则缺乏自信，自卑感较强，目标定得过低，丧失了奋斗的动力和意义。

5. 目标要明确具体

大学生在进行职业生涯规划时，应对所学专业、掌握的知识、达到的能力水平及需要取得的相关证书等方面做出具体明确的规划。在明确职业方向后，还应进一步思考未来的发展路线。例如，是选择销售路线，朝着销售与业务方向发展；还是选择管理路线，走向行政或组织管理方向。不同的发展路线，对个人的能力、素质和资源等方面的要求也不同，因此需要有针对性地进行准备和提升。

6. 目标要具有长期性

人生目标的实现直接影响事业发展和生活质量。因此，要从人生的发展高度来确定职业生涯规划的目标，分别确立 1 年计划、3 年计划、5 年计划、10 年计划。制订好计划后，再认真进行实施。确定职业生涯目标后，行动就成为关键的环节。行动是落实目标的具体措施，主要包括工作训练、教育学习、岗位轮换等措施。

若要使职业生涯规划行之有效、事半功倍，就必须不断对职业生涯规划进行评估与总结，包括职业的重新选择、职业生涯路线的选择、人生目标的修正、实施措施与计划的变更等。现有的目标只是为前进道路指明方向，可以根据不同的时间和环境做出调整，使其更符合自己的理想。

知识考核

一、选择题

1. 职业生涯规划不仅包括选择什么职业，还包括（　　）。
   A. 工作单位　B. 工作时间　C. 工作内容　D. 以上都是
2. 职业生涯规划的基本原则不包括（　　）。
   A. 择己所爱　B. 择己所长　C. 盲目跟风　D. 择世所需
3. 在职业生涯规划中，SMART 分析法中的“M”代表（　　）。
   A. 明确性　B. 可衡量性　C. 可达成性　D. 时限性
4. 职业生涯规划对学生个人的意义不包括（　　）。
   A. 有利于明确职业目标　B. 有利于提高自我认知
   C. 有利于提升竞争力　D. 有利于促进校企合作

5．在职业生涯规划过程中，（　　）阶段的目标主要聚焦于知识积累、实践经验获取、职业探索和软技能提升。

A．学业　　B．职场初期　　C．职业发展　　D．职业成熟

二、判断题

1．职业生涯规划是一个长期而持续的过程。（　　）

2．在职业选择中，只需要考虑自己的兴趣，无须关注市场需求。（　　）

3．职业生涯规划的个体化特性意味着每个人的规划都应该完全相同。（　　）

4．SMART 分析法中的“T”代表 time-based（时限性）。（　　）

5．在职业生涯规划中，职业目标的设定只需要考虑长期目标，无须设定短期目标。（　　）

三、填空题

1．职业生涯规划的特性包括个体化、动态性、长期性、层次性、目标导向性、综合性和________。

2．职业生涯规划是一个涉及个人生活、职业价值、家庭责任等多方面的________过程。

3．职业发展可以分为以下几个主要阶段：学业阶段、职场初期阶段、职业发展阶段、职业成熟阶段和________。

4．根据规划期限，职业生涯规划可以分为短期规划、中期规划和________。

5．在职业目标设定中，SMART 分析法包括明确性、可衡量性、可达成性、相关性和________。

四、简答题

1．简述职业生涯规划的定义。

2．简述职业生涯规划对学校和社会的意义。

3．简述职业生涯规划的具体步骤。

项目二

自我探索

【项目导言】

自我探索是大学生职业生涯规划的第一步，它不仅是大学生了解自身兴趣、优势和潜力的过程，还是对社会责任和时代使命的思考。在新时代背景下，青年一代不仅要有明确的职业目标，还要将个人的职业发展与国家的需求紧密结合。自我探索不仅能帮助大学生发现自己的职业兴趣，还能激发他们服务社会、回报国家的责任感和使命感。大学生应主动思考如何在自己的职业道路上为社会、为国家做出贡献，不仅要培养为个人成功而奋斗的精神，还要有为民族振兴、社会进步贡献力量的志向。自我探索应围绕如何推动社会发展的愿景进行，帮助大学生在追求个人发展的同时勇担时代责任。

大学生的职业生涯规划，尤其是自我探索阶段，不仅是对自身兴趣、能力与职业方向的认知，还是对国家和社会需求的深刻理解。在国家发展日新月异的今天，职业选择不能局限于个人的成就与财富，而要与社会发展、国家需要相联系。通过自我探索，大学生可以更好地理解自己的优点与不足，在职业发展中找准自身定位，做到心中有大局、脚踏实地。在自我探索过程中，大学生应树立远大的理想，形成服务社会、实现人生价值的观念，积极思考如何通过自己的职业选择为社会贡献力量，助力国家的建设与发展。

【案例导入】

小吴是某高职院校机械工程专业的大二学生。他的学习成绩一般，平时他对专业课和实践活动感兴趣，但对未来的职业方向比较迷茫。随着大三的临近，小吴开始思考自己未来的职业道路，但他并不确定自己适合做什么样的工作。

导师了解小吴的情况后，建议他进行一次“自我探索”，以明确自己的职业兴趣和优势。小吴根据导师的建议，开始进行自我探索。具体的实施步骤如下。

1）职业兴趣测试：他参加了一些职业兴趣测试，测试结果显示他对技术型和创新型工作的兴趣较高，对解决问题和动手实践也有较强的兴趣。

2）技能分析：他回顾自己在大学期间参与的项目，发现自己在机械设计、3D 建模和工艺分析方面具有一定优势，但项目管理和团队协作方面的能力较弱。

3）行业调研：他调研了机械行业的就业趋势和各类企业需求，了解了工程师、技术员、项目经理等职位的具体要求和发展前景。

4）与行业人士交流：他通过校友会和实习机会，接触了一些在机械行业工作的前辈，了解了他们的职业发展历程和工作内容。

通过一系列的自我探索，小吴逐渐意识到自己更倾向于从事工程技术类工作，特别是在机械设计和研发方面。他决定利用大三暑假寻找相关领域的实习机会，同时在校期间继续加强自己的项目管理能力和团队协作能力，为未来的职业发展做好准备。

问题：

1. 小吴在自我探索过程中使用了哪些方法来明确自己的职业兴趣和优势？

2. 小吴发现自己在项目管理和团队协作方面的能力较弱，他应采取哪些具体措施来提升这些能力？

3. 根据小吴的兴趣和优势，你认为他未来可以考虑哪些职业岗位？

任务一 职业兴趣探索

【任务目标】

微课：职业兴趣探索

知识目标

- 了解职业兴趣的概念。
- 理解职业兴趣的类型及影响因素。
- 掌握职业兴趣的培养途径。

能力目标

- 能够通过兴趣测评、反思和实践，清晰地识别自己的职业兴趣倾向。
- 能够对收集的信息进行分析和整理，判断自己的兴趣是否与目标职业匹配。
- 能够根据职业兴趣探索的结果，设定短期和长期的职业目标。

素质目标

- 增强主动探索职业兴趣的意识，愿意尝试新事物，积极参与实践活动，拓宽自己的兴趣范围。
- 具备自我反思的能力，能够定期回顾自己的兴趣探索过程，总结经验教训。
- 能够包容自己在兴趣探索过程中可能出现的错误或偏差，并从中学习和成长。

知识讲解

职业兴趣是兴趣在职业方面的表现，是指人们对某种职业活动具有的比较稳定而持久的心理倾向，这种倾向使人对某种职业给予优先注意，并心生向往。

兴趣是一种无形的动力，每个人都会对其感兴趣的事物给予优先注意和进行积极的探索，并表现出心驰神往的状态。职业兴趣是一个人对待工作的态度及对工作的适应能力，表现为有从事相关工作的愿望和兴趣。拥有职业兴趣将增强个人的工作满意度、职业稳定性和职业成就感。

一、职业兴趣的类型

美国职业指导专家约翰·霍兰德（John Holland）在研究中发现，职业选择是个人人格的延伸和表现，人格特质反映在职业上就是职业兴趣。不同的人具有不同的职业兴趣和能力，不同的职业兴趣和能力匹配不同的职业。该理论将大多数人的职业兴趣归纳为 6 种类型，即现实型、研究型、艺术型、社会型、企业型和常规型。同样，该理论把工作环境也划分为 6 种类型，其名称和性质与职业兴趣类型的分类一致。

1. 现实型

个人特征：愿意使用工具从事操作性工作，动手能力强，做事手脚灵活，动作协调；偏好具体任务，不善言辞，做事保守，较为谦虚；缺乏社交能力，通常喜欢独立做事。

现实型的人喜欢使用工具、机器从事需要基本操作技能的工作，对要求具备机械方面才能、体力或从事与物件、机器、工具、运动器材、植物、动物相关的职业感兴趣。典型职业包括技术型职业（计算机硬件工程师、摄影师、制图员、机械装配工）和技能型职业（木匠、厨师、电工、汽车修理工、农民）。

2. 研究型

个人特征：抽象思维能力强，求知欲强，肯动脑，善思考，不愿动手；喜欢独立的和富有创造性的工作；知识渊博，有学识才能，不善于领导他人；考虑问题理性，做事严谨，喜欢逻辑分析和推理，不断探索未知的领域。

研究型的人喜欢从事智力的、抽象的、分析的、独立的定向任务，以及要求运用智力或分析能力来观察、估测、衡量并形成理论，最终解决问题的工作。典型职业包括科学研究人员、教师、工程师、计算机编程人员、医生、系统分析员。

3. 艺术型

个人特征：具有创造力，乐于创造新颖、与众不同的成果，渴望展现个性，实现自身价值；做事理想化，追求完美，不重实际；具有一定的艺术天赋和独特个性；善于表达，喜欢怀旧，情绪多变。

艺术型的人喜欢从事要求具备艺术修养、创造力、表达能力和直觉的工作，善于通过语言、行为、声音、颜色和形式来进行审美、思索和感受；不善于事务性工作。典型职业在艺术方面有演员、导演、艺术设计师、雕刻家、建筑师、摄影家、广告制作人，音乐方面有歌唱家、作曲家、乐队指挥家，文学方面有小说家、诗人、剧作家。

4. 社会型

个人特征：喜欢与人交往，不断结交新朋友；善于表达，乐于教导他人；关心社会问题，渴望发挥自身的社会影响力；寻求广泛的人际关系，比较看重社会义务和社会道德。

社会型的人喜欢与人打交道，可从事提供信息、启迪、帮助、培训、开发或治疗等的工作。典型职业包括教育工作者（教师、教育行政人员）和社会工作者（咨询人员、公关人员）。

5. 企业型

个人特征：追求权力、权威和物质财富，具有领导才能；喜欢竞争，敢于冒险，有野心和抱负；为人务实，习惯以利益得失、权力、地位、金钱等来衡量做事的价值，做事有较强的目的性。

企业型的人喜欢从事要求具备经营、管理、劝服、监督和领导的才能，以实现机构、政治、社会及经济目标的工作。典型职业包括项目经理、销售人员、营销管理人员、政府官员、企业领导、法官、律师。

6. 常规型

个人特征：尊重权威和规章制度，喜欢按计划办事，细心、有条理，习惯接受他人的指挥和领导，不谋求领导职务；注重实际和细节，通常较为谨慎和保守，缺乏创造性，不喜欢冒险和竞争，富有自我牺牲精神。

常规型的人喜欢从事要求注意细节且具有精确性、系统性、条理性的工作，擅长按照特定要求或程序对数据和文字信息进行整理、记录和归档。典型职业包括秘书、内勤、记事员、会计、行政助理、图书馆管理员、出纳员、打字员、投资分析员。

在现实生活中，大多数人并非只有一种职业兴趣（例如，一个人的职业兴趣中很可能同时包含社会型、现实型和研究型这 3 种）。霍兰德认为，这些职业兴趣越相似，相容性越强，则一个人在选择职业时所面临的内在冲突和犹豫就会越少。霍兰德在该理论的基础上编制了对应的职业兴趣测验，其测评结果是由 3 个字母组合而成的霍兰德代码，第一个字母意味着最倾向的职业类型，而第二个、第三个字母所代表的职业倾向次之。

二、职业兴趣的影响因素

职业兴趣是以一定的素质为前提，在生涯实践过程中逐渐发生和发展起来的。它的形成与个性、自身能力、实践活动、客观环境和所处的历史条件有着密切的关系，因此，职业规划对兴趣的探讨不能孤立进行，应当结合个人、家庭、社会等因素来考虑。了解这些因素有利于深入认识自我，更好地进行职业规划。

1. 个人认知和情感

兴趣与个人的认知和情感有着密切的联系。如果对某项事物没有认知，就难以产生情感，也就不会对它产生兴趣。同样，如果缺乏某种职业知识，或者不了解这种职业，就难以对这种职业产生兴趣，在职业规划时也就想不到这种职业。相反，认知越深刻，情感越丰富，兴趣也就越浓厚。

例如，有的人喜欢集邮，认为集邮不仅有收藏价值和观赏价值，还能丰富知识、陶冶情操。随着收藏的数量不断增加、内容日益丰富，他们的投入逐渐加深，情感更加专注，兴趣越发浓厚。久而久之，集邮便发展成一种爱好，甚至有可能成为其职业生涯的发展方向。

2. 家庭环境

家庭作为最基本的社会单元，对每个人的心理发展都会产生重要的影响，因此个人职业心理发展具有较强的社会化特征，家庭环境的熏陶对个人职业兴趣的形成具有明显的导向作用。大多数人从幼年起就在家庭环境中感受父母的职业活动，随着年龄的增长，逐步形成对职业价值的认识，在选择职业时不可避免地带有家庭教育的印迹。家庭因素对职业取向的影响主要体现在择业趋同性与协商性等方面。

一般情况下，个人对家庭成员特别是长辈的职业比较熟悉，因此在职业规划和职业选择上会受到一定的趋同影响。同时受家庭成员职业活动的影响，个人的生涯决策会在家庭成员共同协商的基础上形成。兴趣有时也受遗传的影响，父母的兴趣爱好也会对孩子产生直接的影响。

3. 受教育程度

个人受教育程度是影响其职业兴趣的重要因素。任何一种社会职业对从业人员都有知识与技能等方面的要求，而个人的知识与技能水平的高低在很大程度上取决于其受教育程度。一般而言，个人的学历层次越高，接受的职业培训范围越广，其职业选择的领域也就越宽广。

4. 社会因素

一方面，社会舆论对个人职业兴趣的影响主要体现在政策导向、传统文化、社会时尚等方面。就业政策的宣传是主导影响因素，传统的就业观念和就业模式往往制约个人的职业选择，而社会时尚职业往往是个人特别是青年人追求的目标。例如，当前人工智能技术和新能源行业获得较大发展，对这两个领域有兴趣的人迅速增加。另一方面，兴趣和爱好受到社会因素的制约。不同的社会环境、职业背景和文化层次，往往会造就人们不同的兴趣和爱好。

5. 职业需求

职业需求是一定时期内用人单位可提供的不同职业岗位对从业人员的总需求量，它是影响个人职业兴趣的客观因素。职业需求越多、类别越丰富，个人选择职业的空间就越大。职业需求对个人的职业兴趣具有一定的导向性，在一定条件下，它可强化个人的职业选择，或抑制个人不切实际的职业取向，也可引导个人产生新的职业取向。

三、职业兴趣的培养

科学规划职业发展，有助于有意识地培养个人兴趣。从职业兴趣的发生和发展来看，一般要经历这样的过程：有趣—乐趣—志趣。

第一阶段为有趣。有趣是兴趣发展的初级水平。

第二阶段为乐趣，又称为爱好。它是在有趣的基础上定向发展形成的，是兴趣发展的中级水平。在这一阶段或水平上，人们的兴趣会向专一的、深入的方向发展。

第三阶段为志趣。当人的乐趣与人的社会责任感、理想、奋斗目标相结合时，便由乐趣转为志趣。它是兴趣发展的高级水平。志趣具有社会性、自觉性和方向性的特点，伴随一个人的整个职业生涯。

虽然职业兴趣一旦形成，便在职业生涯中具有一定的稳定性，但根据实际需要，可以通过多种途径，加上自身努力去规划、改变、发展和培养。在培养职业兴趣时，可以从以下几个方面努力。

1）培养广泛的兴趣。具有广泛兴趣的人，不仅对自身职业领域的事物有浓厚的兴趣，还对其他方面产生兴趣。这类人眼界比较开阔，解决问题时能够从多方面获得启发，因此在职业生涯规划中有较大的选择空间。

2）重视培养间接兴趣。直接兴趣是指由于对事物本身感到需要而引起的兴趣，间接兴趣则是对事物可能带来的未来结果感到需要而产生的兴趣。人在最初接触某种职业时，往往对职业本身缺乏强烈的兴趣，需要从间接兴趣着手培养直接兴趣。可以通过了解职业兴趣在社会活动中的意义及其对人类发展的贡献等引起兴趣，也可以通过了解某项职业的发展前景引起兴趣，还可以通过实践活动逐步培养间接兴趣。

3）要有中心兴趣。兴趣可以广泛，但不能浮泛。只有既广泛又有重点，才能学有所长，获得更多知识。如果只有广泛的兴趣而没有中心兴趣，就会导致知识浅薄，缺乏明确的职业规划方向，做事也容易心猿意马，难以取得显著成就。因此，还应着重培养自己在某一方面的职业兴趣，促进自身发展和成才。

4）积极参加职业实践。只有通过职业实践，才能对职业本身有深刻的认识和了解，从而激发自己的职业兴趣。职业实践活动内容丰富，包括生产实习、社会调查、参观访问及组织兴趣小组等。可以通过参加各种职业实践活动激发和培养兴趣，根据社会需求和自我需要，有意识地培养和发展兴趣，为事业的成功创造条件。

5）通过客观评价自己的能力来确定职业兴趣。

6）保持稳定的职业兴趣。应在某一方面有持久稳定的兴趣，这样才能投入更多的热情和精力，深入钻研相关内容，在事业上有所发展和成就。

7）有规划地培养切实的职业兴趣。切不可为追逐所谓的“清高”，而漠视外界为兴趣的生长与深耕所提供的客观土壤。要知道，若一味沉溺于脱离现实的“清高”执念，反而会沦为自我限制的枷锁，最终作茧自缚，阻碍兴趣真正生根结果。

实训任务

自我兴趣探索

【实训目的】

通过实训，学生能够将感官兴趣发展为志趣，并找到兴趣与职业发展的结合点，明确未来的职业方向，并激励自我不断学习和实践。

【实训过程】

1. 填写兴趣金字塔

把你在日常生活中喜欢做的、感兴趣的活动写在图 2-1 所示的兴趣金字塔里。

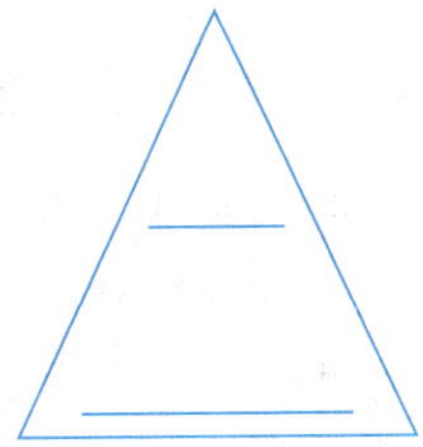

图 2-1　兴趣金字塔

你的行动：____________________

2. “喂养”兴趣

在理解兴趣金字塔后，就容易知道如何“养大”一个兴趣了。“喂养”兴趣三步法如下。

第一步：让自己沉浸在足够多的感官体验中，获得兴趣的第一步动力。

第二步：在感官兴趣消退前，尽快掌握更多知识，让感官兴趣进化为自己的志趣。

第三步：寻找一种兑换价值的方式，将“喂养”的兴趣与你最感兴趣的价值观绑定。注意不要将目标设定得太高，以免产生失落感。

不断重复这个过程，兴趣就会慢慢固化下来。

【实训总结】

通过本次实训，学生成功将感官兴趣发展为志趣，并找到兴趣与职业发展的结合点。这有助于激励学生未来继续通过实践和学习“喂养”自己的兴趣，同时注意设定合理的目标，避免因目标过高而产生失落感。这一过程让他们更加清晰地认识到兴趣是职业发展的动力源泉，而持续的努力和实践是兴趣固化的关键。

任务自测

项目二任务一学习自测

理解的知识点	
掌握的技能点	
感受与收获	
任务成效评分	0 分---10 分

拓展阅读

如何正确看待兴趣与职业的冲突

古往今来，很多成功者确定志向、选择职业是从兴趣出发的。戏剧家曹禺在上中学前就热衷于观看“文明戏”和京剧，也爱观看地方戏和电影。进入天津南开中学后，他成为南开新剧团的演员。通过演戏实践，他对戏剧产生了浓厚的兴趣。虽然他的父亲希望他学医，但他的兴趣在戏剧上。中学毕业后，曹禺进入清华大学学习西方语言和文学，他的兴趣得到进一步发展，开始从事长篇小说和剧本创作。在大学的最后一年，他创作了第一个剧本《雷雨》，此后成为戏剧家。动物学家古道尔（Goodall）从中学时代起就对猩猩产生兴趣。毕业后，她不畏艰险，只身深入热带丛林考察，获取了宝贵的资料，撰写了《黑猩猩在召唤》等著作，首次系统揭示了黑猩猩的社会行为与情感智慧。国际象棋女子世界冠军谢军自幼喜爱象棋，10 岁就获得市儿童象棋冠军。世界女子乒乓球冠军邓亚萍从小就爱打乒乓球，从少儿体校起就接受严格训练，后来成为世界乒坛瞩目的风云人物。这些实例充分表明，兴趣是职业选择的起点，能够给成才者带来智慧、毅力和勇气，引导人们从崎岖的小路攀登到事业的顶峰。

然而，在严峻的就业形势下，大学生求职时往往会忽略兴趣，其原因大概有两个：一是“饥不择食”，为了获得一份工作，无暇顾及个人兴趣；二是“金钱诱惑”，为了应对大学毕业后的生存压力，往往无视兴趣而选择待遇高的工作。如果从事自己不感兴趣的工作，长期勉强为之，不但难以取得突出的成绩，而且可能导致“职业枯竭”。

当兴趣和职业发生冲突时，可以从以下几个方面考虑解决办法。

1）职业和兴趣兼顾。每个行业的职业发展领域都是比较宽泛的，在精准明确自己的兴趣和职业定位的情况下，可以从事行业内其他岗位与兴趣有关的工作。

2）转向其他领域发展。要准确评估兴趣和能力之间的差距，如果自己确实热爱某一领域，并有能力将职业与兴趣有机结合，那么可以果断地选择转行。很多成功者的案例表明，成功与兴趣紧密联系，做自己喜爱的工作更有利于充分发挥自身的潜能，创造更好的业绩。

3）职业与兴趣并行。可以将文化、艺术类的兴趣爱好融入日常生活，让兴趣助力职业发展。众所周知，很多成功人士都有艺术方面的特长，这不仅有助于愉悦身心，也促进了事业的发展。因此，可以让职业和兴趣并行，使两者相得益彰。

4）寻找真正的内心需求。有些大学生并不清楚是否真正适合从事自己喜欢的、感兴趣的职业，也难以明确内心真正的需求。这时可以借助专业咨询机构，通过专业的测评工具及职业需求分析了解自身深层次的需要，找到最适合自己的职业发展方向。

5）专心于职业发展。在现代社会就业压力不断增大的情况下，职业竞争非常激烈，职业发展也就成了核心问题。人的需求是多方面、多层次的，很难一步到位地全部实现，但可以分步骤实施。当职业发展相对成熟后，进行职业调整和提升，最终实现职业与兴趣的有机统一。

任务二 职业性格探索

【任务目标】

知识目标

微课：职业性格探索

- 了解职业性格的概念。
- 理解自我性格的类型。
- 掌握探索职业性格的方法。

能力目标

- 能够根据所学性格理论进行自我性格分析。
- 能够了解自己的性格特质，明确性格与职业发展的关系。
- 能够依据 MBTI 4 组维度进行职业性格探索。

素质目标

- 通过了解自身性格特质，学习如何有效调节情绪，提升自我管理能力。
- 根据个人的性格特点调整沟通方式与合作模式，提高团队协作效率。

知识讲解

职业性格是指人们在长期特定的职业生活中所形成的与职业相联系的、稳定的心理特征。

在日常生活中，有人会这样评价他人，如“张××热情开朗，为人豪爽”“张××胆小怕事，对人冷淡”。这种评价实际上指的就是人的性格特征。性格是个人对现实的稳定态度和习惯化的行为方式，而不是那种特殊条件下偶然表现出来的态度和行为方式。它是个人在社会实践活动中通过个体和环境的相互作用而逐步形成的，一经形成，就具有一定的稳定性。

一、性格与职业

性格反映了一个人的生活态度，同时又影响着人的行为方式。在求职择业时，了解自己的性格并把握其变化特征，不仅有助于择业，还有利于事业发展。因此，在选择职业前必须充分分析并掌握自己的性格特征。

每个人的性格都具有积极和消极两个方面。在选择职业时，首先要认真分析自己的性格特征，有意识地克服性格的弱点和消极面，这样才能扬长避短，充分发挥积极的性格品质，在适合自己发挥特长的工作岗位上做出成绩。例如，有的人工作热情高、干劲足，但是急躁，只有三分钟热度，这样的人就应注意调整急躁的性格，克服持久性差的弱点；又如，有的人处理问题总是优柔寡断，办事拖延，这样的人就要培养当机立断的性格。

习惯和职业之间是彼此制约和相互促进的，人的性格可以随着职业的要求逐步改变。在长期的职业生涯中，从事同一工作或生活在同一环境中的人，在性格上往往会形成某些共同的特点。在现实生活中，特定的职业会造就特殊的性格。为了适应不同职业的需要，会形成不同的职业性格。例如，医务工作者往往在实践中养成了严谨认真、一丝不苟的性格，而公司职员具备果断利落、灵活应变、善于交际的特质。

性格是人格的构成成分之一。在人格的构成成分中，气质和认知风格不易发生改变，而性格是后天在社会环境中逐渐形成的，是最核心的人格差异。性格受人的世界观、人生观、价值观的影响，体现了一定的社会性和道德性，反映出一个人的道德风貌。性格与职业生涯规划联系密切，良好的性格品质在职业生涯中发挥着积极的促进作用。不同的性格特征匹配不同类型的职业群（表 2-1）。

表 2-1　部分性格特征匹配的职业群

性格特征	职业群
灵活性强、耐受性强、勇敢、沉着	飞行员、消防员、公安人员
兴奋性偏高、偏外向、热情、活泼、开朗、善社交	教师、辅导员、专职团干部
偏内向、好问、严谨、求实、深沉	科研人员
独立、积极、持之以恒	科技人员
偏内向、顺从、细心、有条理	秘书、内勤
独立、积极、好胜、支配性强	管理人员
胆大、心细、沉着	医生
灵活性强、反应快	司机
兴奋性偏低、偏内向、沉着、反应快	外交人员、军人
可塑性强、独立、积极	记者
兴奋性偏高、可塑性强、自我表现欲强	演员
兴奋性偏高、热情、偏外向	营业员
耐心、细心	工艺美术人员
独立、耐心、细心	律师
偏内向、严谨、细心	会计、出纳、校对、统计、档案人员
反应快、不厌重复	纺织工、打字员、排版员
不厌重复、有条理	机床工、装配工、印刷工
兴奋性偏高、偏外向、热情、可塑性强、善社交	推销员、采购员、公关人员

二、自我性格的类型

1. 活泼型多血质

示例："这样多有意思！"

目标：活得开心。

情感需求：关注，认同，喜爱，肯定，与人结伴玩耍。

主要优点：能随时随地就任何话题进行讨论，活泼外向，乐观，幽默，善于讲故事，喜欢与人相处。

主要缺点：缺乏条理，记不住细节、名字，表现夸张，对任何事都不够严肃，喜欢把工作交给他人去做，轻信他人。

情绪低落的原因：生活缺乏乐趣，无法感受到他人的关爱。

害怕的方面：不受人欢迎，无聊，按部就班地生活，记账。

最适合的工作：富有创造力、朝气，宽松，可以鼓励他人，让他人开心。

应尝试努力的方面：做事条理清晰，少说话，学习时间管理。

做领导时的主要表现：善于激励、说服、启发他人，充满个人魅力，善于调节气氛，健忘，执行力不够。

压力下的主要表现：离开现场，购物，找人出去玩，编造借口，将错误归咎于他人。

在他人眼里的主要表现：不停地说话，嗓门大，热情活泼。

2. 力量型胆汁质

示例："我说了算！"

目标：拥有控制权。

情感需求：所取得的成绩获得他人赞赏，有机会成为领导，参与家庭决策，拥有一定的控制权。

主要优点：可以立刻掌控局势，并迅速做出准确的判断。

主要缺点：专横跋扈，盛气凌人，独裁，感觉迟钝，缺乏耐心，不愿下放权力，不愿承认他人的功劳。

情绪低落的原因：生活不受自己控制，他人不遵从自己的命令。

害怕的方面：无法控制局面。

最适合的工作：在短时间内比别人做出更多成绩的领域。

应尝试努力的方面：为其他人提供做出决定的机会，下放权力，多些耐心，不期望别人和自己一样高效。

做领导时的主要表现：自然地行使权力，迅速采取行动，对自己的能力非常有信心。

压力下的主要表现：加强控制，更努力地工作、运动。

在他人眼里的主要表现：行动迅速，快速获得控制权，自信，好动多变，咄咄逼人。

3. 完美型抑郁质

示例："这样做才是正确的！"

目标：追求完美。

情感需求：稳定空间，安静，体贴，支持。

主要优点：条理清晰，目标长远，理想主义，要求严格，分析深入。

主要缺点：情绪容易低落，将太多时间用于准备工作上，过于注重细节，难以忘记不好的事情，多疑。

情绪低落的原因：生活缺乏条理，没有达到自己的标准，觉得他人不在乎。

害怕的方面：没有人理解他们的真实感受，犯错误，不得不降低标准。

最适合的工作：重视细节，需要逻辑分析，需要耐心，标准高，需要较强的感受力。

应尝试努力的方面：不必总是一本正经，不要求人人都完美。

做领导时的主要表现：条理清晰，感受力强，极富创造力，对工作质量要求高。

压力下的主要表现：离群独处，埋首书籍，情绪低落，放弃，翻旧账。

在他人眼里的主要表现：严肃，敏感，有修养，谦虚，严谨，认真，注重着装。

4. 平和型黏液质

示例：“找一个轻松点儿的办法吧！”

目标：避免冲突，和和气气。

情感需求：平和放松，关注，表扬，实现自我价值，温柔的鼓励。

主要优点：追求平衡，心态平和，亲切友善。

主要缺点：犹豫不决，缺乏热情，不够积极，有时极为倔强。

情绪低落的原因：生活中充满冲突，不得不与人面对面争执，没有人帮忙，发现问题出在自己身上。

害怕的方面：不得不处理棘手的人际关系问题，独自承担责任，生活发生较大变化。

最适合的工作：对存在矛盾的双方斡旋调停，能够客观地解决问题。

应尝试努力的方面：制订目标，自我激励，主动承担更多工作，行动更为迅速，以处理他人问题的态度来面对自己的问题。

做领导时的主要表现：镇定，冷静，内敛，不会因一时冲动而做出决定，很少提出新奇的解决方案。

压力下的主要表现：逃避，看电视，吃东西，离群索居。

在他人眼里的主要表现：镇定，身体姿势表现得很放松。

三、探索职业性格的方法

1. MBTI 4 组维度

MBTI 性格测试是一种迫选型、自我报告式的性格测试问卷，用以衡量和描述人们在获取信息、做出决策和生活取向等方面的偏好。荣格（Jung）在心理类型理论中，将性格划分为 3 个维度，布里格斯（Briggs）母女在这 3 个维度基础上加了第 4 个维度，即行动方式维度，并将其分为判断型（judging，J）和知觉型（perceiving，P）。其余 3 个维度分别为外向型（extraversion，E）与内向型（introversion，I），感觉型（sensing，S）与直觉型（intuition，N），思考型（thinking，T）与情感型（feeling，F）。下面详细阐述这 4 个维度。

（1）外向型与内向型

性格类型的第 1 个维度是外向与内向（表 2-2），这一维度是根据能量倾向进行分类的。何谓能量倾向？通俗地说，能量倾向就是人们注意力集中的方向。对于外向型的人来说，基本刺激来源于外部世界的人或事物，而内向型的人则来源于内心世界及自我的思考和反省。

表 2-2　外向型与内向型的比较

外向型	内向型
注意力集中于外部环境	注意力集中于内心世界
注意力容易分散	注意力集中
喜欢与人交往	喜欢独处
友好，易于接触	安静，不易接触和了解
善于沟通和表达	不善言辞
做事情积极主动	事件意义重大时主动
先行动，后思考	先思考，后行动
兴趣爱好广泛	兴趣专一

（2）感觉型与直觉型

性格类型的第 2 个维度是感觉与直觉（表 2-3），这个维度与人们平时接收信息的方式有关。感觉型的人倾向于用五官去获取信息，较关注自己的具体感觉，观察仔细，注重细节，比较实际；而直觉型的人更相信第六感觉，通过想象、无意识等来获取信息，注重整体和事物内在的含义，善于抽象出事物之间的联系，具有较高的创造力。

表 2-3　感觉型与直觉型的比较

感觉型	直觉型
通过感觉获取信息	通过直觉获取信息
喜欢实际的、可测量的事物	喜欢事物所代表的内在意义
着眼于现实	着眼于未来
注重细节	注重整体
做事按部就班，喜欢制定规则	做事不遵循常理，喜欢变化多样的事物
思维连贯	思维跳跃
喜欢从事内容实际的工作	喜欢从事富于创造性的工作

（3）思考型与情感型

性格类型的第 3 个维度是思考与情感（表 2-4），这是人们制订决策的两种不同方式。思考型的人通过逻辑判断对因果关系进行思考来处理信息和做出决定，受情感因素影响较小，善于理性客观地分析事物；而情感型的人则依靠感觉做出决策，善于运用同情心，受情感因素影响较大，有时会忽略客观事实。

表 2-4 思考型与情感型的比较

思考型	情感型
凭借理性思考做出决定	凭借情感做出决定
遵照逻辑推理	倾向于个人信念与道德评判
善于分析事物	富有同情心，体贴他人
可以从情境中抽离出来，以旁观者身份看待问题	置身于情境中看待问题
对人际关系不敏感	避免矛盾和冲突
关注事实真相和公正	关注氛围和谐
理性、自信	情绪化、犹豫

（4）判断型与知觉型

性格类型的第 4 个维度是判断与知觉（表 2-5），涉及人们的行为方式，即如何与外部世界互动，是愿意有条理地生活还是随性地生活。判断型的人做事情井井有条，有计划，条理性强，喜欢做出决定，然后按部就班地进行；而知觉型的人生活随意，喜欢灵活的、充满变化的生活，乐于享受生活而非按计划行事。

表 2-5 判断型与知觉型的比较

判断型	知觉型
喜欢计划	喜欢随性
按部就班	灵活自发
喜欢做出决定	喜欢发现新事物，富有好奇心
喜欢确立目标，然后实现它	常改变目标，喜欢新的体验
正式、严肃、谨慎	随意、平和、开放
急于完成工作	喜欢开始一项工作
外表整洁，环境干净	着装以舒服为标准，不在意环境

2. MBTI 的人格类型

在 MBTI 性格测试中，每个维度上只能有一种偏好。一旦被确定是内向型，就不可能是外向型。但是人不可能只具有单一性格。例如，如果你属于判断型，这只说明你的行为方式在大多数情况下是判断型的，但有时也会呈现知觉型的某些特征。据此，可将 MBTI 的 4 个维度按程度、深浅划分为 16 种类型，各种类型的特征与其典型职业相对应（表 2-6）。

表 2-6 MBTI 的人格类型

维度	类型	特征	典型职业
分析型人格（NT 型）	INTJ	战略家思维，理性独立，追求创新，厌恶低效	科学家、工程师、企业战略家、程序员
	INTP	好奇心强，热爱理论，思维缜密，拖延症患者	哲学家、数学家、物理学家、AI 研究员
	ENTJ	领导力强，目标明确，高效果断，控制欲强	CEO、律师、军事指挥官、管理顾问
	ENTP	思维敏捷，善于辩论，喜欢挑战，三分钟热度	创业者、市场营销、律师、发明家

续表

维度	类型	特征	典型职业
外交型人格（NF型）	INFJ	理想主义，洞察人心，追求意义，完美主义	心理咨询师、作家、社会工作者、教师
	INFP	敏感善良，价值观驱动，艺术气质，逃避冲突	诗人、艺术家、心理咨询师
	ENFJ	感染力强，乐于助人，社交达人，过度付出	教师、人力资源、公关经理、政治家
	ENFP	热情洋溢，创意无限，讨厌束缚，容易分心	演员、记者、广告策划、自由职业者
守护型人格（SJ型）	ISTJ	严谨可靠，注重规则，执行力强，固执保守	会计、审计师、军人、行政管理者
	ISFJ	细心体贴，忠诚负责，传统务实，不善拒绝	护士、教师、社会工作者、秘书
	ESTJ	组织力强，务实高效，喜欢掌控，缺乏弹性	项目经理、警察、企业管理者、法官
	ESFJ	社交达人，乐于助人，重视和谐，害怕冲突	销售、护士、教师、客户服务
探索型人格（SP型）	ISTP	冷静灵活，动手能力强，活在当下，讨厌约束	机械师、飞行员、运动员、程序员
	ISFP	艺术气质，随和自由，注重体验，避免冲突	音乐家、设计师、摄影师、园艺师
	ESTP	冒险精神，行动派，善于谈判，缺乏耐心	销售、创业者、运动员、消防员
	ESFP	热情外向，享受当下，幽默风趣，讨厌计划	演员、主持人、旅游顾问、公关专员

以上就是对MBTI性格测试中的16种性格类型的详细描述，测试者可以通过表2-6更好地了解自己的性格及特点，明确适合自己的职业领域和工作。

实训任务

自我性格探索

【实训目的】

通过实训，学生能够探索自己的性格特点，并思考如何将性格优势应用于未来的职业选择。

【实训过程】

1. 性格测试

1）学生完成MBTI性格测试或大五人格测试，了解自己的性格类型和核心特质。

2）测试结果包括性格描述、优势、潜在盲点，以及适合的职业类型。

2. 小组讨论

1）学生按性格类型分组，讨论各自的性格特点，以及在生活中的表现。

2）每组选出1名代表，分享本组性格类型的共性和个性。

3. 角色扮演

1）设计一个职场情境（如团队项目合作、客户沟通等），学生根据性格测试结果扮演不同的角色。

2）通过角色扮演，体验不同性格类型在职场中的表现和互动。

4. 职业匹配讨论

1）结合性格测试结果，学生分组讨论适合自己性格的职业方向。
2）每组分享讨论结果，并接受其他组的提问和建议。

5. 总结与反思

1）学生撰写活动总结，反思自己的性格特点、职业匹配度及未来的改进方向。
2）教师对活动进行总结，强调性格探索对职业规划的重要性。

【实训总结】

通过本次实训，学生不仅加深了对自己的了解，还学会了如何与不同性格的人合作。这次活动让学生更加明确了性格与职业发展的关系，为其职业规划提供了重要的参考依据，促使学生未来继续关注自己的性格成长，努力将性格优势转化为职业发展的动力。

任务自测

项目二任务二学习自测

理解的知识点	
掌握的技能点	
感受与收获	
任务成效评分	0 分---10 分

拓展阅读

性格与职业匹配问题的解决方法

心理学专家认为，根据性格选择职业，能使个人的行为方式与职业工作相契合，更好地发挥自身的才智和专长，从而游刃有余地驾驭本职工作。因此，选择职业需要考虑自身的性格特点与综合素质，这将有利于性格与职业的科学匹配。

1. 培养科学价值观，提高综合素质

价值观不仅影响个人行为，还影响组织行为，进而影响组织的绩效。对待同一事物，由于人们的价值观不同，往往会产生不同的行为。为了获得良好的经济效益，企业领导者在确立企业目标时，必须考虑与企业经营活动有关的个人和群体的价值观。只有在平衡各方价值观的基础上，才能制定出合理的组织目标。

2. 提高社会适应能力，建立良好的人际关系

社会的快速发展对人们提出了越来越高的要求，因此就业人员需要不断提高自身对社会的适应能力，主动学习与追求进步，为自身的稳固发展提供有力的保障。良好的社会人际关系是构建和谐发展环境的重要因素，利于人们集思广益，更好地进行创新与自我拓展。

3. 职业定位要准

职业定位要准，切忌泛泛而谈。定位应具体明确，包括行业定位、方向定位、职位定位及薪酬定位等方面。进行职业规划时，要结合自身实际情况，全面权衡各类因素，同时兼顾社会需求与未来发展趋势等外部条件。这些都是确保职业生涯规划成功的基本前提。

4. 从基础的职业岗位起步

善于从小事做起、从具体的职业岗位起步，是职业发展的重要基础。只要这些小事或具体岗位与自己的长远职业目标一致，有助于实现个人的发展愿景，就可以作为职业生涯的起点。职业生涯规划正是一项由许多具体行动构成的系统工程，唯有脚踏实地，立足于小事，才能积累经验、稳步前行，最终达成更大的目标。

5. 科学分析市场要求与自我优势

信息化在现代社会中发挥着不可替代的重要作用，全面掌握相关信息，对于调整个人目标、制订职业规划具有重要意义。在市场经济背景下，应善于分析市场信息，明确市场需求，及时调整自身发展方向。在充分了解社会发展大局的基础上，更要发挥自身性格特质、优势与职业兴趣，不断提升自我，实现持续发展与突破。

任务三 职业能力探索

【任务目标】

知识目标

- 了解职业能力的概念及职业能力发展的影响因素。
- 理解职业能力的类型及重要性。
- 掌握职业能力探索的步骤。

能力目标

- 能够识别并分析自身的职业能力，了解个人在不同职业能力维度上的表现，并能够根据个人特点做出合理的评估。
- 掌握职业能力探索的步骤，能够通过正式与非正式测评工具对自身能力进行准确评估，分析测评结果，并结合实际工作经验和反馈进行自我调节与优化。

素质目标

- 提高自我反思和自我认知能力，了解自身在职业能力方面的优点与不足，培养持续自我提升的意识，不断调整职业发展目标以适应个人成长与环境变化。

- 增强人际沟通与团队协作能力，理解和运用职业能力探索中所涉及的社交、协作与领导能力，提升在团队中与他人有效沟通和合作的素质。

知识讲解

职业能力是人们从事其职业的多种能力的综合，可以被定义为个体将所学的知识、技能和态度在特定的职业活动或情境中进行类化迁移与整合所形成的能完成一定职业任务的能力。人的职业能力是在社会实践和有意识地教育培养中形成的。不同的职业对职业能力有不同的要求，在实践中要结合具体的职业要求，培养和锻炼自己的职业能力。

一、职业能力的类型

职业能力是多种能力的综合，可以把职业能力分为一般职业能力、职业核心能力、专业能力和职业综合能力。

1. 一般职业能力

一般职业能力主要是指一般的学习能力、文字和语言运用能力、数学运用能力、空间判断能力、形体知觉能力、颜色分辨能力、手的灵巧度、手眼协调能力等。此外，任何职业岗位的工作都需要与人打交道，因此，人际交往能力、团队协作能力、对环境的适应能力，以及遇到挫折时良好的心理承受能力都是职业活动中不可缺少的能力。

2. 职业核心能力

职业核心能力是指在人们工作和生活中，除专业岗位能力之外，为取得成功所必备的基本能力。这些能力有助于个人自信且有效地展现自我，并根据具体情况选择和应用。当前，职业核心能力已经成为人们就业、再就业和职场升迁所必备的能力，也将成为企事业单位在职人员综合素质提高的重要内容。因此，作为国家综合素质训练项目之一，职业核心能力认证培训将面向广泛的培训人群，成为培训领域全新的社会服务项目。其生命力将伴随职业人士的一生，对提升我国技能人才的素质起到积极作用。

3. 专业能力

专业能力主要是指个人在从事某一职业时所具备的专业技能和业务能力。在求职过程中，招聘方最关注的是求职者是否具备胜任岗位所需的专业能力。例如，当应聘教学类岗位时，招聘方最看重的就是应聘者是否具备最基本的教学能力。

4. 职业综合能力

这里主要介绍国际上普遍注重培养的关键能力，主要包括以下 4 种。

1）跨职业的专业能力。从以下 3 个方面可以体现出一个人跨职业的专业能力：一是运用数学和测量方法的能力；二是计算机应用能力；三是运用外语解决技术问题和进行交流的能力。

2）方法能力。一是信息收集和筛选能力；二是掌握制订工作计划、独立决策和实施的能力；三是具备准确地进行自我评价的能力和接受他人评价的承受力，并能够从失败经历中有效地吸取经验教训。

3）社会能力。社会能力主要是指团队协作能力、人际交往能力和善于沟通的能力。在工作中，能够与他人协同合作，共同完成任务；对他人保持公正和宽容；具有准确判断事物的能力和良好的自律性等。这些是胜任岗位和在工作中开拓进取的重要条件。

4）个人能力。随着我国经济体制改革的深入推进和法制的不断完善，社会对个人社会责任感和诚信品质的要求不断提升，各类假冒伪劣行业在日益完善的监管体系和公众监督下已无处遁形。个人良好的职业道德将越来越受到全社会的尊重与赞赏，爱岗敬业、认真负责、注重细节等职业精神也将被广泛认可和推崇。

二、职业能力发展的影响因素

1. 个人因素

1）兴趣。职业兴趣是指人们对某类专业或工作所持有的积极态度。不同的人对于同一职业可能持有积极、消极或无所谓的态度。

2）性格。性格影响个人对职业的适应性，一定的性格适合从事一定的职业；同时，不同的职业对人有不同的性格要求。

3）职业发展愿望。职业发展愿望即个人希望从事的职业类型或方向。如果对某一种职业产生兴趣，就会迸发出强大的行为动力，推动自身去开掘潜能，大大提高工作效率。

4）能力。这里所说的能力是指劳动者从事社会生产活动的能力，即职业工作能力。

5）教育。教育与社会阶层的晋升之间存在着显著关联。对于那些社会阶层已然超越父辈的人而言，他们往往将教育视为推动自身阶层跃升的核心主动力。

2. 社会因素

1）社会阶层。社交圈往往为某一类型的人提供机会，许多“生存机会”是由社交圈决定的。虽然社会阶层深刻影响个人的职业生涯，但是阶层界限并非牢不可破。阶层的变动不但有可能发生，而且是被人接受的。

2）经济发展水平。在经济发展水平高的地区，企业相对集中，优秀企业也就比较多，个人职业选择的机会就比较多，因而有利于个人职业生涯的发展；相反，在经济落后的地区，个人职业选择的机会比较少，个人职业生涯也会受到限制。

3）社会文化环境。社会文化是影响人们行为、欲望的基本因素，它主要包括教育水平、教育条件和社会文化设施等。在良好的社会文化环境中，个人能力受到良好的教育和熏陶，从而为职业生涯奠定更好的基础。

4）政治制度和氛围。政治和经济是相互影响的，政治不仅影响一国的经济体制，也影响企业的组织体制，从而直接影响个人的职业发展。政治制度和氛围还会潜移默化地影响个人的追求，从而对职业生涯产生影响。

三、职业能力的重要性

职业能力的发展对个人职业生涯的成功至关重要。它不仅影响个人在当前岗位上的工作表现，也直接关系到职业发展的广度和深度。职业能力的培养和提升在以下几个方面尤为重要。

1）提升工作绩效：具备扎实的职业能力能使个人在工作中更加高效、精准地完成任务，提高工作质量和效率，增强职业竞争力。

2）职业发展潜力：拥有强大的职业能力，特别是跨领域的综合能力，会使个人在职场中更具竞争力，拥有更多的晋升机会和职业选择。

3）应对变化和挑战：现代职场变化迅速，科技和市场需求不断变化。具备灵活应变的职业能力能帮助个人适应环境变化，从而降低被淘汰的风险。

4）增强自信和满足感：当个人具备较强的职业能力时，通常在工作中能更好地解决问题和迎接挑战，这不仅提升了自信心，还获得了更高的工作成就感和职业满足感。

5）加强人际关系和沟通：良好的职业能力不仅体现在专业技能上，还包括有效的沟通、协作和领导力，这些都能促进与同事、上司及客户的关系，有助于团队合作和职场人际网络的建立。

6）个人职业定位清晰：职业能力的提升帮助个人清晰地了解自己的优势和弱点，从而在职业生涯中做出更明智的决策，选择最适合自己的发展方向。

总之，职业能力的培养不仅是提升工作效率的重要手段，还为个人在职业生涯中创造了更多的机会和可能性，是实现职业成功和个人满足的重要保障。

四、职业能力探索的步骤

1. 进行正式测评

正式测评是一个量化的过程，通常借助科学的工具和方法对个体的职业兴趣、性格特征、能力倾向、职业价值观等方面进行全面评估。这些测评工具包括但不限于职业兴趣测试、MBTI 性格测试、DISC 行为风格分析①、霍兰德职业兴趣测试等。通过这些标准化的测评，个体能够识别出未曾注意到的潜在优势或劣势。正式测评通常有助于提供客观、系统的信息，为后续的自我认知和职业规划奠定基础。在此过程中，咨询师或职业规划师的指导可以帮助参与者更好地理解测试内容和结果。

2. 进行非正式评估

非正式评估是对正式测评结果的进一步验证和补充。通过非正式评估，个体可以结合

① DISC 行为风格分析是一种基于行为心理学的人格评估工具，它将个体的行为风格分为 4 种类型：支配型（dominant，D）、影响型（influence，I）、稳健型（steadiness，S）和谨慎型（conscientious，C）。

实际经验和反馈进行自我反思与外部反馈，检查正式测评结果的适用性和准确性。例如，可以通过与同事、上司、朋友等的交流，了解自己在工作中的表现、与人交往的方式及在压力下的反应。通过这种方式，个体可以确认自己是否真的具备正式测评中所反映的特征，或者是否有其他未被发现的潜在能力。此外，非正式评估还可以帮助识别测试中可能存在的偏差或误解，进而厘清自己的优势和短板。

3. 评价和分析测评报告的结果

测评报告的结果是职业生涯规划的关键依据之一。通过分析报告中的数据和结论，个体可以全面了解自己在不同领域的能力和偏好，如职业兴趣、人格特征、工作方式等。职业规划师或咨询师在这个阶段发挥的作用非常重要，他们不仅能帮助个体解读测评结果，还能提供专业的建议，指出哪些结论具有实际意义，哪些可能需要进一步探索。个体应认真对待测评报告，思考其与实际职业需求、个人目标的契合度。这一过程能够帮助个体建立自信，同时为职业方向的选择提供有力依据。重要的是，测评报告结果应与个人的长远目标和理想职业相结合，确保所有的结论都具有实际操作性和可持续性。

4. 准确进行职业定位

职业定位是整个能力探索过程中最为关键的步骤。在明确自己的职业兴趣、性格特点和职业价值观后，个体需要结合自己的职业梦想，确立具体的职业发展目标和方向。这一过程不仅仅是对现有能力和兴趣的匹配，更是对未来职业道路的全面规划。职业定位应具有前瞻性，考虑行业的变化趋势、个人的成长潜力及市场需求等多方面因素。在定位过程中，个体要设定合理的短期和长期职业目标，明确想要进入的行业、职位及所需的技能或资格。同时，职业定位也包括对职业路径的选择，是选择晋升、转行还是深耕现有领域。此时，个体应当确保所选目标既符合个人兴趣又能实现，并为自己提供可持续发展的职业动力。

通过以上 4 个步骤，个体能够更加科学地认识自己，理解自己的职业兴趣、优势和短板，进而做出明智的职业选择与规划。这个过程不仅有助于提升职业发展的效率和准确性，也能使个人增强职业生涯的满足感与成就感。

实训任务

自我能力探索

【实训目的】

通过实训，学生能够通过能力矩阵探索自我能力，全面评估自身在不同职业能力维度上的表现，能够清晰地了解自己在哪些方面具有优势，在哪些领域需要进一步提升。

【实训过程】

利用能力矩阵（图 2-2）分析自我能力。

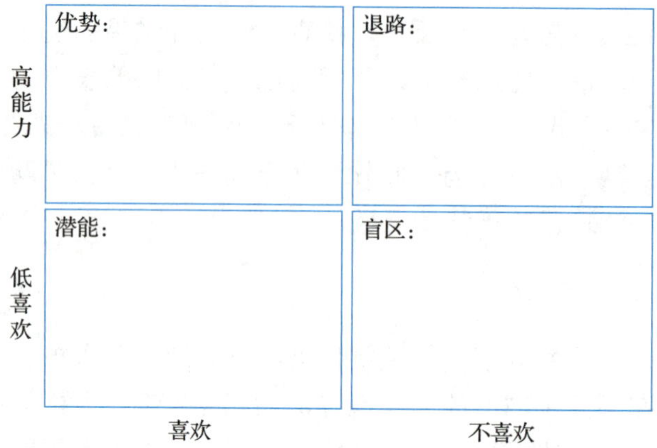

图 2-2　能力矩阵

1）找到你现在的工作（或你有可能从事的工作），通过调研罗列这份工作主要的能力需求（你可以参考在职业调研部分的工作描述结果，或者在招聘网站的职位说明书里找到工作的技能需求）。

____

____

____

2）把这些能力按照“擅长-不擅长”“喜欢-不喜欢”的模式排列到图 2-2 所示的能力矩阵中。（如果你从事过，根据经验判断是否擅长即可，一般能排到同龄人前 40%的都可以认为是擅长；如果你没有从事过，可以暂时依靠经验判断，但是务必寻找机会真正体验一番）。

____

____

____

3）你的优势是什么？你应该如何强化它们？（罗列操作的具体方式）

____

____

____

4）你的盲区是什么？你该如何对待它们？（罗列操作的具体方式）

____

____

____

5）你有哪些潜能？如何将它们结合起来使用？（罗列操作的具体方式）

____

____

____

6）未来1年，你主要提升哪两个能力？你希望自己达到什么水平？（罗列具体的指标，如“当我可以和外国人用英语在电话里沟通10分钟时”或者“拿到××证书”）

____

____

____

【实训总结】

通过本次实训，学生更清楚地了解了自己在不同职业能力领域的优势和不足，通过识别差距并制订行动计划，清楚了自己的发展方向，能够更有针对性地提升自我，为未来的职业成功奠定坚实的基础。

任务自测

项目二任务三学习自测

理解的知识点	
掌握的技能点	
感受与收获	
任务成效评分	0分---10分

拓展阅读

能力与技能的培养方法——考取职业技能资格证书

职业技能鉴定是一项基于职业技能水平的考核活动，属于标准参照型考试。它由相关考试考核机构对劳动者从事某种职业所应掌握的技术理论知识和实际操作能力进行客观的测量和评价。职业技能鉴定是国家职业资格证书制度的重要组成部分，分为5个级别：初级、中级、高级、技师、高级技师。申报职业技能鉴定，获取职业技能资格证书，不同级别申报条件有所不同。

参加初级鉴定的人员必须是学徒期满的在职职工或是职业技术学院的学生。

参加中级鉴定的人员必须是取得初级技能资格证书，并连续工作5年以上，或是中等职业学校毕业生。

参加高级鉴定的人员必须是取得中级技能资格证书5年以上，连续从事生产作业，或是经过正规高级技工培训并取得结业证书的人员。

参加技师鉴定的人员必须是取得高级技能资格证书，具有丰富的生产实践经验和操作技能特长，能解决本工种专业高难度生产工艺问题，并具有传授技艺能力和培养中级技能人员能力的人员。

参加高级技师鉴定的人员必须是任技师3年以上，具有高超精湛技艺和综合操作技能，能解决本工种专业高难度生产工艺问题，在技术改造、技术革新及排查和消除事故隐患等方面有显著成绩，并且具有培养高级工及组织带领技师进行技术革新和技术攻关能力的人员。

申请职业技能鉴定的人员要根据申报职业的资格条件，确定自己申报鉴定的等级，向职业技能鉴定站（所）提出申请，填写职业技能鉴定申请表。报名时应准备好照片、身份证、培训毕（结）业证书、《技能等级证书》或工作单位劳资部门出示的工作年限证明等。申报技师、高级技师任职资格的人员，必须提交本人的技术成果、工作业绩、技术总结和论文资料等。

职业技能鉴定的主要内容包括职业知识、操作技能和职业道德 3 个方面。这些内容是依据国家职业技能标准、职业技能鉴定规范（即考试大纲）和相应教材确定的，并通过编制试卷来进行鉴定考核。

职业技能鉴定的方式分为知识考试和技能考试两部分。知识考试一般采用笔试，技能考试一般采用现场操作加工典型工件、生产作业项目、模拟操作等方式进行。计分一般采用百分制，两部分成绩都在 60 分以上为合格，80 分以上为良好，95 分以上为优秀。

任务四 职业价值观探索

【任务目标】

知识目标

- 了解职业价值观的概念及类型。
- 理解职业价值观对大学生的影响。
- 掌握树立正确职业价值观的方法。

能力目标

- 能够识别和分析不同类型的职业价值观，并了解其对职业发展的影响。
- 能够运用职业价值观相关理论，结合自身特点，做出合理的职业选择和规划。
- 能够在实际职业决策中，综合考虑个人的价值观、兴趣和社会需求，做出符合自我发展的决策。

素质目标

- 具有清晰的职业目标和价值观，提升自我认知和自我管理能力。
- 具备正确的职业态度，能够在职业生涯中保持积极向上的心态，不断完善自我，追求职业成就与个人价值的平衡。

知识讲解

职业价值观就是对职业的看法和态度。职场中的每个人都有职业价值观，而每个人的职业价值观又有所不同。因此，首先要认识自己的职业价值观，然后通过职业生涯规划，寻找合适的工作，以获得最大程度的职业满足。

一、职业价值观的类型

职业价值观对职业选择、发展和满意度起着至关重要的作用。由于个体差异，不同的人可能会更注重某一或某几项价值，这也在很大程度上决定了他们选择和追求的职业类型。美国心理学家马丁·卡茨（Martin Katz）等职业研究专家对职业价值观进行了分类，以下是其中常见的几种类型。

1. 高收入

高收入通常是很多人选择职业时的重要考量因素之一。对于一些人来说，职业不仅是实现自我价值的平台，还是获得经济独立和生活保障的手段。特别是在经济压力较大的背景下，选择一份高薪职业不仅能保障生活质量，还能更好地满足个人需求，减轻经济负担，同时增强个体承担家庭责任的能力。这类人通常倾向于选择高回报、竞争激烈的行业，如金融、科技、法律等。

2. 社会声望

社会声望是指个体通过职业地位所获得的社会认可与尊重。在一些文化和社会环境中，社会声望被视为一种重要的职业价值观。许多人选择某些职业，是因为它能够带来社会地位或荣耀。例如，医生、律师、科学家、教师等职位往往被赋予较高的社会声望。对于一些个体来说，社会声望不仅仅是外部的认可，更是自我价值的体现。

3. 独立性

独立性意味着个体在工作中能够拥有较高的自主性，做出决策时不受过多限制。许多人在选择职业时非常看重工作中的自由度和灵活性。这类人往往倾向于从事能够自主掌控工作内容和时间的职业，如自由职业者、艺术家、企业家等。他们渴望摆脱传统上级与下属的关系，更注重工作中的自主决策和个人创造力的释放。

4. 帮助别人

对于一些人来说，职业的意义不仅仅在于个人收入或地位的提升，更在于能够为他人和社会做出贡献。这类人往往从事教育、医疗、社会工作等领域的工作，他们认为这些工作可以直接影响他人的生活质量和福祉。帮助他人成为这类人职业选择的重要动力，这不仅能让他们获得满足感，还能使他们在职业中寻找到更深层次的意义。

5. 稳定性

稳定性通常是指工作环境的安全性、职业发展的持续性和收入的稳定性。对于一些人来说，工作稳定性是职业选择中的关键因素。他们倾向于选择那些提供长期职位保障、波动较小的行业或职位，如政府机关、公务员岗位、大型国有企业等。对于追求稳定性的人来说，职业的安全感和预期是他们更为看重的目标，而非短期的高薪或激烈的职业挑战。

6. 多样性

多样性是指工作内容的多变性和不断创新的机会。这类人倾向于选择那些能够提供不同工作任务和挑战的行业，如咨询、项目管理、广告、媒体等行业。多样性较强的工作能够保持新鲜感和刺激感，避免单调的工作内容让他们感到厌倦。对于追求多样性的人来说，职业选择往往与兴趣密切相关，他们希望在工作中保持高度的灵活性和变化性。

7. 领导力

领导力是指在工作中承担领导职责、影响他人的能力。许多人选择职业时，渴望获得更高的职位，承担更多的责任，能够在工作中发挥主导作用。对于这些人来说，职业晋升和领导地位是他们重要的职业价值观。这类人通常选择企业管理、政治、军事等能够提供领导机会的职业，力求在组织中获得更高的地位和影响力。

8. 兴趣

兴趣是职业选择中非常重要的驱动力之一。许多人希望从事自己感兴趣的工作，认为兴趣不仅能使工作变得更有趣，还能让他们在工作中发挥最大的创造力。无论是从事艺术创作、技术研发，还是从事教育、科研，选择一份自己热爱的职业，往往能让工作充满激情，同时带来更高的职业满意度和成就感。

9. 休闲

休闲是指通过职业能获得适度的工作时间安排和假期。对于某些人来说，工作与生活的平衡非常重要，他们更注重工作带来的空闲时间及能够享受生活的空间。教师、部分行政职位和相关的文化产业工作往往提供了较为宽松的工作时间安排和充足的假期，满足了这类人对休闲的需求。在这样的职业中，虽然收入可能不如其他行业高，但它提供的稳定生活质量和时间管理的灵活性是不容忽视的。

10. 尽早进入工作领域

对于一些人来说，尽早进入工作领域，积累社会经验和职业经验比继续深造或等待理想职位更重要。这类人往往不喜欢过多的学术理论学习，而更愿意尽早进入职场，投身于实际工作中，通过积累工作经验，获得职业技能的提升。这一职业价值观通常表现为对学历要求较低，更多看重工作经验和实际能力。

二、职业价值观对大学生的影响

大学生的职业价值观是大学生这一特殊群体对于职业评价、职业选择、职业价值取向等内容的总体看法，在一定程度上反映了大学生的择业方向和标准，并对他们的工作态度、工作积极性乃至整个社会的稳定和发展都产生重要的影响。

1. 职业价值观对大学生职业选择的影响

兴趣和性格等对职业发展具有一定影响，但实际上，价值观的影响往往更加深刻。因为价值观是个体最为核心的信念体系，影响着人们的处事行为和态度。例如，大学生在进行职业选择时会受到一定动机的支配，而择业的动机则是由价值观决定的。

在进行职业选择时，人们可能会考虑很多因素。当出现矛盾或冲突时，有些人往往基于价值观做出放弃或者妥协的决定。每个人的价值观不同，重视的方面也就不同，在职业选择过程中必然会做出不同的决定。

2. 职业价值观对大学生职业生涯的影响

根据美国心理学家亚伯拉罕·马斯洛（Abraham Maslow）的需求层次理论，在不同阶段，人们有不同的需求。职业发展的过程是一个个目标实现、自我需求得到满足的过程，而自我价值的实现是个体的最高需求，因此价值观在职业生涯发展中起着重要的决定性作用。

有效的生涯决策与个人对自己价值观的认知程度有关。对自己的价值观认知得越清楚，生涯规划的过程就越顺利。因此，大学生要不断审视和澄清自己的价值观，经常问自己想过的是什么样的生活，最在乎什么，最不能放弃的是什么，什么是值得自己付出努力去追求的目标。只有这样，才能在职业生涯的道路上更从容地做自己，获得真正的快乐与成就感。

三、树立正确职业价值观的方法

1. 处理好职业价值观与金钱的关系

金钱无疑是每个人选择职业时需要考虑的一个重要因素，它不仅是工作的报酬，也是对个人职业价值的一种回馈。尤其对于刚步入职场的毕业生来说，金钱往往成为他们在选择工作时的首要考虑因素。毕竟，金钱能够提高生活质量，满足基本的经济需求，同时也是实现个人独立和履行家庭责任的重要保障。然而，单纯将金钱作为职业生涯的唯一目标，可能导致短期的满足和长期的职业迷失。对于经验尚浅的毕业生来说，过度关注薪资水平而忽略职业成长和技能积累，可能会让他们错失在实际工作中磨炼和提高的机会，最终会导致工作内容与个人期望的不匹配，甚至产生职业倦怠感。

更为重要的是，过度关注金钱回报可能让人忽视自我成长和职业发展的长远规划。虽然薪资很重要，但它并非职业成功的唯一标准，尤其在职业发展的初期阶段。许多高薪职位往往伴随巨大的工作压力和长时间的工作投入，如果单纯为了金钱而选择某个职位，可能会让自己陷入单纯追求物质回报的陷阱，忽略提升自我、拓宽职业技能和积累行业经验的重要性。理性地看待金钱，将其作为职业规划的一部分，而非唯一目标，可以帮助毕业生更加专注于技能的积累和职业发展，最终实现职业生涯的长远目标。通过将个人成长和职业价值的实现作为主要目标，个体能够在职业生涯中获得更持久的满足感和成就感。

2. 处理好职业价值观与个人兴趣和特长的关系

在选择职业时，个人兴趣和特长无疑是影响职业决策的重要因素。兴趣不仅是工作动力的源泉，还能够激发个体对工作的热情，推动其不断前进。对于刚步入职场的年轻人来说，兴趣是强大的驱动力。如果选择自己感兴趣的领域，工作将不再是单纯地完成任务，而是一个可以探索、成长和享受的过程。如果选择自己不感兴趣的工作，即使该工作带来了较高的薪资回报，随着时间的推移，个体的工作热情也可能会逐渐消失，工作动力也会逐渐减弱。在这种情况下，职业倦怠和不满情绪往往难以避免，长期处于低效和不满的状态将影响个人的职业发展和生活质量。

此外，选择与自己特长相符的工作，往往能事半功倍。在职场上，特长是个人取得成功的关键因素之一。如果一个人在某一领域具有优势或积累了较强的技能，那么他在该领域的表现往往比其他人更加出色，能够快速获得成就感和认同感。与其强迫自己去做一项并不擅长的工作，不如选择一个自己擅长的职业方向，这样不仅能在工作中迅速发挥优势，还能节省大量的时间和精力。兴趣和特长的结合，使人能够在实现个人价值的同时，也能获得更高的职业满足感。选择自己喜爱的、擅长的职业路径，不仅能提高工作效率，还能帮助个人在激烈的职场竞争中脱颖而出，获得更为长远的职业成功。

3. 处理好职业价值观的排序与取舍问题

在职业选择中，许多人希望能够同时实现多个目标，如高薪、工作稳定、社会地位、个人兴趣等。这些目标看似理想，但现实中往往需要进行取舍。不同的职业目标之间往往会产生一定的矛盾和冲突。例如，追求高薪的职位可能意味着要承受加班、较大的工作压力或长期的不规律作息，而选择平稳、轻松的工作则往往需要放弃高薪和快速晋升的机会。面对这样的矛盾，如何在多种职业目标中做出明智的选择，就成为职业生涯规划中的重要课题。

在这种情况下，合理地对职业价值观进行排序显得尤为重要。明确自己最看重哪些职业价值观，如金钱、稳定性、成长机会、工作与生活平衡等，有助于做出理性决策。将最重要的价值观置于首位，而对于那些次要的目标，可以根据实际情况做出适当的妥协。这种排序有助于减少个人在选择过程中的焦虑和纠结，明确自己在职业生涯中最想追求的是什么。同时，能够接受一定的妥协，认识到职场中并非所有目标同时兼得，从而避免因追求过多而迷失方向。最终，通过理性思考和不断提升自我认知，将能够寻找到最适合自己的职业道路，并获得长期的成就感和满足感。

4. 处理好职业价值观中个人与社会的关系

职业价值观不仅反映了个人的需求和目标，也深刻影响着个人与社会的关系。在职业生涯的过程中，个体的职业发展与社会需求是密切相连的，个人的职业价值往往在为社会创造价值、服务他人时得到充分体现。个人在职场中发挥才能、积累经验、实现自我价值的同时，也为社会的进步与发展做出贡献。因此，在选择职业时，除了考虑个人兴趣、能力和目标外，还应思考自己所从事的职业如何与社会需求相结合，从而实现双赢。

然而，这并不意味着个体需要完全放弃自己的需求和目标而去迎合社会的期望。在现实中，个人的兴趣和能力往往决定了其职业选择的方向，而社会的需求则提供了职业发展的机会与平台。在职业选择中，理想的状态是寻找到个人兴趣、能力与社会需求之间的最佳平衡点。例如，一位具备创新思维的科研人员，可能并不适合选择一份以行政管理为主的工作，尽管这种工作可能会给予更高的社会地位或薪资。相反，他可以通过从事科研工作，发挥自己的特长，为社会创造更大的技术创新或科学突破。因此，理想的职业选择应在个人的职业追求和社会对人才的需求之间找到平衡，从而实现个人的职业目标，并为社会带来更大的价值。通过这种平衡，个人不仅能获得更高的职业满足感，也能在职业生涯中获得更多的社会成就。

5. 处理好淡泊名利与追逐名利的关系

追逐名利和淡泊名利看似矛盾，但实际上它们在职业价值观中是相辅相成的。名利往往是许多人追求职业发展的动力之一。适度的名利不仅能提升个人的社会地位，还能为职业发展带来更多机会和资源。无论是高薪酬、职位晋升，还是社会声誉和公众认可，名利往往能激发个体的奋斗精神，推动他们不断追求卓越、实现自我价值。然而，过度追求名利，尤其是盲目攀比和对外部评价的过度依赖，可能使人迷失方向。人们往往会陷入对外界认可的不断追求中，而忽视职业的真正意义和内在的满足感。此时，职业的目标可能变成对荣誉和奖赏的渴望，而非个人成长与价值实现。

适度追求名利是有益的，它能够激励人们不断进步、追求更高的职业成就，但前提是要有清晰的目标和合理的界限。真正的职业成功不仅仅是外界的评价和物质回报，更重要的是内心的满足和自我实现。职业中的“知足”并非对现状的不满，而是当达成一定成就后，能够在外界的名利和个人的内在需求之间找到平衡，享受过程中的成长与收获。适时的淡泊名利可以帮助个体更加专注于职业的真正意义，避免被外部的奖赏和荣誉所困扰。当在职业道路上学会放下过度的欲望和期待时，就能够明确自己的职业目标和人生追求，从而在职业生涯中保持健康、长远的发展。

通过树立正确的职业价值观，个人能够在职业生涯中更加理性地做出决策，避免被金钱、名利和其他外部因素所诱惑，保持对内在职业目标和自我发展的追求。在职业道路上，不断调整和完善职业价值观将为个人的长期成功奠定坚实的基础。

实训任务

职业价值观探索

【实训目的】

通过实训，学生能够深入了解并反思自己的职业价值观，明确职业选择中的关键因素。

【实训过程】

需要提前准备一些道具，如锤子、职业价值观拍卖清单。职业价值观拍卖项目表如表 2-7 所示。表中列有 15 个职业价值项目，根据这些职业价值项目在你心中的优先地位进行排序，用 1～5 表示，1 表示最重视，5 表示最不重视，并填在表中的“重要性排序”栏内。假设你手里有 1000 万元，对于各个职业价值项目，你愿意花多少元购买？将自己预估的金额填写在表中的“预估价”栏内。

表 2-7 职业价值观拍卖项目表

职业价值项目	重要性排序	预估价	成交价	得标人	得标人承诺
1. 为大众谋福利					
2. 追求美感与艺术气氛					

续表

职业价值项目	重要性排序	预估价	成交价	得标人	得标人承诺
3. 寻求创意，发展新事物					
4. 独立思考，分析事理					
5. 有成就感					
6. 独立自主，依自己意愿进行					
7. 受他人推崇和尊敬					
8. 具备发挥督导或管理他人的能力					
9. 有丰厚的收入					
10. 生活安定，有保障					
11. 拥有良好舒适的工作环境					
12. 与主管相处融洽且关系平等					
13. 与志同道合的伙伴一起工作					
14. 能选择自己喜爱的工作方式					
15. 工作富有变化，不单调					

注：①不必每项都买；②拍卖时，如果想对某一项出价，则起价不得少于100万元；③拍卖时，可以更改原定的价码，但如果想加价，则每次加价至少50万元。最终出价最高的同学拍得此项目。

【实训总结】

通过本次实训，学生深入了解了自己的职业价值观，识别出职业选择中的关键因素，如金钱、稳定性、成长机会等。同时，学生认识到职业价值观不仅与个人兴趣和能力相关，还与社会需求、个人成长密切相关。通过权衡和取舍，学生学会了理性规划职业生涯，明确职业目标，这为未来的职业选择奠定了坚实的基础。

任务自测

项目二任务四学习自测

理解的知识点	
掌握的技能点	
感受与收获	
任务成效评分	0分---10分

拓展阅读

职业价值观与生涯发展

职业价值观层次如图2-3所示，该图展示了职业价值观在不同层次上的分类与排序。具体而言，图中将职业价值观分为不同的层级，包括终极目标、阶段目标和当下需求，从而帮助大学生更清晰地理解不同类型的职业目标和需求在职业生涯中的作用与关系。通过这个层次结构，能够更加系统地分析自己的职业价值观，并在不同阶段根据实际情况对其进行调整和优化，以确保职业发展的持续性和目标的达成。

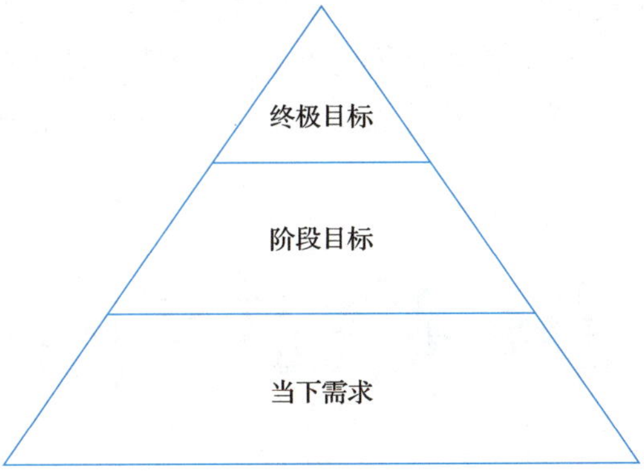

图 2-3　职业价值观层次

1. 终极目标

终极目标通常指向一个人职业生涯的最高愿景，它与个人的人生观、价值观、情感需求及深层次的心理动力息息相关。这个目标通常与个体潜意识中的深层需求联系密切，往往受早期生活经验和重要人物的影响较大，具有深厚的根基和较强的稳定性。终极目标不仅仅是职业发展的终点，更是对个人生活意义的追求，可能包括希望在工作中实现自我价值、为社会做出贡献、获得精神上的满足等。由于它与个人的核心信念和深层需求相关，往往具有较强的稳定性，并且一旦设立，将会伴随个体的整个职业生涯。

2. 阶段目标

阶段目标是实现终极目标的中间步骤，通常根据个体的实际情况及现有资源与条件来设定。阶段目标通常是较为现实、可操作的目标，与个体的职业路径规划相关。由于阶段目标是在特定的时间和环境下设定的，它受现实条件的制约较为明显，如经济状况、行业发展趋势、技术变革等。阶段目标相较于终极目标，具有较强的灵活性，且需要在职业发展过程中根据环境变化进行调整。然而，阶段目标依然保持相对稳定性，因为它是在实现终极目标的框架下做出的具体安排，为个体的决策指明了清晰的方向，并有助于逐步实现长远的职业愿景。

3. 当下需求

当下需求是指个体在当前生活状态下的即时需求，它与个人所处的需求层次紧密相关，通常表现为具体的、短期的目标。这些需求相较于终极目标和阶段目标来说，往往是更为直接和变化多端的，如当下的收入需求、工作环境的舒适性、与家庭生活的平衡等。由于当下需求受时间、情境和个人心境的影响较大，它不如终极目标和阶段目标那样稳定。个人在应对这些需求时，往往需要根据自身情况做出快速反应和调整。例如，当个人面临经济压力时，其当下需求可能会倾向于选择高薪工作，而忽视长期的职业规划。

大学生探索出来的价值观体系，只有结合时间轴进行合理规划和引导，才能真正具备指导意义。终极目标、阶段目标与当下需求虽然相互交织，但它们分别代表了不同层次的目标和需求。只有通过明确的时间维度和合理的目标层次划分，个体才能在复杂多变的环境中保持清晰的方向感，不至于迷失在短期的利益和即时需求中，最终实现长远的职业目标。

知识考核

一、选择题

1．在霍兰德的职业兴趣类型中，现实型的人通常喜欢从事的职业是（　　）。

A．科学研究人员　B．演员　C．企业领导　D．机械装配工

2．在 MBTI 性格分类法中，外向型（E）与内向型（I）的主要区别在于（　　）。

A．逻辑思考方式　B．注意力集中的方向

C．决策制定方式　D．对环境的适应性

3．在职业能力探索中，职业核心能力通常不包括（　　）。

A．一般学习能力　B．团队协作能力

C．专业岗位能力　D．信息收集和筛选能力

4．下列选项不属于职业价值观类型的是（　　）。

A．高收入　B．社会声望　C．工作时间　D．多样性

二、判断题

1．在职业兴趣探索中，兴趣测评是了解自己职业兴趣的唯一途径。（　　）

2．MBTI 性格分类法将性格划分为 4 个维度，包括外向型与内向型、感觉型与直觉型、思考型与情感型、判断型与知觉型。（　　）

3．职业能力只包括一般职业能力和职业核心能力。（　　）

4．职业价值观对大学生的职业选择和职业生涯都有重要影响。（　　）

三、填空题

1．职业兴趣是兴趣在职业方面的表现，是指人们对某种职业活动具有的________的心理倾向，这种倾向使人对某种职业给予优先注意，并心生向往。

2．自我性格类型分为________、力量型胆汁质、完美型抑郁质和平和型黏液质。

3．能力与技能培养的方法是________。

4．大学生的职业价值观是大学生这一特殊群体对于职业评价、职业选择、________等内容的总体看法。

四、简答题

1．职业兴趣的培养途径有哪些？

2．职业能力探索的步骤是什么？

3．如何树立正确的职业价值观？

项目三

职业世界探索

【项目导言】

职业世界探索是大学生职业生涯规划中的关键环节，它不仅是对社会各行业、职业领域的了解过程，还是培养社会责任感、集体主义精神和国家使命感的重要阶段。在这个阶段，大学生应主动探索各行各业的发展趋势，了解国家和社会所需的技能与人才，并在多元化的职业选择中找准自己与社会需求的契合点。大学生要认识到，职业的选择不仅仅是个人兴趣和能力的体现，更应承担起推动国家振兴和促进社会发展的责任。在了解职业世界的过程中，大学生要时刻关注社会发展的方向，紧跟国家战略，培养为民族复兴贡献力量的家国情怀。

在职业世界探索阶段，大学生不仅需关注职业发展的前景和机会，还要思考如何通过自己的职业生涯，为社会的进步与国家的强大贡献力量。新时代青年肩负着实现中华民族伟大复兴的历史使命，职业生涯规划不仅关乎个人的职业选择，也关乎社会和国家的发展需求。通过探索不同职业领域，大学生能够更清晰地认识到哪些行业与国家未来发展的战略方向契合，进而找到适合自己的职业路径。职业世界探索不仅是选择未来职业的过程，还是学会如何将个人理想与国家需求结合，为实现社会的共同繁荣和进步贡献青春力量的过程。

【案例导入】

小张是一名高职院校智能制造专业的学生，进入学校后，他对未来的职业方向感到迷茫。一次偶然的机会，他参加了学校组织的企业参观活动，走进了一家先进的智能制造企业，看到机器人自动化生产线高速运转后，他深受震撼。

为了进一步了解行业，小张积极参加学校的职业生涯规划课程，并利用课余时间在企业实习。实习期间，他跟随导师学习机器人编程、设备维护等核心技能，同时与企业工程师交流，深入了解行业发展趋势和职业发展路径。

通过实习和学习，小张发现自己对机器人调试与维护工作充满兴趣。毕业后，他选择进入一家智能装备公司，从基层技术员做起，逐步成长为一名经验丰富的技术工程师。他的经历不仅让他明确了职业方向，也给学弟学妹提供了宝贵的经验。

❓问题：

1. 在职业探索过程中，小张采取了哪些有效的方法来明确自己的职业方向？
2. 你认为大学生在探索职业世界的过程中，应该重点关注哪些方面？

任务一 认识职业世界

【任务目标】

知识目标

微课：职业世界地图

- 了解职业的基本含义。
- 理解职业的特征和分类。
- 掌握职业的发展趋势。

能力目标

- 能够通过多种渠道（如互联网、招聘网站、行业报告等）搜集并整理与目标职业相关的信息，掌握从大量数据中提取有效职业信息的方法。
- 能够清晰、有效地向他人传递职业信息，通过口头演讲或书面报告展示职业调研成果，提升公众演讲与团队协作能力。

素质目标

- 培养在团队中有效合作的能力，增强团队意识和集体荣誉感，提升协作与问题解决的能力。
- 具备探索职业发展的热情，树立平等、务实的职业价值观。

知识讲解

职业的变迁见证时代变化，职业发展映射社会状况。在职业世界里，“三百六十行，行行出状元”，每个劳动者都值得被尊重，任何职业都不该被歧视。新时代大学生更应扎根祖国大地，了解职业的演变，树立平等、务实的职业价值观。

一、职业的基本含义

社会上的职业种类很多，差异也大。通常把职业定义为个人在社会中所从事的作为主要生活来源的工作。教育家黄炎培认为，职业本身具有双重含义：①职业是一个名词，包含对己谋生与对群服务，为一物两面；②职业是为了适应社会分工的需要，需要人职匹配，以促进工作效能，使人获得职业的乐趣。

我国学者程社明将职业定义为参与社会分工，利用专门知识、技能为社会创造物质财富、精神财富，获取合理报酬作为物质生活来源，并满足精神需求的工作。美国社会学家赛尔兹认为，职业是个人为了不断取得个人收入而连续从事的具有市场价格的特殊活动。美国社会学家泰勒则指出，职业可以解释为一套成为模式的与特殊工作经验有关的人群关系。

可见，对于职业的含义理解，不同的人从不同的角度出发，有着不同的认识。但总的来说，职业一词的外延包括三重含义：一是有工作；二是有收入；三是有时间限度。职业也许会根据环境的变化或个人意愿一次或多次改变，但它是个人为了维持生计、与社会联系和实现自我而产生的连续活动，它要求个人能力与职业要求相协调。

职业不等同于职位或工作。职业（occupation）是在同一专业领域中一系列相似的服务，如运动员是一种职业。职位（professional position）是与分配给个人的一系列具体任务直接相关的。职位和参与工作的个人相对应，有多少参与工作的个人，就有多少职位。例如，一个足球队需要 11 个队员，意味着这个足球队中有 11 个职位，而无论这些职位是前锋还是后卫。工作（job）是由一系列相似的职位所组成的一个特定的专业领域。例如，一个足球队中有左前锋和右前锋，而它们都是同种工作，即前锋。

二、职业的特征

通过认识职业产生的发展历史及其对人类社会发展的影响，可以总结出职业具有以下特征。

1. 产业性

一个国家或社会可以大体分为 3 类产业，即第一产业、第二产业和第三产业。第一产业和第二产业都是物质生产部门，第三产业虽然并不生产物质财富，却是社会物质生产和人民生活必不可少的部门。在科学技术高度发达和经济发展迅速的社会，第三产业职业数量和就业人口显著增加。

2. 行业性

行业是根据生产工作单位所生产的物品或提供服务的人的不同而划分的，是按企业、事业单位、机关团体和个体从业人员所从事的生产或其他社会经济活动性质的同一性来分类的。某行业的职业内部，其劳动条件、工作对象、生产工具、操作内容相同或相近。由于环境的同一，人们就会形成同一的行为模式，有共同的语言习惯和道德规范。行业之间存在着很大的差异，劳动条件、工作对象、工作性质等都不相同。随着社会的进步和发展，新的职业将会不断涌现，各行业间的差异也会不断变化。

3. 组群性

无论以何种依据来划分，职业都具有组群性的特点。例如，科学研究领域涵盖了不同学科方向的专业人才，如社会学家、经济学家、物理学家、化学家、医学家等；咨询服务事业包括科技咨询工作者、心理咨询工作者、职业咨询工作者等不同类型专业人员。

4. 时代性

不同的时代，职业有着不同的表现，在活动内容和方式及社会地位等方面会发生很大的变化。在不同时代，会涌现不同的热门职业。例如，中华人民共和国成立初期，曾出现“当兵热”“从政热”；改革开放以后，又兴起“下海热”“外企热”等。这些特定时期的热门职业，不仅反映出当时人们对某种职业的热衷程度，更直观体现了职业具有鲜明的时代性。

5. 经济性

劳动者在履行职业岗位职责并完成工作任务后，应当获取相应报酬。一方面，这是社会、企业及用人单位对劳动者付出劳动的回报；另一方面，这也是劳动者维持家庭生活的经济来源。劳动者通过劳动获取报酬是保持整个社会稳定发展的基础。

三、职业的分类

随着社会分工越来越细，职业的种类也越来越多。职业的分类是由产业和行业的分类决定的。要了解职业的分类，就必须了解产业和行业的分类。

1. 我国的产业类型

在经济研究和经济管理中，常用的分类方法主要有两大领域及两大部类分类法、三次产业分类法、资源密集度分类法与国际标准产业分类法。我国采用的是三次产业分类法。这种分类法根据社会生产活动历史发展的顺序对产业结构进行划分。产品直接取自自然界的部门称为第一产业，对初级产品进行再加工的部门称为第二产业，为生产和消费提供各种服务的部门称为第三产业。这种分类方法成为世界上较为通用的产业结构分类方法。

第一产业：农业（包括种植业、林业、牧业和渔业）。

第二产业：工业（包括采掘业，制造业，电力、煤气、水的生产和供应业）和建筑业，制造业的革命往往会引发三大产业的全面变革。

第三产业：除第一、第二产业以外的其他各业。根据我国的实际情况，第三产业可分为两大部分：一是流通部门，二是服务部门。具体可分为以下 4 个层次。

第一层次：流通部门（物流业），包括交通运输、仓储及邮电通信业，批发和零售贸易、餐饮业。

第二层次：为生产和生活服务的部门，包括金融、保险业，地质勘查业，水利管理业，房地产业，社会服务业，农、林、牧、渔服务业，交通运输辅助业，综合技术服务业等。

第三层次：为提高科学文化水平和居民素质服务的部门，包括教育、文化艺术及广播电影电视业，卫生、体育和社会福利业，科学研究业等。

第四层次：为社会公共需要服务的部门，包括国家机关、社会团体及军队、警察等。

2. 我国的行业类型

行业是指从事相同性质的经济活动的职业及其所有单位的集合。行业是采用经济活动的同质性原则划分的，即每个行业类别都按照同一种经济活动的性质划分。

根据《国民经济行业分类》(GB/T 4754—2017)，我国将国民经济行业划分为门类、大类、中类和小类 4 个层次，共有 20 个行业门类、97 个大类、473 个中类、1382 个小类。国民经济行业分类如表 3-1 所示。

表 3-1　国民经济行业分类

产业类别	类别代码	类别名称
第一产业	A	农、林、牧、渔业
第二产业	B	采矿业
	C	制造业
	D	电力、热力、燃气及水生产和供应业
	E	建筑业
第三产业	F	批发和零售业
	G	交通运输、仓储和邮政业
	H	住宿和餐饮业
	I	信息传输、软件和信息技术服务业
	J	金融业
	K	房地产业
	L	租赁和商务服务业
	M	科学研究和技术服务业
	N	水利、环境和公共设施管理业
	O	居民服务、修理和其他服务业
	P	教育
	Q	卫生和社会工作
	R	文化、体育和娱乐业
	S	公共管理、社会保障和社会组织
	T	国际组织

3. 我国的职业分类

职业分类是指按一定的规则、标准及方法，根据职业的性质和特点，把一般特征和本质特征相同或相似的社会职业分成并统一归纳到一定类别系统中的过程。

为了规范职业分类，我国于 1995 年初启动编制《中华人民共和国职业分类大典》，1999 年 5 月正式颁布，2015 年进行修订，将职业由大到小、由粗到细地划分为 4 个层次，即大类（8 个）、中类（75 个）、小类（434 个）、细类（1481 个）。

2022 年，人力资源和社会保障部颁布了新版《中华人民共和国职业分类大典》。与 2015 年版相比，2022 年版优化调整了部分归类，围绕建设制造强国、数字中国，发展绿色经济和依法治国等要求，专门增设或调整了相关中类、小类和细类（职业）：中类新增 5 个，取消 1 个，净增 4 个；小类新增 21 个，取消 5 个，净增 16 个；细类（职业）新增 168 个，取消 10 个，净增 158 个；工种新增 377 个，取消 80 个，净增 297 个。据此，2022 年版《中华人民共和国职业分类大典》职业分类为 8 个大类、79 个中类、450 个小类、1639 个细类（职业）和 2967 个工种（表 3-2）。

表 3-2 我国职业分类大典

职业类别	大类	中类	小类	细类（职业）	工种
第一大类	党的机关、国家机关、群众团体和社会组织、企业事业单位负责人	6	16	25	
第二大类	专业技术人员	11	125	492	
第三大类	办事人员和有关人员	4	12	36	24
第四大类	社会生产服务和生活服务人员	15	96	356	460
第五大类	农、林、牧、渔业生产及辅助人员	6	24	54	150
第六大类	生产制造及有关人员	32	172	671	2333
第七大类	军队人员	4	4	4	
第八大类	不便分类的其他从业人员	1	1	1	
合计	8	79	450	1639	2967

四、职业的发展趋势

职业是人类社会发展到一定历史阶段的产物，是社会进步的标志。随着社会的不断进步，社会职业的发展变迁出现了不断加快的趋势。不能适应社会发展的职业逐渐消失，新的职业不断出现，并且不同的社会发展阶段会出现相应的热门职业、冷门职业，从而导致大学生的择业价值观等发生深刻的变化。

1. 单一化向综合化、多元化转化

由于职业自身具有社会性和发展性，职业之间有越来越多的相互交叉与重叠，区分界限越来越模糊。以往每种职业都有范围相对固定的单一专业基础，现在这种基础已开始向综合化、多元化发展。从最近几年的毕业生就业情况来看，职业岗位的要求和劳动方式逐步由简单向复杂转化，过去掌握单一技能就能胜任的工作，由于职业内涵发展扩大，往往需要相关专业的知识和技能，甚至有的职业需要既跨专业又精通某个领域知识技能的复合型人才。

2. 封闭型向开放型转化

随着改革开放的深入，职业岗位工作的范围和所面向的服务对象越来越广泛，人们获取信息的渠道拓宽，相互的交往和协作加强，这就要求人们具有开放的观念和心态，彻底摆脱封闭的状态。职业发展呈现出由封闭型向开放型转化的趋势。另外，开放型也体现在职业岗位工作的性质上，增加了一些以人与人之间的联络、沟通、信息咨询和交易为表现形式的内容。

3. 制造型向信息化、知识型转化

传统制造业科技含量相对较低，在技术更新方面比较缓慢，跟不上时代前进的步伐。生产力发展的关键之一是提高职业岗位科技含量，改善劳动组织和生产手段，提高劳动生产率。能大量应用信息管理方法的智能型操作人员，是今后职业岗位更新、工作内容更新

需要的新型人才。

4. 体力劳动型向脑力创新型转化

知识经济时代，要求社会成员必须树立创新意识，在自己的职业岗位上进行创造性劳动。职业体力消耗逐渐减少，脑力消耗逐渐增加，完全靠继承前人技能进行重复操作的工作方式大大落后。国家的知识创新工程将科技成果迅速转化为生产力，劳动效率的迅速提高改变着现有职业岗位的职业特征。

5. 第三产业职业数量增加

随着科学技术水平的提高、经济的发展及产业结构的调整，人们的生活水平不断提高，人们对生活质量的要求越来越高，越来越需要社会服务行业为自己排忧解难、提供便利。信息沟通、金融、休闲、娱乐、卫生保健、咨询及文化教育等行业，还有提供各种服务项目的社区服务业等，将迅速发展壮大，大量新职业不断涌现，成为吸纳人才的主要渠道。亚洲开发银行的报告显示，我国目前第三产业从业者的比例仅为 17%，而发达国家均已超过 50%。预计未来我国沿海发达地区第三产业的就业人数可达到或超过就业总人数的 50%，因而第三产业的发展潜力是非常大的。

实训任务

职业探索与信息搜集

【实训目的】

通过实训，学生能够挖掘自身职业资料的搜集与分析的潜能，拓宽职业视野，锻炼表达、演讲和思辨的能力。

【实训过程】

每 4～5 人为一组，成立职业资料专家小组，每组选定一个与学生专业、职业目标比较接近的具体职业或者行业，并搜集相关资料。每组选一人使用 PPT 等多媒体手段进行 5 分钟的“职业资料发布”演示，内容包括职业的工作内容、对应的应聘人员要求等。

1）如何才能搜集到正确、完整的职业资料？有哪些搜集职业信息的渠道？

____

____

____

2）在各组介绍的职业中，你认为哪个或者哪些职业具有吸引力？理由是什么？

____

____

____

【实训总结】

通过本次实训，学生不仅提高了职业信息搜集和分析能力，还学会了更有效地获取、筛选和整合与自身专业及职业发展相关的资料，提升了表达与演讲技巧，增强了在公众场合清晰、流畅地传达信息的能力。同时，通过小组合作和成果分享，学生学会了团队协作、任务分工及高效沟通，培养了逻辑思维和批判性思辨能力。

任务自测

项目三任务一学习自测

理解的知识点	
掌握的技能点	
感受与收获	
任务成效评分	0 分--10 分

拓展阅读

我国未来的主导职业

根据全国各类专业协会的有关统计资料，人事管理机构对我国未来急需的人才进行了分析和预测，认为我国未来主导职业有 16 种。

1. 会计类

随着社会经济的发展和财务管理的社会化，社会对会计人员的需求大大提高，会计将成为各行业中的热门职业，会计人员的社会地位和收入也会逐渐提高。该职业的从业者应当是具有助理会计师、高级会计师等职称或具备相关专业资格认证的专业人才，一般要具有会计学、财经学、统计学等专业的学历或学位。

2. 计算机技术类

随着计算机技术的发展和广泛应用，各行各业（如银行、医院、政府部门、企业等）对精通计算机技术的人才需求越来越大，从业者待遇也比较优厚。这些职业包括计算机硬件工程师、程序员、网络管理员、系统维护人员、数据库管理人员等，他们一般需要获得计算机科学与技术、电子信息科学与技术、应用电子技术或相关专业的学历或学位。

3. 计算机软件开发类

计算机技术的普及推动了计算机软件业的飞速发展，软件开发成为计算机行业的重要领域，软件设计专家成为热门人才。软件开发专家主要从事操作系统、开发工具、应用软件的开发工作，具有计算机软件类专业的学历或学位，并具有一定的软件开发经验。这一职业在未来相当长的时间里，将成为社会上高技术和高待遇的职业。

4. 环境保护类

随着国家与公众环保意识的增强，社会对环境保护类职业的人才需求将呈直线上升趋势。环境保护工作具体包括环境监测、环境质量评价、环境治理、环境卫生等方面，需要获得环境科学、地理科学、环境化学、环境工程等专业的学历或学位。

5. 中医和健康医学类

改革开放以来，我国民众的人均收入和生活水平有了大幅度的提高，人们对自己的生活状态和健康状况越来越关注，健康医学应运而生，医用保健品的市场随之壮大，中医学和健康医学成为受大众关注的领域。由于中医在辨证治疗和整体治疗方面具有独到之处，而且与当今的生物制药领域有密切关系，社会对中医师和健康医学人才的需求量将逐渐增加。通常这方面职业从业者需要获得生物医学或中医学专业的学历或学位。

6. 咨询服务类

当今社会信息膨胀，信息获取已成为科学技术发展和商业运作的关键环节。社会分工的专门化和精细化促进了信息咨询和相关咨询行业的发展，并使之成为社会发展和进步的主导职业。目前社会上的咨询行业有企业咨询、心理咨询、信息咨询、教育咨询等。从事咨询业需要具有教育学、心理学、管理学、信息科学、经济学等专业的学历或学位。

7. 保险类

社会经济结构的变化及各种不可预测的因素给人们的工作和生活带来了诸多不确定性，这就需要构建完善的社会保障体系。社会保障体系不断完善，促进了保险业的发展，保险业的发展能将人们生活中的不确定因素造成的损失降低到最小。社会对保险业务员、管理人员、精算师和索赔估价员的需求也不断增加，这些职业的待遇高于一般职业。一般从事保险业的人员需要具有保险学、金融学、经济类专业、管理类专业的学历和学位。

8. 法律类

随着社会的进步和发展，法律法规不断健全和完善，国家颁布的各种法律法规也将越来越多且越来越详细。人们难以全面了解众多法律条文，因此社会需要众多宣传法律的工作者。同时，从事司法工作的政府机构（如法院、检察院）也需要高素质、高学历的法律人才。此外，为了更好地开展法律咨询和处理各种刑事及民事案件，律师在社会上的需求量将越来越大，律师将成为高智力、高社会地位和高收入的职业。从事法律类工作的专业人员需要具有法学或其他相关专业的学历或学位。

9. 老年医学类

人类文明在不断地发展进步，人口老龄化问题逐渐凸显。老年人这一庞大群体的医疗、社会保障、心理保健等正逐渐成为文明社会共同关注的社会焦点，从事老年人医疗保健职业的人将大有用武之地。社会将急需医学、老年医学、健康保健和护理学方面的专业人才。该行业的从业者在为老年人身心健康做出贡献的同时，也将获得丰厚的经济回报。

10. 家庭护理和服务类

社会生活和工作节奏的加快使家庭成员的压力增大，需要照顾患者、老人和孩子，家庭护理人员的需求量因此大大增加。相关的热门职业为幼儿教师和家政服务员，这类人员通常不需要很高的学历或学位。

11. 专业公关类

公关和企业形象设计对一个公司或企业的发展至关重要，公关因此成为极有发展前景的职业。该职业的从业者一般需要获得公共关系专业、社会服务类专业、经济贸易类专业、管理类专业的学历或学位。

12. 市场营销类

市场经济的日趋完善和发达使市场营销成为产品销售公关非常重要的环节，从事商品生产和经营的企业或公司均需要市场营销方面的专业人才。该类人员一般需要具有市场营销、管理学、经济类专业的学历或学位。

13. 生物化学和生物技术类

生物化学及生物技术是近些年科学研究和生物技术开发的热门领域。该领域在生物制药、保健品开发、治疗疑难病症药品的研制、人工蛋白质合成等方面具有巨大的发展潜力。目前的新药主要是由生物化学家与生物技术专家开发出来的，对治疗和预防疾病起到主要作用。该领域的从业者需要具有生物化学、生物技术、生物医学、分子生物学等专业的学历和学位。

14. 心理学类

我国已将心理学列为 21 世纪重点发展的十几个学科之一。国家在心理学领域的投入力度逐年加大，心理学科逐渐成为受国家和社会关注的专业，心理学人才的需求量也不断增加。例如，在市场研究、人力资源开发与管理、心理测试与评价、心理治疗与咨询、教育心理与心理健康研究、人际交互作用研究等方面，均需要大量的心理学人才。从事心理学方面的职业人员需要获得心理学专业的学历或学位。

15. 旅游类

随着收入和生活质量的提高，人们在户外娱乐、休闲和旅游上投入的时间和金钱逐渐增加，这将极大促进旅游业的迅速发展。旅游业的发展必将带动相关产业的迅速发展，如航空运输、车辆租赁、酒店住宿和餐饮业等。旅游业是投入少、收益高的行业，将成为国家重点开发的产业之一。该专业的从业者一般需要具有旅游管理或管理学、地理学或相关专业的学历或学位。

16. 人力资源类

未来社会的竞争是人才的竞争，谁拥有人才，谁就会在激烈的竞争中占有立足之地。在近几年的发展中，无论是政府机构还是企业，都建立了专门负责招聘人才的人事机构或人力资源部。这些机构和部门的职能已不再是传统的人才档案管理，而主要是招聘和培训员工，使人尽其才，最大程度地开发人力资源的潜力，创造最大的经济效益和社会效益。

人力资源管理部门备受企事业单位的重视，并成为政府机构和企业的重要职能部门。在未来社会的发展中，对人力资源专家的需求也将不断增加。从事这方面职业的人员需要具有人力资源管理、心理学、管理学等专业的学历或学位。

任务二 理解职业规划相关理论

【任务目标】

知识目标

- 了解帕森斯的人职匹配理论的核心观点。
- 理解舒伯的生涯发展理论的不同阶段的发展任务。
- 掌握施恩的职业锚的定义及类型。
- 理解金斯伯格的职业发展理论的不同发展阶段的特点、心理特征及意义。

能力目标

- 能够运用人职匹配理论进行职业决策，选择适合自己的职业路径。
- 能够运用生涯发展理论指导个体进行职业规划和发展。
- 能够运用职业锚理论帮助个体进行职业定位和发展规划。
- 能够运用职业发展理论指导青少年进行职业探索和规划。

素质目标

- 具备良好的自我认知和自我发展能力，能够不断地更新自身的职业观念和发展目标。
- 具备与他人进行有效沟通和协作的能力，能够在职业指导过程中与他人建立良好的合作关系。
- 具备创新意识和创新能力，能够在职业指导过程中提出新的观点和方法。

知识讲解

职业规划是个人在职业生涯中实现自我价值和职业目标的重要过程。通过理解职业规划相关理论，如弗兰克·帕森斯（Frank Parsons）的人职匹配理论、舒伯的生涯发展理论、施恩的职业锚理论、伊莱·金斯伯格（Eli Ginzberg）的职业发展理论等，可以更好地认识自我、明确职业方向，并制定切实可行的职业发展策略。这些理论不仅为职业选择提供了科学依据，也为职业发展决策和调整提供了指导，帮助个人在动态变化的职场环境中实现持续成长与成功。

一、帕森斯的人职匹配理论

人职匹配理论是由美国波士顿大学教授帕森斯教授在 1909 年提出的，它是职业选择最经典的理论之一。

1. 核心观点

帕森斯在《选择一个职业》中明确地提出人与职业相匹配是职业选择的焦点，并阐明职业选择的三大要素和条件。其核心观点如下。

1）个人有自己独特的人格模式，每种人格模式都有其相适应的职业类型。

2）在选择职业时，首先需要清楚地了解自身的态度、能力、兴趣、局限性等。

3）要了解职业选择成功的条件，以及在不同岗位所具有的优缺点、酬劳、机会等。

4）以个人和职业的互相配合作为职业辅导的最终目标。

帕森斯的理论内涵就是在清楚认识、了解个人主观条件和社会职业要求的基础上，将条件与要求相匹配，从而选择一种职业需求与个人特长最匹配的职业。

2. 进一步发展

威廉逊 • 佩特森（Williamson Paterson）在帕森斯研究的基础上进一步发展了该理论，形成了人格特性与职业因素匹配的理论。这种理论认为所有人在成长发展方面都存在差异，强调个体间的差异性。每个人都具有与他人不同的个性特征，而且这种特性与某种职业因素存在关联。人的特性可以通过科学工具客观地测量出来，职业因素也可以分析出来，因此职业指导的主要任务就是解决人的特性如何与职业因素相适应的问题。这种理论倡导通过职业指导者测量与评价被指导者的生理、心理特性，以及分析职业对人的要求，帮助被指导者进行分析比较，使其在清楚地了解自己和职业的基础上做出合理的职业选择。

人格特性与职业因素匹配理论的核心是人职匹配，它有一定的理论前提，即每个人都有自身特性，且这种特性能够被有效地测量出来。为了取得职业成功，不同职业需要具备不同特性的人。选择职业是一个相对容易操作的过程，人职匹配也是可能实现的。人格特性与职业要求之间的匹配度越高，职业成功的可能性就越大。

总的来说，人职匹配分为两种类型：一是因素匹配，如职业所需的专门知识和技能与掌握该种特殊知识和技能的择业者相匹配；二是特性匹配，如具有感性、敏感、完美主义等人格特质的人适合从事创造性、艺术类的职业。

3. 理论的价值与局限

总的来说，人职匹配理论极易操作。根据该理论，可以把职业选择或职业指导分成 3 个步骤：个人分析、职业分析和人职匹配。通过这 3 个步骤，个人就可以选择出一项既符合个人特性又有可能获得的职业。但该理论具有一定的局限性。例如，该理论假设每个人只有唯一的生涯目标及生涯决策，这样的观点缺乏动态性，缩小了个人职业选择的范围，也没有关注到个人特质与工作环境的变化，即忽视了生涯发展的发展性。

二、舒伯的生涯发展理论

舒伯认为，个人的每个年龄阶段都与职业发展有着相互配合的关系，生涯发展会伴随年龄的增长而递进，每个年龄阶段都有其生涯发展的任务。舒伯从终身发展的角度，结合职业发展形态，将生涯发展阶段划分为成长、探索、建立、维持与衰退 5 个阶段。具体分述如下。

1. 成长阶段（0～14 岁）

在成长阶段，儿童开始辨认他们周围的事物，逐渐发展自我概念，并意识到自己的兴趣所在，以及与职业相关的一些最基本技能，开始用不同方式来表达自己的需要，并且通过不断尝试来修饰自己的角色。这个阶段的发展任务是发展自我形象和形成对工作世界的正确态度，并了解工作的意义。

成长阶段共包括 3 个时期：一是幻想期（4～10 岁），以“需要”为主要考虑因素，在这个时期，幻想中的角色扮演很重要；二是兴趣期（11～12 岁），以“喜好”为主要考虑因素，喜好是个人抱负的主要决定因素；三是能力期（13～14 岁），以“能力”为主要考虑因素，能力逐渐具有重要作用。

2. 探索阶段（15～24 岁）

在探索阶段，青少年开始通过学校的各种活动或做兼职等机会，对自我能力及角色、职业进行探索，尝试对职业的一些假想，选择职业时有较大弹性。在这个时期，职业偏好开始出现，并逐渐倾向一两个具体的职业选择。这个阶段的发展任务是使职业偏好逐渐具体化、特定化，并最终实现职业偏好。

探索阶段共包括 3 个时期：一是试探期（15～17 岁），青少年开始考虑自己的需要、兴趣、能力及机会，做出暂时性的决定，并在幻想、讨论、学校生活中加以尝试；二是过渡期（18～21 岁），青年人进入就业市场或接受专业训练，更重视现实，并力图实现自我，将一般性的职业选择转为特定的选择；三是实验期（22～24 岁），个人的职业生涯初步确定并验证其成为长期职业生涯的可能性，若不适合，则可能再经历上述各时期以确定方向。

3. 建立阶段（25～44 岁）

进入建立阶段后，个人开始尝试选择适合自己的职业领域，不适合者会谋求改变或做其他探索，因此该阶段较能确定在整个职业生涯中属于自己的“位子”，并在 31～40 岁开始考虑如何保住这个“位子”并固定下来。这个阶段的发展任务是统整、稳固并求上进。

建立阶段又可细分为两个时期：一是实验-承诺-稳定期（25～30 岁），个人寻求安定，也可能因生活或工作上的若干变动而尚未感到满意；二是建立期（31～44 岁），个人致力于工作上的稳固，大部分人处于最具创造力的时期。

4. 维持阶段（45～65 岁）

在维持阶段，个人会通过不断付出努力来获得职业生涯的发展和成就，避免产生停滞感，并逐渐在自己的领域中占有一席之地。这一阶段的发展任务是维持既有的成就与地位，同时也会面临新人带来的挑战。

5. 衰退阶段（65 岁以上）

由于生理及心理机能日渐衰退，进入衰退阶段后，个人已经有意退出工作岗位并开始享受晚年生活，职业角色的分量逐渐减少。这一阶段往往注重发展新的角色，寻求以不同方式替代和满足个人的需求。

在这一理论形成的初始阶段，舒伯认为这些阶段之间有严格的界限和区分。但在后期，他提出这些阶段之间可能有交叉，并不存在严格的界限。同时，在人生的不同时期，都可以由这 5 个阶段构成一个小循环。另外，在这些不同的阶段，人所扮演的角色也不同，并且通常要同时扮演几个角色，如子女、学生、工作者、配偶、家长等。为此，舒伯设计了生涯彩虹图（图 3-1）来表示不同角色在人生各阶段的地位。

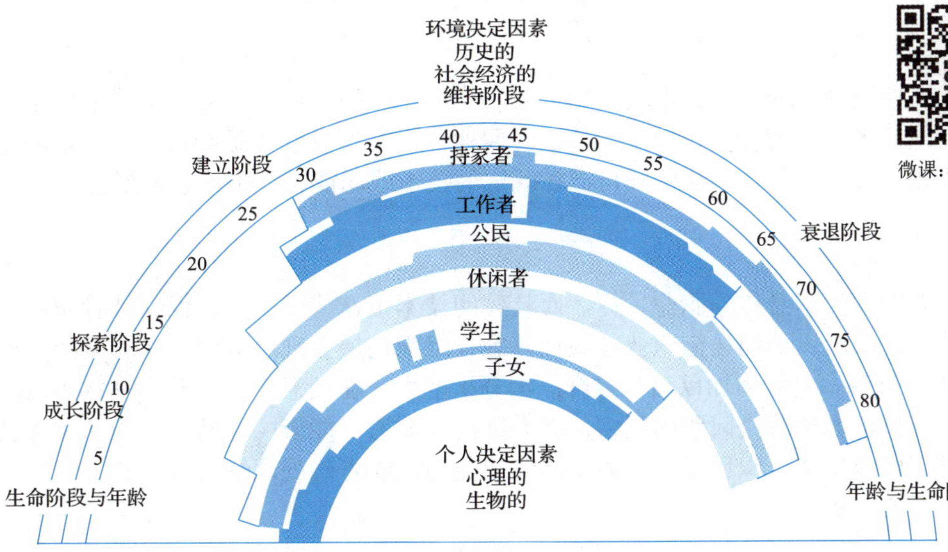

微课：生涯彩虹

图 3-1 舒伯生涯彩虹图

三、施恩的职业锚理论

职业锚理论最初产生于美国麻省理工学院斯隆商学院，学院的 44 名工商管理硕士毕业生自愿形成小组接受了施恩教授长达 12 年的职业生涯研究，包括面谈、跟踪调查、公司调查、人才测评、问卷等多种方式，最终分析、总结出了职业锚理论。

（一）职业锚的定义

所谓职业锚，又称职业系留点。锚是使船只停泊定位用的铁制器具。职业锚，实际上就是人们选择和发展自己的职业时所围绕的中心，是指当一个人不得不做出选择时，无论如何都不会放弃的职业中的至关重要的东西或价值观，是自我意向的一个习得部分。

（二）职业锚的类型及其对应的职业人的基本特点

职业锚强调个人能力、动机和价值观 3 个方面的相互作用与整合，是个人与工作环境相互作用的产物。因此，要想对职业锚进行预测有一定难度。因为职业锚不断发生变化，它是一个通过不断探索所产生的动态结果。有些人也许一直不知道自己的职业锚是什么，直到他们不得不做出某种重大选择。这时，一个人过去的所有工作经历、兴趣、能力和性格特质将逐渐汇聚，形成一个具有深层意义的职业模式，个人也将由此发现属于自己的职业锚，明确对自己而言最重要的职业价值和追求。

1978 年，施恩提出的职业锚理论包括 5 种类型：自主型职业锚、创业型职业锚、管理能力型职业锚、技术职能型职业锚、安全型职业锚。后来，越来越多的人发现职业锚的研究价值，将其加入研究的行列。20 世纪 90 年代，施恩将职业锚增加到 8 种类型。这 8 种职业锚对应的职业人的基本特点如下。

1. 技术或职能型职业锚

这类人在选择职业时，会把注意力放在工作的实际技术或职能内容上，他们总是围绕技术能力或业务能力的特定领域安排自己的职业，而不愿意选择那些带有一般管理性质的职业，更倾向于选择那些能够保证自己在既定的技术或职能领域中不断发展的职业。

2. 管理型职业锚

这类人把管理本身作为职业目标，而具体的技术工作或职能工作仅仅被看作通向更高管理层的必经阶段。他们凭借职业经验拥有胜任组织高层管理所需的知识和技能，并能够把以下 3 种最基本的能力加以科学组合：①分析能力，在信息不完全及不确定的情况下发现问题、分析问题和解决问题的能力；②人际沟通能力，能影响、监督、领导和控制各级人员，更有效地实现组织目标的能力；③情感能力，能正确处理情感危机和人际危机，而不是被拖垮或压倒。

3. 创业型职业锚

这类人时时期望利用自己的能力去创建属于自己的公司或创建完全属于自己的产品（或服务），而且愿意冒风险，并努力克服面临的障碍。他们可能正在别人的公司工作，但同时在学习并评估将来的机会，一旦时机成熟，便会走出去创建自己的事业。创造是他们自我发展的核心。

4. 自主与独立型职业锚

这类人追求一种能最大程度地摆脱组织约束、施展自己职业能力的工作情景，更喜欢有独立性和自主性的职业，其主要需求是随心所欲地制定自己的时间表、选择自己认可的生活方式和工作习惯。

5. 安全型职业锚

这类人更愿意选择能提供保障、有稳定的收入及可靠的未来生活的职业，通常有良好的退休计划和较高的退休金保证。这类人也包括对地理稳定性感兴趣的人和追求组织安全感的人（如在政府机关担任公务员等职务）。他们比较容易接受组织对他们的工作安排，让雇主来决定他们从事何种职业。尽管他们可以获取高的职位，但他们并不关心具体的职位和工作内容。

6. 服务型职业锚

这类人始终追求他们认可的核心价值，如帮助他人、改善他人不良现状等，并一直寻找这种机会。一般来说，属于服务型职业锚的人不会接受不允许他们实现这种价值的工作变换或工作提升。

7. 挑战型职业锚

这类人喜欢解决看似无法解决的问题、战胜强大的对手、克服困难和障碍等。对他们而言，参加工作的原因是工作允许他们去挑战各种不可能，新奇、变化是他们的终极目标。如果事情非常容易，就会令他们感到厌烦。

8. 生活型职业锚

这类人喜欢允许他们平衡并结合个人、家庭和职业需要的工作环境，他们希望将生活的各方面整合为一个整体。正因为如此，他们需要具有足够弹性的职业环境，以实现这一目标，甚至愿意为此牺牲职业发展的某些方面，如因晋升而带来的岗位变动。他们将成功定义得比职业成功更广泛。

四、金斯伯格的职业发展理论

金斯伯格的职业发展理论是职业规划领域的重要理论之一。他提出，职业选择并非一次性决定，而是一个渐进的过程，随着年龄的增长、经验的积累及个人认知的成熟而逐步发展。金斯伯格将职业发展分为 3 个阶段：幻想期（fantasy stage）、试验期（tentative stage）和现实期（realistic stage）。每个阶段都反映了个人在职业选择中的心理变化和决策特点。

1. 幻想期

幻想期发生在儿童时期，通常为 4～11 岁。

1）特点：在这一阶段，儿童对职业的认识主要基于幻想和兴趣，缺乏对现实世界的了解。他们的职业选择往往受到外部环境（如家庭、媒体、故事）的影响，倾向于选择那些看起来有趣或光鲜的职业，如成为超级英雄、运动员、医生或教师。

2）心理特征：儿童的职业选择更多是基于情感和想象，而非现实条件或自身能力。他们尚未意识到职业选择需要与个人能力、兴趣和社会需求相匹配。

3）意义：这一阶段虽然不涉及实际的职业决策，但为儿童提供了初步的职业认知，激发了他们对未来职业的兴趣和好奇心。

2. 尝试期

尝试期发生在青少年时期，通常为 11～17 岁。

1）特点：随着青少年认知能力的发展，他们开始更加现实地思考职业选择。这一阶段被称为试验期，因为青少年会尝试探索不同的职业兴趣和能力，逐步缩小职业选择的范围。

2）心理特征：青少年开始关注自己的兴趣、能力和价值观，并尝试将这些因素与职业选择联系起来。他们可能会通过兼职、志愿活动或课程选择来测试自己对某些职业的适应性。

3）意义：这一阶段是职业发展的关键时期，青少年通过不断尝试和调整，逐步明确自己的职业倾向。

3. 现实期

现实期发生在成年早期，通常为18～25岁。

1）特点：在这一阶段，个人开始面对现实的职业选择，并做出具体的职业决策。他们需要考虑更多的实际因素，如就业市场、职业发展前景、经济需求等。

2）心理特征：个人的职业选择更加理性和务实，他们会评估自己的兴趣、能力、价值观与职业的匹配度，并尝试在理想与现实之间找到平衡。

3）意义：这一阶段标志着个人职业发展的成熟，他们开始进入职业生涯的初期阶段，并为未来的职业发展奠定基础。

金斯伯格的理论强调了职业选择是一个动态的、渐进的过程，而不是一次性决定的。他的研究为职业规划提供了重要的理论依据，帮助个人理解职业发展的阶段性特征，并在不同阶段采取相应的策略。此外，这一理论也提醒教育者和职业咨询师，应根据个人的年龄和发展阶段提供针对性的指导，帮助其更好地实现职业目标。

尽管金斯伯格的理论主要基于对西方社会的研究，但其核心观点——职业选择是一个逐步成熟的过程，在全球范围内具有普遍适用性，为职业规划领域的发展奠定了重要基础。

实训任务

职业规划理论探索

【实训目的】

通过实训，学生能够深入理解职业规划相关理论（如帕森斯的人职匹配理论、舒伯的生涯发展理论、施恩的职业锚理论、金斯伯格的职业发展理论等），掌握其核心概念和应用方法。

【实训过程】

1. 前期准备

1）理论讲解：教师通过课堂讲解或视频资料，简要介绍职业规划的主要理论（如帕森斯、舒伯、施恩、金斯伯格等理论）。

2）资料发放：为学生提供相关理论的阅读材料、测试工具（如霍兰德职业兴趣测试）和案例分析模板。

2. 实训内容

1）学生根据舒伯的生涯发展理论，绘制自己的生涯彩虹图，分析自己在不同生涯阶段

（成长、探索、建立、维持、衰退）可能扮演的角色（如学生、工作者、家庭成员等）。

2）教师提供若干职业案例（如医生、工程师、教师、艺术家等），学生运用帕森斯的人职匹配理论，分析案例中个人的能力、兴趣与职业要求的匹配度。

3）学生分组讨论施恩的职业锚理论，结合自身特点，探讨自己可能的职业锚类型（如技术或职能型、管理型、创业型等）。

3. 成果展示

学生根据所学理论，结合自身兴趣、能力和价值观，撰写一份个人职业规划书，内容包括自我分析（兴趣、能力、价值观）、职业目标（短期、中期、长期）和行动计划（如何提升能力、获取资源、实现目标）。

【实训总结】

通过本次实训，学生不仅能够深入理解职业规划相关理论，还能将理论与实践相结合，为未来的职业发展做好充分准备。

任务自测

项目三任务二学习自测

理解的知识点	
掌握的技能点	
感受与收获	
任务成效评分	0 分--10 分

拓展阅读

兰特的社会认知职业理论

兰特（或伦特，Lent）等人提出的社会认知职业理论（social cognitive career theory，SCCT）是一种相对较新的理论，旨在解释职业生涯发展的 3 个相互关联的方面：基本学术和职业的兴趣是如何形成的，教育和职业的选择是如何做出的，以及学术和职业的成功是如何获得的。

1. 核心概念与组成部分

SCCT 理论包含 3 个错综复杂的变量，它们是理论的基本组成部分，具体如下。

1）自我效能感：对自己从事特定行为或行动的能力的个人信念，具有相对动态性，并且是特定活动领域的特定信念。自我效能感主要来自 4 个信息源：直接经验、替代经验、社会劝说及生理和情绪状态。

2）结果预期：对特定行为的后果或结果的信念。人们对所从事活动的选择，以及他们在这些活动中的努力和坚持，都需要考虑结果和自我效能感。

3）个人目标：在 SCCT 中，目标被分为选择目标和绩效目标。通过设定目标，有助于组织和指导自己的行为。

2. 理论模型与应用

SCCT 理论构建了一个关于职业生涯发展的动态模型，其中自我效能感、结果预期和个人目标共同作用于个体的职业生涯规划和决策过程。该理论不仅关注个体的内在动机和认知过程，还强调外部环境对个体职业发展的影响。在生涯规划的背景下，SCCT 理论提供了一种理解个体如何根据自身能力和兴趣，结合社会环境，制定并调整职业目标的框架。

具体来说，SCCT 理论在生涯规划中的应用包括以下几个方面。

1）自我分析：通过自我分析来全面了解自己的兴趣、能力、价值观和个性特点，为职业目标设定奠定坚实基础。

2）环境分析：深入了解职业环境，包括职业要求、发展趋势和前景等，以便为职业定位提供准确信息。

3）职业定位：将自身潜能与主客观条件相结合，寻求最佳的职业匹配。

4）实施策略：制定实施策略，包括获取必要的教育和培训、积累工作经验、建立人脉关系等，以实现职业生涯目标。

5）评估与反馈：在实施过程中，不断检验效果，及时调整生涯规划，以应对职业生涯中的挑战和变化。

兰特的社会认知职业理论为理解职业生涯发展提供了一个全面而动态的视角，强调了自我分析、环境分析、职业定位、实施策略，以及评估与反馈等关键环节的重要性。该理论在生涯规划领域具有广泛的应用价值和实践指导意义。

任务三 掌握探索职业世界的方法

【任务目标】

知识目标

- 了解职业信息搜集的途径。
- 理解 PLACE 分析法的内容、重要性及评估方法。
- 理解生涯人物访谈的概念、一般流程和注意事项。
- 掌握职业信息筛选和处理的方法。

能力目标

- 能够熟练通过多种途径搜集职业信息，包括网络资源、行业报告、企业官网、社交媒体等。
- 能够通过参加招聘会、实习、社团活动等方式，获取第一手职业信息。
- 能够运用 PLACE 分析法对感兴趣的职业进行系统评估，从多个维度分析职业的优缺点和发展前景。
- 能够通过生涯人物访谈，获取职业发展的实际经验和建议，并结合自身情况进行分析。

素质目标

- 培养对职业的敬畏之心，树立正确的职业价值观，明确职业目标与个人发展的关系。
- 培养理性决策的能力，能够根据职业信息和自身条件，做出科学合理的职业选择。
- 在职业探索过程中，勇于尝试新的方法和途径，培养创新思维。

知识讲解

在当今社会，职业选择的多样性和复杂性不断增强，探索职业世界成为实现职业理想和人生价值的关键。掌握有效的探索方法，有助于深入了解职业的外在特征和内在要求，从而在众多选择中找到最适合自己的道路。这不仅是一种能力，还是一种智慧，有助于个人在职业发展的各阶段做出明智的选择，从容应对不断变化的环境和自身需求。下面将探讨如何通过系统分析和实践，掌握探索职业世界的方法，明确职业目标，制订合理的职业规划，从而在职业发展道路上走得更稳健、更长远。

一、搜集、筛选与处理职业信息

（一）职业信息的搜集

成功地实现就业，不仅取决于个人的学业成绩、能力水平、综合素质及社会对人才的需求等因素，还与个人能否及时有效地获取职业信息密切相关。职业信息的获取对职业选择起着举足轻重的作用，职业信息越广泛，择业的途径就越多，职业信息的准确性就越高，择业成功的把握也就越大。总体来说，目前大学生可以通过以下渠道搜集职业信息。

1. 利用网络资源

在计算机网络技术高度发达的今天，现代大学生可以通过网络资源全面了解职业环境情况。显而易见，现在许多人是通过浏览网页来了解和获得各种信息的，有关的社会政治、经济、法制、科技、军事、文化等新闻报道，在网络世界俯拾即是。人们从网络中了解这些社会环境方面的情况极为方便快捷。

随着信息技术的发展，各行业都建立起了计算机中心、互联网信息交流平台。各行业或企业网站成为了解行业的重要渠道。特别是一些大型网络贸易平台，内容几乎覆盖所有行业，每个行业都有自己的论坛，进入相关行业的论坛，就能了解所需信息。通过网络搜索也可以获得信息，搜索某个行业的企业，从它们的网站里了解相应的行业。但是通过这种方式了解的信息往往支离破碎，有的还与实际情况有一定出入。

通过网络了解企业等用人单位也很便捷。用人单位作为一种社会组织，必然要与社会其他组织和个人进行信息交流。在这些交流中，有许多信息是公开的，如行政机关的对外宣传资料、学校的招生招聘广告、企业的产品推介与服务信息等，这些都包含丰富的用人单位信息。这些信息的搜集途径广，不受时间、空间的限制，尤其是在那些信息化程度比较高的社区里，随时可以通过网络轻松获取。

2. 实习和社会实践

要真正了解一个职业，有效途径就是亲自体会。对在校大学生而言，参加社会实践和各种形式的实习、兼职是最佳选择。当然，大学生应先进行实践，再选择与自己想从事的职业相符或相关的工作。这种不同于正式就业的体会方式，不仅能够更清楚地认识到该职业是否真正适合自己，也能够为以后真正从事该职业积累经验和感悟。

许多规模比较大的用人单位，如跨国公司、机关、高校等常常提供实习机会，能去用人单位实习是一件对双方都有利的事情。从大学生的角度来看，实习不仅是从课堂的理论学习走向实际应用的必要环节，也是对职业环境进行实际了解的重要途径。通过实习，大学生不仅可以深入了解用人单位的管理体制、发展潜力等情况，还可以学习用人单位的管理经验、技术方法，为毕业设计等提供素材，为就业创造条件。如果用人单位需要招聘人员，而实习人员在实习期间的表现又不错，就可能成为拟招聘的最佳人选。可以说，通过实习，大学生可以更为全面和深刻地了解职业环境、企业环境及岗位环境的情况。

大学生选择实习单位，要结合自己的职业生涯规划目标，锁定与自己专业对口的单位范围，同时应从是否有利于实现自己的职业生涯规划目标和发挥自身专业特长着手，而不能一味地追求用人单位的名气、规模。同时，大学生还应重视实习单位的“软环境”，特别是有意向去企业实习的大学生，要把企业是否建立有完善的现代化管理机制作为选择标准之一。

实习的注意事项如下。

1）具备相应的专业知识与技能，能满足职业对工作表现的要求。

2）以正面的态度接受工作的强度、压力，甚至枯燥乏味。

3）通过学习不断自我成长，增强灵活度与弹性。

4）了解企业独特的文化与价值观，设法融入其中。

5）做个“忠诚”的员工，尊重与关心公司及他人的利益。

6）了解领导的管理风格，与领导相处有诀窍。

7）懂得“听话”的技巧，具备良好的沟通与协调能力。

8）不惹是生非、说人闲话，不卷入是非圈。

3. 通过行业协会

要了解一个行业，可以先从龙头抓起。每个行业都有行业协会之类的组织，这些组织管理和协调整个行业事务。例如，要了解建筑业，就可以先了解相关协会——中国建筑业协会和国际建筑师协会。这些机构一般设有官方网站，并定期或不定期发布相关出版物，其对所属行业的报道与分析无疑是最权威且最全面的。

4. 参加招聘会和面试

在生活中，人们每天都能从报纸、电视、网络及招聘会上获得各种招聘信息，这些招聘信息一般会注明招聘人员的岗位要求、薪资情况。大学生可以将自己感兴趣的职业信息进行搜集与整理，形成该职业当前最基本的资料。这些来自招聘单位的信息最能反映当前该职业的行情，对职业选择会有很大的帮助和参考价值。因此，无论是否面临就业，都可以从现在开始，留意周围各种形式的招聘信息，尝试性地去参加自己喜欢的职业的招聘，学会通过这种途径搜集所需的职业信息。只要有机会，就可以和招聘人员面对面地沟通，了解他们期望应聘该职位的人员具备什么素质，然后告诉他们自己当前所具备的素质和优势，从而认识到自己的不足。另外，专业的招聘人员一般也能比较敏锐地发现求职者的潜力和不足，他们提供的信息就更具有可操作性和针对性。

5. 参观

要深入地了解职业环境，就必须深入一线企业，获取第一手资料。如果有条件，大学生可以到企业所在地进行参观和现场考察。另外，展览会也是提供一线企业信息的好场所。亲自参加一个行业的展览会，会有一定的收获。

（二）职业信息的筛选与处理

要从大量的职业信息中筛选出对自己有用的信息，应学会鉴别，有针对性地进行整理与分析，排除那些过时的、虚假的信息，充分利用有效的信息资源。

1. 职业信息的筛选

在信息爆炸的时代，大学生面临海量的职业信息，从中筛选出对自己真正有价值的内容是求职成功的关键。以下是关于大学生筛选职业信息的具体方法。

（1）信息积累与比对

1）广泛收集信息。

多渠道获取：大学生应充分利用各种渠道收集职业信息，包括学校就业指导中心、专业招聘会、企业官网、社交媒体平台、行业论坛、实习单位等。例如，学校就业指导中心会定期发布企业招聘信息，这些信息经过学校筛选，可信度较高；而社交媒体平台则可以提供行业动态和企业内部员工的分享，帮助大学生了解企业的文化和工作环境。

主动拓展人脉：通过参加社团活动、学术讲座、行业研讨会等方式，结识不同领域的人士。尤其是校友和行业专家，他们可以提供第一手的职业信息和建议。例如，参加行业研讨会时，可以与演讲嘉宾交流，了解行业发展趋势和企业需求。

2）信息整理与筛选。

建立信息库：将收集到的信息按照行业、职位类型、企业规模等分类整理，建立自己的信息库。可以使用电子表格或专门的信息管理软件，记录企业名称、招聘职位、要求、薪资待遇、联系方式等关键信息。例如，对于计算机科学与技术专业的学生，可以将信息库分为软件开发、数据分析、网络安全等类别，方便后续查找和比对。

去伪存真：在信息爆炸的时代，虚假信息层出不穷。大学生需要学会辨别信息的真实性，对于来源不明的信息，要谨慎对待。可以通过查询企业官网、查看企业资质、咨询专业人士等方式进行核实。例如，一些虚假招聘信息可能会以高薪、低要求为诱饵吸引求职者，但通过查询企业官网或咨询行业人士，可以发现这些信息可能并不可靠。

排序与筛选：根据自己的职业目标和兴趣，对真实信息进行排序。可以按照企业知名度、职位匹配度、薪资待遇等因素进行综合评估。例如，对于有志于进入大型互联网企业的大学生，可以优先筛选出腾讯、字节跳动等企业的相关职位信息，并将职位要求和自己的能力进行匹配，从中选出最适合自己的职位作为重点求职目标。

（2）信息的利用价值分析

1）能力与职业要求匹配。

自我评估：在筛选信息时，大学生首先要对自己的能力进行全面评估，包括专业知识、技能水平、实践经验、沟通能力、团队协作能力等。例如，计算机应用技术专业的大学生需要评估自己是否掌握了基本的编程语言（如 Java、Python 等），是否具备项目开发经验，是否能够熟练使用相关软件工具等。同时，也要考虑自己的软技能，如时间管理能力、抗压能力等。

职业要求分析：仔细研究每个职位的招聘要求，包括学历要求、专业技能要求、工作经验要求等。例如，数据分析岗位可能要求应聘者具备统计学基础知识、熟练使用数据分析工具（如 Excel、SPSS 等），并拥有一定的项目经验。大学生需要将自己的能力与这些要求进行逐一比对，判断自己是否满足该职位的基本要求。

2）信息利用价值可行性分析。

职业发展前景：除了考虑当前的职位要求，还要分析该职业的未来发展潜力。例如，人工智能领域目前正处于快速发展阶段，相关职位的薪资待遇较高，且未来发展前景广阔。如果大学生对该领域感兴趣且具备一定的相关能力，那么这类职位的信息利用价值就较高。

企业文化和环境：企业文化和工作环境对个人的职业发展也有重要影响。通过了解企业的价值观、管理风格、员工福利等，判断自己是否能够适应该企业的工作环境。例如，一些互联网企业注重创新和灵活性，而传统企业可能更注重规范和稳定性。大学生需要根据自己的性格和职业目标，选择适合自己的企业文化和环境。

求职主动权：在分析信息利用价值时，要尽力争取求职主动权。这意味着要提前做好准备，如完善简历、准备面试资料、参加职业技能培训等。例如，某个职位要求应聘者具备项目管理经验，大学生可以通过参加相关培训课程或实习项目，积累经验，提升自己的竞争力，从而在求职时更有主动权。

（3）把握好人职匹配原则

1）明确职业目标。

职业兴趣：职业兴趣是选择职业的重要依据。大学生需要通过自我探索，了解自己的兴趣爱好。例如，喜欢与人沟通和交流的大学生可能更适合市场营销、人力资源等职业，而喜欢独立思考和解决问题的大学生可能更适合技术研发、数据分析等职业。

职业规划：根据自己的兴趣和能力，制订清晰的职业规划。确定短期目标（如毕业后第一份工作）和长期目标（如未来 5～10 年的发展方向）。例如，希望毕业后进入一家大型互联网企业从事软件开发工作，就需要明确自己在大学期间需要学习哪些课程、参加哪些实践项目，以及如何提升自己的编程能力和项目经验，以实现这一职业目标。

2）适应职业环境。

行业适应性：不同行业有不同的工作节奏、工作方式和职业要求。大学生需要了解自己感兴趣的行业的特点，判断自己是否能够适应该行业的环境。例如，金融行业工作节奏快、压力大，要求员工具备严谨的工作态度和良好的抗压能力；而文化创意行业则更注重创新和个性化，要求员工具备丰富的想象力和创造力。

企业适应性：除了行业特点，企业自身的文化和管理风格也会影响个人的职业发展。例如，一些大型企业可能有完善的培训体系和晋升机制，但工作流程相对复杂；而小型企业可能更灵活，但资源相对有限。大学生需要根据自己的职业目标和个性特点，选择适合自己的企业类型。

2. 职业信息的处理

（1）及时反馈

1）信息时效性的重要性。

把握最佳时机：信息的价值往往与其时效性密切相关。对于求职信息而言，及时响应可以增加获得面试机会的可能性。例如，很多企业招聘岗位的开放时间有限，如果不能及时反馈，就可能会错过投递简历或参加面试的机会。因此，大学生需要养成定期查看招聘信息的习惯，如每天查看学校就业网站、关注企业公众号等，确保不错过任何重要信息。

快速行动：在获取信息后，要迅速做出反应。例如，当看到自己感兴趣的实习或全职岗位时，应立即准备简历并投递。同时，对于一些需要面试的岗位，要提前准备好面试材料，如项目介绍、证书等，并按时参加面试。及时反馈不仅能提高求职成功率，还能给用人单位留下积极主动的印象。

2）反馈方式的选择。

多种渠道反馈：大学生可以通过多种方式将信息反馈给用人单位，如在线投递简历、发送电子邮件、参加招聘会等。不同的渠道有不同的特点，大学生需要根据具体情况选择合适的方式。例如，对于一些大型企业的校园招聘，可以通过其官网的招聘系统投递简历；对于一些小型企业或创业公司，可以通过电子邮件直接联系招聘负责人。

注重反馈质量：在反馈信息时，要注意反馈的质量。简历和求职信要精心准备，突出自己的优势和与职位的匹配度。例如，在简历中要清晰地列出自己的教育背景、实习经历、项目经验、获得的证书和奖项等，同时要根据不同的职位要求进行针对性的修改，以提高被选中的概率。

（2）适合自己

1）了解自身优势与兴趣。

自我评估：大学生在求职时，首先要全面了解自己的优势和兴趣。可以通过职业测评、自我反思等方式，明确自己的专业技能、软技能、兴趣爱好等。例如，通过职业测评工具（如霍兰德职业兴趣测试）了解适合自己的职业类型，再结合自己的专业课程和实践经验，确定自己的优势所在。

结合专业与兴趣：选择与自己专业和兴趣相关的职业，不仅能提高求职成功率，还能在未来的工作中保持较高的工作满意度和职业发展动力。例如，某位大学生对计算机编程感兴趣且专业成绩优秀，那么选择软件开发工程师或数据分析师等职位可能更适合他。即使在求职过程中遇到一些困难，也能凭借兴趣和专业优势克服。

2）避免盲目求职。

明确职业目标：盲目求职往往会导致求职方向不明确，浪费时间和精力。大学生需要根据自己的专业和兴趣，明确职业目标，制订求职计划。例如，市场营销专业的大学生，可以将目标定位为进入一家大型互联网企业的市场推广部门，然后根据这个目标，有针对性地准备简历和面试。

关注职业发展前景：在选择职业时，不仅要考虑当前的职位要求，还要关注职业的未来发展潜力。例如，人工智能和大数据领域目前处于快速发展阶段，相关职业的薪资待遇和发展前景较好。如果大学生对这些领域感兴趣且具备一定的相关能力，选择这些领域的职位可能会有更好的职业发展。

（3）平稳起步

1）准确定位的重要性。

避免眼高手低：很多大学生在第一次求职时，往往对自己的能力和市场需求缺乏准确的评估，导致眼高手低。例如，一些大学生期望进入大型知名企业担任高级职位，但自身能力不足。因此，大学生需要根据自己的实际情况，选择适合自己的起点，避免一开始就给自己设定过高的目标。

选择有发展空间的平台：平稳起步并不意味着选择低水平的工作，而是要选择一个能够让自己有发展空间的平台。例如，一些中小型企业虽然知名度不如大型企业，但可能提供更多的实践机会和晋升空间。大学生可以在这些企业中积累经验，提升能力，为未来的职业发展奠定坚实的基础。

2）适应与成长。

适应新环境：在新的工作岗位上，大学生需要尽快适应工作环境和工作要求。可以通过向同事请教、参加培训等方式，快速提升自己的工作能力。例如，新入职的员工可以主动向老员工学习工作流程和技巧，尽快熟悉工作内容。

保持积极心态：在求职和工作过程中，难免会遇到挫折和困难。大学生需要保持积极的心态，将挫折视为成长的机会。例如，如果在面试中被拒绝，可以分析原因，总结经验教训，为下一次面试做准备。

（4）修正自我

1）发现不足。

信息对比分析：大学生在收集和处理信息时，要将自己的能力与招聘信息的要求进行对比，找出自己的不足之处。例如，一个职位要求应聘者具备项目管理经验，而自己没有相关经验，就需要意识到这是自己的短板。

自我反思：定期进行自我反思，总结自己在学习和实践中的不足。可以通过写日记、与同学交流等方式，记录自己的成长过程和需要改进的地方。

2）完善自我。

持续学习：针对自己的不足，大学生需要制订学习计划，不断提升自己的知识和技能。例如，发现自己某门专业课程的成绩不理想，可以通过参加辅导班、阅读相关书籍等方式进行补充学习。同时，也可以利用在线学习平台学习新的知识和技能。

实践经验积累：除了理论学习，实践经验同样重要。大学生可以通过参加实习、社团活动、科研项目等方式，积累实践经验，提升综合能力。例如，参加实习可以让大学生了解企业的工作流程和实际需求，使其将理论知识与实践相结合，提升职业竞争力。

（5）资源共享

1）信息共享的意义。

帮助他人：有些信息可能对大学生自身没有用处，但对他人可能非常有价值。通过资源共享，可以帮助其他同学或朋友找到合适的工作机会，实现互利共赢。例如，将一些自己不感兴趣的实习机会分享给其他同学，可能会帮助他们获得宝贵的实践机会。

拓展人脉：资源共享不仅可以帮助他人，还能拓展自己的人脉资源。通过分享信息，可以结识更多的人，建立良好的人际关系。例如，在分享信息的过程中，可能会结识一些行业人士或校友，他们可能会在自己未来的职业发展中提供帮助。

2）资源共享的方式。

社交媒体平台：大学生可以通过社交媒体平台分享信息。例如，在微信朋友圈或微博上分享一些招聘信息或行业动态，让更多的人看到这些信息。

线下交流：除了线上分享，大学生还可以通过线下交流的方式进行资源共享。例如，在班级、社团或校友会等场合，分享自己收集的信息，与他人交流心得和经验。

二、评估职业

面对多种多样的职业类别，需要依据一些方法来评估职业的各层面或工作性质是否符合自己的需要，或是自己各方面特质条件是否符合该职业的需要。

PLACE 分析法通常可以用来作为评估职业的指标，它是一种系统性的职业评估工具，从职位或职务（position）、工作地点（location）、升迁状况（advancement）、雇用情形（condition of employment）和雇用条件（entry requirements）5 个维度对职业进行全面分析，帮助个人评估职业是否符合自身需求或自身条件是否符合职业要求。

（1）职位或职务

1）内容：包括该职业的经常性任务、所需担负的责任、工作层次等。

2）重要性：不同职位即使属于同一职业方向，所需的专业技能和职业能力也可能不同。例如，新闻媒体行业包括总编、记者、摄像等职位，每个职位的任务和责任都有所区别。

3）评估方法：可以通过查看职位描述、与在职人员交流等方式，了解具体的工作内容和职责。

（2）工作地点

1）内容：包括地理位置、环境状况、室内或户外工作、都市或乡村、工作地点的变化性、安全性等。

2）重要性：工作地点对个人生活和职业满意度有重要影响。例如，采购人员可能需要经常出差，而教师的工作地点相对固定。

3）评估方法：通过了解企业的办公地点、出差频率等信息，判断该职业是否符合个人的生活和职业规划。

（3）升迁状况

1）内容：包括工作的升迁路径、升迁速度、工作稳定性、工作保障等。

2）重要性：通过了解职业的升迁状况，可以帮助个人评估职业发展的潜力和速度。例如，会计行业的晋升路径相对明确，具体为从会计晋升到财务总监等。

3）评估方法：可以参考企业内部的晋升制度、行业报告或向在职人员咨询。

（4）雇用情形

1）内容：包括薪水、福利、进修机会、工作时间、休假情形及特殊雇佣规定等。

2）重要性：雇用情形直接影响个人的生活质量和职业满意度。不同地区的雇用状况可能因经济发展水平而异。

3）评估方法：可以通过查看企业官网、招聘网站或行业薪酬报告来了解具体的雇用情形。

（5）雇用条件

1）内容：包括所需的教育程度、证书、训练、经验、能力、人格特质等条件。

2）重要性：通过了解雇用条件，可以帮助个人评估是否具备进入该职业的资格。例如，从事教育工作通常需要师范专业背景和教师资格证。

3）评估方法：查看职位要求、行业标准或咨询专业人士，了解进入该职业的具体条件。

通过 PLACE 分析法，大学生可以全面了解职业的各方面，结合自身条件和职业目标，做出更明智的职业选择。

三、拜访资深工作者

一旦充分了解有关职业的介绍，就可以找从事该职业的资深工作者进行访谈。一方面，这可以印证搜集的职业信息的可靠性和有效性；另一方面，可以更深入地了解工作者本身从事该项职业的生涯选择与经验，以作为审视自身是否投入该项职业的重要参考。此外，如果访谈地点为其工作场所，则可实际观察其工作情形等，以评估自己对该类工作的喜好或适合程度。因此，拜访职业生涯人物是搜集职业信息不可或缺的重要方法，可一举数得。

1. 生涯人物访谈的概念

生涯人物访谈是指选择一个在职对象，并对其进行采访，从而了解该岗位的实际工作情况，判断自己是否真正对该工作感兴趣。采取这种方式，一方面可以更好地了解该职业的确切信息，另一方面可以借鉴他人的职场历程和经验来设计、规划自己的职业发展途径，增加成功的机会。通过访谈，不仅可以使自己以其他途径搜集的职业信息得到确认和检验，通过这种面对面的交流和访谈，也可以近距离地了解这些工作者内心的感受和体会，使自己更深入地了解该职业。

2. 生涯人物访谈的一般流程和注意事项

（1）搜集生涯人物的信息和资料

可以通过家人、朋友、同学、教师等人的介绍和引荐，也可以通过报刊、电视、各种组织、协会或网络搜索等方式，先获得想拜访的生涯人物的联系方式和相关资料，然后与其取得联系。

（2）整理所获取的生涯人物的资料

依据个人的具体情况（包括年龄、生活习惯、个人爱好、居住地等）选择进行访谈的具体时间和地点。

（3）访谈前的准备

1）给访谈对象打电话。进行自我介绍时，要说明来意，最好说明获取他的联系方式的途径。

2）说明访谈的目的、原因及需要的时间（一般以 20～30 分钟为宜）。如果访谈对象因故不能面谈，可以提出电话访谈的形式。如果实在不行，就请他推荐与他所做工作类似的人。

3）若对方接受自己的访谈，则应表示感谢，然后确定具体的时间和地址；若没有接受，则应表示遗憾；若对方愿意推荐其他人，就要准备记录对方的信息。

4）提前将要问的问题列举出来。例如，可以就以下问题进行提问。

① 您每天具体做哪些工作？

② 您当初是如何找到这份工作的？

③ 您的工作是如何为实现组织的总体目标或使命服务的？

④ 本职业需要什么样的人？

⑤ 到本领域工作的前提是什么？

⑥ 对于初入行的人来说，做什么工作最能学到东西？

⑦ 本领域初级职位和略高级职位的薪水分别是多少？

⑧ 本领域的发展机会如何？

⑨ 什么样的品质或能力对本工作的成功最重要？

⑩ 您认为本行业未来发展面临的最不利因素是什么？

⑪ 对于一个即将进入本行业的人，您能不能提出一些意见或建议？

⑫ 本工作需要什么特别的知识或技能吗？本工作需要什么特别的教育或者培训背景吗？

（4）访谈应注意的事项

1）一次访谈的问题以 5～10 个为宜，不宜太多。

2）要注意掌握时间，按约定的时间进行访谈，不要拖延，以免浪费他人的时间。

3）给访谈留出提供其他信息的时间。

4）不要利用访谈对象找工作，否则会引起对方的反感。

5）及时对访谈对象表示感谢。

实训任务

生涯人物访谈

【实训目的】

通过实训，学生能够深入了解自己感兴趣的职业各方面，明确自身职业目标，提升职业规划能力，同时锻炼沟通与人际交往能力。

【实训过程】

通过朋友介绍或毛遂自荐，认识一位从事你所感兴趣的职业的资深工作者。礼貌地告诉对方，由于你对该职业感兴趣，希望能更进一步地了解该职业的相关信息，以及他从事该职业的心得和经验，并告诉他希望到他的工作场所进行半小时至一小时的交流。

在正式交流之前，你需要列出一张交流问题的清单，清单内容主要包括以下两个方面。

1）职业信息方面：工作性质、任务或内容；工作环境、就业地点；所需的教育、训练或经验；所需的个人资格、技巧和能力；收入或薪资范围、福利；工作时间和生活形态；相关职业和就业机会；进修和升迁机会；组织文化和规范；未来展望。

2）职业生涯经验方面：教育或训练背景、投入该职业的抉择、职业生涯发展历程、工作经验心得、对工作的看法、获得成功的条件、未来职业生涯规划、对后进者的建议。

访谈结束后，将交流经过、所搜集的资料和心得进行整理并撰写成《职业生涯人物访谈报告》，与他人分享自己的收获和心得。

职业生涯人物访谈报告（大纲）如图 3-2 所示。

职业生涯人物访谈报告（大纲）

访谈人物：　　　　从事职业：

访谈日期：　　　　访谈地点：

访谈者：

职业信息方面：

职业生涯经验方面：

访谈心得与反思：

图 3-2　职业生涯人物访谈报告（大纲）

【实训总结】

通过本次实训，学生不仅对自身感兴趣的职业有更深入的了解，还收获了许多宝贵的职业发展经验和建议。这些经验和建议如同一盏盏明灯，照亮了学生未来职业发展的道路，帮助他们在职业探索的旅程中更加明确方向、坚定信念，并为实现职业目标做好充分准备。

任务自测

项目三任务三学习自测

理解的知识点	
掌握的技能点	
感受与收获	
任务成效评分	0 分--10 分

拓展阅读

职业信息搜集的基本原则

在搜集职业信息时，应遵循一定的原则，结合自身的实际情况，明确择业方向，不能无的放矢、脱离自身特点，否则就会适得其反。职业信息搜集的基本原则如下。

1. 真实性、准确性原则

在当今快速发展的社会，网络求职已成为大学生获取就业机会的重要途径。然而，近年来一些以营利为目的的中介机构利用网络发布虚假信息，以高薪、工作轻松等为诱饵，欺骗涉世未深的毕业生，严重干扰了学校正常的教学秩序，给学校的就业工作带来了很大冲击。这些虚假信息不仅浪费了毕业生的时间和精力，还可能导致他们陷入经济纠纷，甚至面临法律风险，如“黑中介”收费、虚假“内推”、招聘“套路贷”等。

因此，大学生在求职过程中必须提高警惕，增强自我保护意识。首先，应选择正规的求职渠道，如国家大学生就业服务平台、高校就业网站等，避免使用未经许可的中介机构。其次，要仔细核查招聘信息的真实性，包括企业资质、工商注册信息等，避免轻信口头承诺，务必签订正式的服务协议。此外，保护个人信息至关重要，不要轻易泄露银行卡号、身份证号等信息。最后，一旦遇到可疑情况或自身合法权益受到侵害，应立即向人力资源和社会保障部门投诉举报，必要时报警处理。只有这样，才能在网络求职中规避陷阱，顺利开启职业生涯。

2. 针对性、实用性原则

在职业探索的过程中，大学生常常会接触到海量的职业信息，这些信息来源广泛且内容繁杂。然而，并非所有信息都对个人的职业发展具有实际价值。因此，明确搜集信息的目的至关重要。只有确定清晰的目标，信息搜集才能有的放矢，避免在海量信息中迷失方向。例如，如果目标是寻找实习机会，那么重点搜集的信息应包括企业的实习岗位需求、实习流程、申请截止日期等；如果目标是了解某一行业的发展趋势，那么行业报告、专家分析等信息则更为关键。明确目的不仅能提高信息搜集的效率，还能确保所获取的信息与个人职业规划紧密相关，从而为职业决策提供有力支持。

同时，大学生需要准确认识自己的兴趣、能力、价值观和职业目标，这样才能筛选出真正适合自己的职业信息，增强信息的实用性。每个人的职业兴趣和能力都有所不同，因此适合他人的职业信息未必适合自己。例如，对艺术设计充满热情的大学生，可能对广告设计、平面设计等领域的信息更感兴趣，而对金融、会计等领域的信息则兴趣寥寥。通过自我评估，了解自己的优势和劣势，明确自己在职业发展中的期望和底线，更有针对性地筛选信息，避免被无关信息干扰。例如，如果发现自己在沟通方面能力较弱，那么在选择职业时，可能需要避开对沟通能力要求极高的岗位，转而寻找更注重专业技能的职位。只有这样，才能在职业探索中找到真正适合自己的道路，实现职业目标与个人发展的有机结合。

3. 系统性、连续性原则

在当今复杂多变的就业市场中，大学生面临海量且碎片化的就业信息。为了更好地应对就业挑战，大学生需要将各种相关的、零碎的信息积累起来，然后进行加工和筛选，形成一个能够客观反映就业动向的职业信息链。这一过程不仅能帮助大学生从宏观层面把握就业市场的整体趋势，还能从微观层面深入分析特定职业或行业的具体需求和发展前景。通过构建这样的信息链，大学生可以为自己的信息分析和择业提供更可靠的依据，从而在激烈的就业竞争中占据有利地位。

为了确保职业信息链的可靠性和实用性，大学生需要从多个渠道搜集信息，包括学校就业管理部门、各级就业指导机构、新闻媒体、社会关系网、求职网站及各类人才交流会等。在搜集信息的过程中，必须注意信息的真实性和时效性，避免受到虚假信息的干扰。同时，大学生应结合自身的职业目标和实际情况，对信息进行筛选和分类，剔除与个人职业规划不相关的内容。通过这种方式，大学生可以构建一个既全面又具个性化的职业信息链，为自己的职业决策提供有力支持。

4. 计划性、条理性原则

在职业探索的初期阶段，大学生需要制订详细的信息搜集计划，明确自己的职业目标和求职意向，有针对性地搜集不同类型的企业和事业单位的职业信息。特别是对于自己的意向就业地区，更应进行重点搜集。例如，如果目标是进入互联网行业，那么不仅要关注大型互联网企业的招聘信息，还应留意新兴科技公司的发展动态和岗位需求，以及特定地区的创业公司机会。这些信息的搜集可以通过多种渠道进行，如企业官网、招聘网站、行业论坛、社交媒体平台等，确保信息来源的多样性和全面性。

在搜集到大量信息后，大学生需要对这些信息进行系统化的整理和归类。可以按照不同的维度，如按照行业（互联网、金融、教育等）、地区（一线城市、二线城市等）、企业规模（大型企业、中型企业、初创企业等）等进行分类。通过这样的分类，大学生能够更直观、快捷地找到自己需要的信息，提高信息的使用效率。在求职时，这种有条理的信息管理方式能够帮助大学生迅速定位与自身职业目标相匹配的岗位，避免在海量信息中浪费时间和精力，从而更好地把握求职机会，提升求职成功率。

因此，大学生在搜集各种职业信息的同时，要善于对信息及时进行分析、判断和处理，依据自己的就业定位，果断出击，以提高求职的效率和准确度。

知识考核

一、选择题

1. 在职业的基本含义中，不包括（　　）。

A. 个人在社会中所从事的作为主要生活来源的工作

B．只需要有收入的活动
C．需要人职匹配才能促进工作效能
D．包含对己谋生与对群服务

2．在舒伯的生涯发展理论中，（　　）阶段个人开始尝试选择适合自己的职业领域。
A．成长　　B．探索　　C．建立　　D．维持

3．在施恩的职业锚理论中，（　　）的人把管理本身作为职业目标。
A．技术或职能型职业锚　　B．管理型职业锚
C．创业型职业锚　　D．自主与独立型职业锚

4．在搜集职业信息时，以下方式不属于利用网络资源的是（　　）。
A．浏览行业论坛　　B．参加企业招聘会
C．搜索企业官网　　D．使用社交媒体平台

二、判断题

1．职业等同于职位或工作，三者在含义上没有区别。（　　）
2．帕森斯的人职匹配理论强调个人特性与职业因素的匹配。（　　）
3．舒伯的生涯发展理论认为，人的生涯发展会伴随年龄的增长而递减。（　　）
4．职业锚是在个人职业生涯中不会发生改变的核心价值观。（　　）
5．通过参观企业获取职业信息是一种有效的职业探索方法。（　　）

三、填空题

1．职业的特性包括产业性、行业性、组群性、________和________。

2．舒伯的生涯发展理论将生涯发展阶段划分为成长、探索、________、________与衰退5个阶段。

3．施恩的职业锚理论中，技术或职能型职业锚的人在选择职业时，会把注意力放在工作的________或________内容上。

4．在进行生涯人物访谈时，访谈问题应涵盖职业信息方面和________方面。

四、简答题

1．帕森斯的人职匹配理论的核心观点是什么？
2．简述舒伯的生涯发展理论中建立阶段的发展任务。
3．职业锚理论中的技术或职能型职业锚有什么特点？
4．在进行职业信息搜集时，应遵循哪些基本原则？
5．职业信息搜集的途径有哪些？

项目四

职业生涯决策认知

【项目导言】

职业生涯决策认知是大学生职业生涯规划中的重要环节，它不仅是对个人兴趣、能力和市场需求的综合判断，还是培养社会责任感和家国情怀的过程。大学生在进行职业决策时，应将个人的职业目标与国家的需求和社会的发展紧密结合。在新时代，国家的现代化建设需要各类技术和管理人才，而高职院校培养的学生正是国家社会经济发展中不可或缺的力量。职业生涯决策不只是选择一个工作岗位，更是为国家的建设、社会的进步贡献力量的体现。通过认知职业生涯决策的多维度和多层次，大学生应树立为国家富强、民族复兴服务的思想，把个人梦想与国家发展相融合，做有责任感、有使命感的时代新人。

在职业生涯规划中，职业生涯决策认知不仅仅关乎选择适合个人的职业道路，更是树立正确价值观和社会责任感的重要途径。随着国家经济的发展和社会的变革，大学生面临多种职业选择，但无论选择哪条道路，都应明确自己的责任——通过自己的努力实现个人价值的同时，也要为国家建设、社会进步添砖加瓦。通过对职业生涯决策的认知，大学生应学会从国家需求出发，从社会发展的角度审视自己的职业选择，坚定地走好自己的职业道路，并为民族复兴贡献力量。

【案例导入】

小刘是一名高职院校的三年级学生，主修电子商务专业。随着毕业的临近，他面临着职业生涯的决策问题。小刘在校期间成绩中等，但对网络营销和社交媒体运营特别感兴趣，曾多次参与校内外的相关实践活动，并取得了一定成绩。然而，他对自己的职业选择感到迷茫，不确定是继续深造，还是直接进入职场。

小刘的家人希望他能够继续深造，认为本科学历会为他带来更多的就业机会。他的朋友们则建议他直接工作，积累实际经验。小刘担心，如果选择工作，可能会因学历限制而影响未来的职业发展；如果选择继续深造，又怕错过当前电子商务行业快速发展的机会。

在学校的职业生涯规划课上，小刘了解到职业生涯决策不仅要基于自身的兴趣和能力，还要考虑市场需求、个人价值观和长期职业目标。他开始认真思考自己的兴趣所在、职业市场的需求，以及自己的长期规划。

? 问题：

1. 小刘在职业生涯决策过程中面临的主要矛盾是什么？他应该如何平衡家人、朋友和自己的不同意见？

2. 在职业生涯决策中，小刘应如何评估自己的兴趣、能力和市场需求之间的关系？

3. 如果你是小刘，你会如何制订一个短期和长期的职业生涯规划？你会根据哪些因素来做出最终决策？

任务一 理解职业生涯决策的基本知识

【任务目标】

知识目标

- 了解职业生涯决策的概念。
- 理解职业生涯决策的内容。
- 掌握职业生涯决策的注意事项及影响因素。

能力目标

- 能够运用职业生涯决策的概念和类型，分析和评估自身在职业选择中的决策风格。
- 能够根据职业生涯决策的内容，制定清晰的短期和长期职业目标，并设计实现这些目标的具体行动计划。

素质目标

- 具备清晰的自我认知，能够客观评估自身的兴趣、能力、价值观及职业倾向。
- 具备开放的心态，愿意接受新的职业机会和挑战，不局限于传统的职业选择。
- 具备创新精神，能够在职业生涯规划中探索非传统的职业路径和发展模式。
- 具备良好的应变能力，能够在职业环境变化时迅速调整心态和行动策略。

知识讲解

人在工作、生活中面临着选择和决策，如早上穿什么衣服、中午去哪里吃饭、晚上和谁去逛街、参加什么社团、选择什么职业。约翰·坎贝尔（John Campbell）曾指出，正是你在生活中每个环节的选择和决策塑造了你的人生，决定了你的成败。但对个人来说，并不是每个决策都至关重要，有些选择微不足道，而职业生涯决策对人生具有重大而深刻的影响。

当完成对职业自我和职业环境的认知，并确定职业目标后，需要进一步收集、加工信息，做出与个人职业生涯发展有关的一系列决策。

一、职业生涯决策的概念

生涯决策就是个人在多项职业或人生选择之间权衡利弊，以实现最大价值的历程。生涯决策的理念是由经济学家约翰·梅纳德·凯恩斯（John Maynard Keynes）提出的。他认为个体在面临选择尤其是职业选择时，往往会选择使个体获得最高报酬并将损失降低到最低的选项。职业生涯决策是职业生涯规划的重要组成部分，它综合了个人对自我的认识，以及对教育与职业等外在因素的判断，是个人在面临生涯决策情境时所做出的各种反应。

二、职业生涯决策的内容

决策是指为达到一定目标，采用一定的科学方法与手段，从两种以上的可行性方案中选择一个合理方案的分析判断过程。关于个人的职业选择和生涯发展的决策被称为职业决策、生涯决策或职业生涯决策。

职业生涯决策的构成要素包括决策者个人目标、可供选择的方案与结果，以及对各种结果的评估，即目标、选择、结果、评价四要素。职业生涯决策的整个过程与结果会受到机会、结构、文化等社会因素，以及个人价值观与其他内在因素的影响。具体来说，职业生涯决策包括以下内容。

1）选择哪个行业。

2）选择行业中的哪种职业。

3）选择怎样的策略来获得某一特定的工作。

4）从数个工作机会中选择其一。

5）选择工作地点。

6）选择工作的取向，即个人的工作作风。

7）选择生涯目标或系列的升迁目标。

现代管理学之父彼得·德鲁克（Peter Drucker）认为，21 世纪是一个选择的世纪，如今最大的改革是人类将拥有选择的权利。在信息社会，人人都能获取信息、学习知识、靠脑力上进，人人都有机会，那么个人的成功更要靠积极地争取和智慧地选择。

三、职业生涯决策的注意事项

1. 需要结合自己的性格、特长和兴趣

职业生涯的成功发展离不开对自身性格、特长和兴趣的深入分析。每个人的性格特点、能力优势和兴趣爱好都不同，这些因素直接影响职业选择的方向和职业发展的潜力。如果性格内向、不善于与人沟通，缺乏较强的交际意识，那么可能不适合从事频繁与人打交道的工作，如销售、公关或管理岗位。如果擅长逻辑分析、喜欢独立工作，那么可能更适合从事技术研发、数据分析或编程等职业。

1）性格与职业匹配：性格是职业选择的重要参考因素。外向型的人通常更适合需要与人互动的工作，如市场营销、客户服务等；而内向型的人则可能更适合需要专注和独立思考的工作，如科研、写作等。

2）特长与职业发展：特长是职业发展的核心竞争力。如果能够从事自己擅长的领域，不仅更容易取得成绩，还能在工作中获得成就感。例如，擅长沟通和协调的人可以在管理岗位上发挥优势，而擅长创意和设计的人则可以在艺术或创意产业中施展自己的才华。

3）兴趣与职业满意度：兴趣是职业持久发展的动力。从事自己感兴趣的工作，不仅能提高工作效率，还能增强职业幸福感。如果对工作充满热情，那么更愿意投入时间和精力去提升自己，从而在职业发展中脱颖而出。

2. 需要考虑实际情况并具有可执行性

职业生涯决策不仅需要立足于理想和抱负，还需要结合实际情况，确保决策具有可执行性。有些人在制订职业生涯决策时容易陷入好高骛远的误区，设定一些不切实际的目标，最终导致计划无法实施。职业发展是一个循序渐进的过程，需要积累经验、知识和资源，而不是一蹴而就。

1）现实条件的考量：在制订职业生涯决策时，需要考虑自身的现实条件，如学历、技能、经济状况等。例如，刚毕业的学生可能无法直接胜任高级管理岗位，但可以通过积累基层工作经验，逐步提升自己的能力。

2）社会环境的分析：职业生涯决策还需要结合社会环境和行业发展趋势。例如，当前信息技术行业发展迅速，选择与之相关的职业可能更容易获得发展机会；而一些传统行业可能面临转型或衰退的风险，需要谨慎选择。

3）阶段性目标的设定：制订职业生涯决策时应设定阶段性目标，而不应一味追求远大的理想。例如，初入职场时可以以积累经验和提升技能为主要目标，中期可以以晋升或转型为目标，长期则可以以实现职业理想为目标。

3. 决策需要具有可持续发展性

职业生涯决策不仅需要关注短期目标，还需要具有长远的可持续发展性。职业发展是一个长期的过程，如果只关注眼前的利益或目标，而忽视未来的发展方向，就可能会导致职业发展后劲不足，甚至陷入职业瓶颈。

1）长期规划的制订：职业生涯决策应是一个长期的规划，而不应是一个短期的目标。例如，可以设定在 5 年内成为某一领域的专家，10 年内实现职业转型，20 年内达到职业巅峰等。

2）持续学习与提升：职业发展需要不断学习和提升自我，以适应不断变化的社会和行业需求。例如，通过参加培训、考取证书、拓展人脉等方式，不断提升自身竞争力。

四、职业生涯决策的影响因素

职业生涯决策之所以受到多方面因素的影响，是因为个人与环境之间的关系是高度复杂的，个人对环境和自身因素的判断会影响其职业生涯的发展。因此，大学生应清楚影响职业生涯决策的因素，以便适应时代环境的整体发展趋势。

（一）个人因素

大学生是职业生涯规划的主体，在职业生涯规划过程中，个人因素起决定性作用。大学生在制订职业生涯决策时，一般会受个人的综

微课：职业决策的影响因素

合素质、经济需求及身心即时状态等方面的影响。

1. 个人综合素质

个人的知识水平、道德修养及各种能力是社会发展的一般要求。在当今社会，提高个人综合素质尤为迫切。综合素质包括以下 4 个方面。

1）内在涵养：个人修养、道德水平和文化涵养等内在层面，一般可概括为心理素质、文化素质，以及在体育、文艺、美术、音乐等方面的特长或天赋。

2）职业能力：包括表达能力、处世能力、组织能力和办公效率，以及语言能力、公关能力和社交能力等。

3）决断能力：包括认知能力、分析能力、逻辑思维和解决问题的能力等。

4）创造能力：包括敏锐与独特的观察力、活跃的思维能力和实践创新能力等。

当然，通过对综合素质的有针对性训练，可以有效提高个人的决策能力。例如，通过锻炼计算机的操作能力，可以有效激发与提高个人在软件开发和设计方面的兴趣和能力，从而促使职业决策偏向计算机领域，个人更容易做出决断。但是，大学生更应从根源上认识自身的综合素质，以加强对职业生涯决策的宏观掌控。在职业生涯规划过程中，大学生需要发现和提升自身各方面的能力，这样才能做出较好的职业生涯决策。

2. 个人经济需求

职业报酬决定了人们的生活水平和事业发展空间，在很大程度上影响个人的精神生活和社会成就感。因此，经济收益是大多数人选择职业时考虑的重要因素。在职业生涯规划过程中，大学生应在职业方向的选择上适当追求经济收入，以满足生活和发展的需求。在制订职业生涯决策时，大学生要尽量避免将来的经济收入不能满足生活需要的情况发生。

3. 个人身心即时状态

在职业生涯决策的过程中，每个人都会遇到各种问题和障碍，要做出科学合理的决策，就需要保证个人的身体、情绪和精神都处于较佳状态。大学生处于快速成长阶段，身心状态容易发生较大的波动，面对职业生涯决策这一人生重大选择时，会感到压力极大和迷惘。因此，在决定职业发展方向的过程中，大学生要及时调整好状态，处理好个人状态与职业生涯规划之间的矛盾，把握好个人的前途。

（二）社会因素

社会环境中的政治经济形势、产业结构变化和流行的价值观念，会形成不同的经济、历史和文化等社会条件，从而给个体传递不同的职业信息，这无疑会在不经意间对个人的职业生涯决策产生重大的影响。由此可见，与职业环境相关的社会因素会影响职业生涯决策。

因此，大学生需要结合社会声望、政治因素及地域因素进行考虑，并根据实际情况适时调整策略，以适应职业生涯的整体发展要求。

1. 社会声望

社会声望由职业所拥有的社会地位和资源决定，是影响人们职业生涯决策的主要社会因素。职业没有贵贱之分，但是在现实世界里，人们对职业的看法和评价实际上是高低不一的。

作为价值观的一种取向，追求社会地位无可非议，但大学生应充分了解自己的实际情况，避免因过分追求社会声望高的职业而对自己职业生涯的整体规划造成不良影响。

2. 政治因素

从社会整体大环境来看，很多行业的未来发展趋势与政府导向密切相关，国家的政治和政策因素对大学生职业生涯决策会产生不容忽视的影响。政治制度与经济是相互影响的，国家政策影响一国的经济体制，而经济体制决定企业的组织体制和发展状况，从而影响个人的职业发展方向。

3. 地域因素

地域因素是大学生职业生涯决策的一个重要因素。总体来讲，市场化水平和经济增长水平相对较高的长江三角洲区域、珠江三角洲区域和环渤海地区是大学生职业生涯发展的主要阵地。受区域经济发展水平的影响，全国每年有 7 成以上的大学生在这 3 个区域就业，而经济相对滞后的偏远地区则少人问津。由此可见，地域因素对职业生涯规划的影响是普遍存在的，大学生在制订职业生涯决策时，应结合区域经济的发展状况，选择或制订更贴近自身状况的发展方案，以实现职业生涯的良好、有序发展。

（三）其他因素

个体对职业的认识是不断加深的，职业生涯决策的能力是不断提升的。在影响职业生涯决策的所有因素中，除了个人因素和社会因素，还有来自家庭环境和教育环境的影响。大学生充分整合影响职业生涯发展的各因素，有利于提高职业生涯决策的合理性。

1. 家庭环境

家庭是造就个人素质、影响人生发展的重要因素之一，对个人制订职业生涯决策起着举足轻重的作用。个人的价值观和行为模式的形成往往受家庭成员潜移默化的影响，家庭经济状况、长辈的期望等会对个人在择业和职业转换等方面产生很大影响。

2. 教育环境

个人受教育程度的不同，形成的知识结构、能力结构和职业素质结构也会有所不同，进而使受教育者形成不同的思维模式，从而影响职业生涯规划的质量。另外，学校的软硬件配套也将影响个人职业生涯规划的实施。

大学生的能力和价值观需要在实际的工作和学习中不断完善，参考和借鉴就是一个学习和成长的过程。然而，每个人的具体条件和面临的环境因素是复杂多样的，不可能存在相同的职业生涯。在了解别人成长历程和发展轨迹的过程中，不仅要借鉴他们的成功经验，还要总结失败的原因，这样做才有利于职业轨迹的稳定和健康发展。在借鉴的过程中，不能生搬硬套，而要善于学习与利用他人的正确观点和办法，克服不利的影响因素，从而探索出适合自己发展的方向和途径。

实训任务

回顾生活中的重要决定

【实训目的】

通过实训，学生能够更好地理解自己的决策过程和决策风格，增强自我认知。

【实训过程】

回想你在生活中所做的 5 个重要决定，并从以下几个方面加以描述：①目标或当时的情境；②你所有的选择；③你最终做出的选择；④你的决策方式；⑤对结果的评估。

我的 5 个重要决定：

____

____

____

____

____

我在重要事件上通常表现出的决策风格：

____

____

____

【实训总结】

通过本次实训，学生对自己的决策风格有了更深入的了解，认识到职业生涯决策不仅仅是选择一个职业，更是一个需要综合考虑兴趣、能力、市场需求和长期目标的过程。在未来的职业生涯决策中，学生将更加注重平衡理性分析与直觉感受，同时勇于探索新的机会，不局限于现有的选择。

任务自测

项目四任务一学习自测

理解的知识点	
掌握的技能点	
感受与收获	
任务成效评分	0 分--10 分

拓展阅读

在校大学生如何进行职业生涯决策

学生疑问：

我是一名大学三年级学生，经过相关的职业测评发现自己属于社会型、研究型、企业型，而思维方式更倾向于研究型，但我渐渐地对研究型工作产生排斥，觉得那是比较乏味的工作（即使在做研究的过程中能体会到乐趣）。我现在非常渴望与别人交流、沟通，因为与大家在一起时我会感到很开心，而且比较兴奋，感觉比在实验室做实验快乐。上大学之前，我一般周末不出去玩，而是在家努力学习。大学的生活改变了我，现在我深深地体会到交流、沟通的重要性。因此，我就不想从事研究型工作了，如研究员、实验员等。

像我这种情况，应该怎么选择呢？是选择一直从事的研究型工作，还是向往的社会型、企业型工作？如果选择前者，我会感到不开心，但它是我的长项；如果选择后者，我会感到兴奋，同时也感到陌生，因为需要加强锻炼这方面的能力。

老师，您说我该做怎样的选择呢？期待您的指点！

生涯咨询师答疑：

来信收悉，记得曾经与你探讨过关于自我认知的问题，包括自我兴趣认知、专业认知及职业认知。从你这次的来信中可以看出，你对自我认知的状况有了深度的了解和把握，但是所谓“成也萧何，败也萧何”，你所认知的“自我”还是出现了一定程度的偏差，从而使你“执拗”于这种偏差，给你带来困惑。

首先，我想提醒你的是，职业测评只是自我认知的工具，它绝不是自我认知的终极评价标准。所谓“社会型、研究型、企业型”只是你性格中的一种倾向，这种倾向能否与现实中的你保持一致，还会受各种主客观因素的影响。当然，我并非否定你利用职业测评工具来了解自己，但是绝不可以此作为指引人生选择的坐标，为自己的发展设置条条框框，那样反而会弄巧成拙。

每个人的职业生涯发展都是一个漫长的过程，其中充满了各种未知和不确定的因素。要想找到适合自己的职业生涯发展道路，需要结合实际情况不断进行选择和调整。大多数情况下，能够把自己的兴趣和职业结合起来，当成自己毕生所从事的事业是非常幸福和幸运的事情。很多大学生之所以迷茫，是因为他们在兴趣、职业和事业之间反复不定。职业测评可以有效地帮助你了解自己的兴趣，明确自己的职业倾向，但是最终需要你在综合各种因素后再做出决策和行动，否则便是纸上谈兵。

其次，从你的来信中，我依然感觉到你对自己的认识还不够清晰。你提到自己逐渐排斥研究型工作，虽然这种工作不乏乐趣；你说自己相当渴望与别人沟通和交流，你已深深体会到沟通与交流的重要性。你内心深处认为，这二者是不相容的。你片面地认为沟通与交流就是社会型倾向，如果选择研究型工作，则会牺牲沟通与交流的机会，自己心有不甘；如果选择社会型工作，多做沟通与交流，自己又感觉些许害怕。其实，这是你认知上的误区。研究型工作并不意味着杜绝沟通与交流，相反，没有充分而主动的沟通与交流，难以做好工作。社会型工作也并不意味着只有沟通与交流，它只是做好工作的前提。

沟通和交流是一项不可或缺的人际交往能力，你已经认识到这种能力是你所欠缺的，需要加强锻炼。但是，你不能把专项能力锻炼和生涯职业决策混为一谈，否则就是以偏概全，这就是你困惑的根源。

最后，我想告诉你的是，做出职业选择不能给自己设置种种局限，也不能把职业选择和某项职业能力的提高相混淆。建议你认真思考以下问题：你目前所从事的工作真的就是你所谓的研究型工作吗？从事这项工作，是否真的影响了你与他人的沟通和交流？你所认为的沟通和交流型工作是你真正所了解和想要从事的吗？面对困难和挑战，你是否有信心面对？

相信经过再次深思熟虑后，你会对自己有更进一步的认识，关于职业选择、职业决策的疑惑，也就会迎刃而解。

任务二 分析职业生涯决策的风格

【任务目标】

知识目标

- 了解职业生涯决策风格的概念及作用。
- 掌握职业生涯决策风格的划分方法。
- 理解分析职业生涯决策风格时的注意事项。

能力目标

- 能够运用职业生涯决策风格的理论，分析个人或他人的决策风格，并识别其优缺点。
- 能够有效收集、整理和分析与职业生涯相关的信息，为决策提供依据。
- 能够在综合考虑个人的兴趣、能力、价值观及外部因素的基础上，做出合理的职业生涯决策。

素质目标

- 具备清晰的自我认知，能够准确评估自己的兴趣、能力、性格特质和价值观。
- 具备适应变化的能力，能够在职业生涯中灵活调整决策，应对不确定性。
- 具备批判性思维能力，能够客观评估不同职业选择的利弊，避免盲目跟风或受外界过度影响。

知识讲解

职业生涯决策风格是指个人在面对职业选择时所表现出的典型决策方式和倾向，它反映了个体在职业规划中的思维模式和行为特点。不同的人可能采用不同的决策风格，如理性型决策者会通过系统分析和逻辑推理做出选择，直觉型决策者则更依赖内心的感受和灵感，而依赖型决策者倾向于依赖他人的意见和建议。了解自己的职业生涯决策风格，有助于更好地认识自身的优势和不足，从而在职业选择中做出更明智、更符合自身特点的决策。同时，灵活调整决策风格，结合理性分析与感性判断，有助于个体在复杂多变的职业环境中实现长远的职业发展目标。

一、职业生涯决策风格的作用

职业生涯决策风格在职业规划和发展中起着至关重要的作用，其具体作用包括以下几个方面。

1. 提高决策效率

了解自己的决策风格有助于更快地做出职业选择，减少犹豫和拖延。例如，理性型决策者可以通过系统分析迅速排除不合适的选项，而直觉型决策者可以依靠直觉快速锁定适合自己的发展方向。

2. 增强自我认知

职业生涯决策风格反映了个体的思维模式和行为倾向，通过分析自己的决策风格，可以更好地认识自己的优势、劣势及决策偏好，从而在职业选择中扬长避短。

3. 优化职业匹配

不同的决策风格适合不同的职业类型。例如，计划型决策者适合需要长期规划和执行的工作，而探索型决策者则更适合需要创新和灵活应对的职业。了解自己的决策风格有助于找到更适合自己的职业方向。

4. 减少决策失误

明确自己的决策风格可以避免常见的决策误区。例如，依赖型决策者可以意识到自己过度依赖他人意见的倾向，从而更加注重独立思考和判断；冲动型决策者可以学会在决策前多加思考，避免草率行事。

5. 提升职业满意度

当个体的决策风格与职业要求相匹配时，工作会更加得心应手，职业满意度也会随之提高。例如，从事需要逻辑分析的工作时，理性型决策者会感到更加适应和满足。

6. 促进职业发展

职业生涯决策风格不仅影响职业选择，还影响职业发展的路径和速度。例如，计划型决策者能够制定清晰的职业目标并逐步实现，而探索型决策者则可能通过不断尝试找到最适合自己的发展方向。

7. 增强应变能力

了解自己的决策风格可以在职业环境变化时更好地调整策略。例如，面对不确定的职业环境，灵活型决策者可以更快地适应变化，而宿命型决策者则可以通过学习新的决策方式增强应变能力。

8. 改善人际关系

职业生涯决策风格也会影响个体在职场中的人际关系。例如，依赖型决策者可以通过增强独立性来减少对他人的依赖，而妥协型决策者则可以通过更好地平衡各方意见来改善团队合作。

二、职业生涯决策风格的划分方法

1. 职业生涯决策风格“三分法”

职业生涯规划学者哈瑞恩（Harren）经研究认为，大部分人的职业决策风格可以归纳为以下 3 类。

1）理性型。具有理性型决策风格的个体崇尚逻辑分析，往往在系统收集足够的自我和环境信息的基础上，权衡各选项的利弊得失，按部就班地做出最佳的决定。

2）直觉型。具有直觉型决策风格的个体根据自己在特定情境中的感受或者情绪反应直接做出决定。他们往往凭感觉做决定，比较冲动，很少能系统收集相关信息，但能为自己做出的决定负责。

3）依赖型。具有依赖型决策风格的个体往往等待或者依赖他人为自己收集信息，然后做出决定，比较被动和顺从，做出决定时十分注重他人的意见和期望。他们把社会赞许、社会评价和社会规范作为做出决定的标准。

2. 职业生涯决策风格“五分法”

职业生涯规划专家斯科特（Scott）和布鲁斯（Bruce）认为，决策风格是在后天的学习经验中逐渐形成的，他们将决策风格划分为以下 5 种类型。

1）理智型。这种类型以周全的探求和对选择的逻辑性评估为特征。具有理智型决策风格的个体具有深思熟虑、善于分析、逻辑清晰的特性，他们会评估决策的长期效用并以事实为基础做出决策。理智型决策风格是比较受推崇的，强调综合全面地收集信息、理智地思考和冷静地分析判断，这些是其他决策风格的个体需要培养的良好的思考习惯。但理智型决策风格也并非完美，即使采用系统的、逻辑的方式，也会产生因害怕承担决策的后果而不能整合自己和他人重要观点的困扰。

2）直觉型。这种类型以依赖直觉和感觉为特征，比较关注内心感受。具有直觉型决策风格的个体以自我判断为导向，在信息有限时能够快速做出决策，当发现错误时能迅速改变决策。由于以个人直觉而不是理性分析为基础，这类决策发生错误的可能性较大，因此易造成决策不确定性，容易失信于他人。

3）依赖型。这种类型以寻求他人的指导和建议为特征。具有依赖型决策风格的个体往往不能够承担自己做出决策的责任，允许他人参与决策并共同分享决策成果，会受到他人的正面评价，但也可能因简单模仿他人的行为而产生负面影响。这类决策者需要理解生活中重要的人对自己的影响程度。

4）回避型。这种类型以试图回避做出决策为特征。具有回避型决策风格的个体表现出拖延、不果断，面对决策问题时会产生焦虑，往往因害怕而做出错误决策。这类决策者缺乏承担决策责任的能力，倾向于回避对未来方向的思考与规划，不做准备，对自身目标缺乏明确认知，既不主动思考，也不寻求外界帮助。具有回避型职业决策风格的大学生需要意识到自身的决策风格可能造成的危害，努力调整，增强职业生涯规划的意识和动机，从而得到外界的支持与帮助。

5）自发型。这种类型以渴望即刻、尽快完成决策为特征。具有自发型决策风格的个体往往不能够容忍决策的不确定性，以及由此带来的焦虑情绪，他们具有强烈即时性，并对快速做出决策的过程感兴趣。这类决策者往往会基于一时的冲动，在缺乏深思熟虑的情况下做出决策。

3. 职业生涯决策风格“八分法”

学者丁克里奇（Dinklage）根据不同人做出决策的不同行为特征，把职业决策风格分为以下 8 种类型。

1）延迟型。具有延迟型决策风格的个体知道问题所在，但是迟迟不做出决定，或者到最后一刻才做出决定。

2）宿命型。具有宿命型决策风格的个体不愿做决定，把决定的权利交给他人，认为无论做什么选择都是一样的。

3）顺从型。具有顺从型决策风格的个体想做决定，但是无法坚持己见，常会屈从权威的决定。

4）麻痹型。具有麻痹型决策风格的个体害怕做决定所导致的结果，也不愿意负责，选择麻痹自己来逃避做决定。

5）直觉型。具有直觉型决策风格的个体根据感觉做决定，大多数情况下只考虑自己的直觉而忽视外在的因素。

6）冲动型。具有冲动型决策风格的个体不愿意思考太多，往往基于第一想法做出决定。

7）犹豫型。具有犹豫型决策风格的个体考虑过多，在诸多选择中无法做出决定，常常处于痛苦的挣扎状态。

8）计划型。具有计划型决策风格的个体在做决定时既倾听自己内在的声音，也考虑外在的环境条件，以做出适当的决策。

三、分析职业生涯决策风格时的注意事项

分析职业生涯决策风格是一个复杂而多变的过程，需要综合考虑多种因素。通过考虑决策环境的影响、关注个人成长与变化、避免极端决策、保持决策过程的透明度，以及学会反思与总结等注意事项，可以更有效地进行职业生涯决策，实现个人职业发展的目标。

1. 明确个人决策风格

每个人的职业生涯决策风格都是独一无二的，明确自己的决策风格有助于更好地理解自己在职业生涯决策过程中的行为模式和倾向，从而做出更明智的选择。可以通过自我评估、心理测试或咨询职业规划师等方式来明确个人的决策风格。

2. 评估决策风格的优劣

不同的决策风格各有优劣：理智型决策风格强调逻辑分析，但可能因害怕承担后果而难以整合不同观点；直觉型决策风格灵活快速，但可能导致决策的不确定性；依赖型决策风格能够寻求他人建议，但可能缺乏独立决策能力；回避型决策风格则可能因拖延而错失良机；自发型决策风格决策迅速，但可能缺乏深思熟虑。因此，需要对自己的决策风格有清晰的认识，并在实际决策中扬长避短。

3. 结合实际情况做出决策

职业生涯决策不仅受个人决策风格的影响，还受社会环境、职业需求和个人能力等多重因素的制约。因此，在做出决策时，需要综合考虑各种因素，包括自己的兴趣、能力、价值观及市场需求等。同时，要保持灵活性和适应性，随时准备根据市场变化和个人发展情况进行调整。

4. 寻求专业建议与支持

职业生涯决策是一个复杂的过程，涉及多方面的因素。在做出决策时，可以寻求职业规划师或行业专家的建议和支持，他们可以提供专业的视角和宝贵的经验，帮助个人更全面地了解自己和市场，从而做出更明智的决策。

5. 考虑决策环境的影响

不同的职业环境可能对决策风格有不同的要求。例如，在快节奏、高压力的行业中，自发型和直觉型决策风格可能更受欢迎；而在需要深思熟虑和精确计算的领域，理智型决策风格可能更为适用。因此，在进行职业生涯决策时，要考虑当前或未来职业环境对决策风格的需求。

6. 关注个人成长与变化

个人的决策风格并非一成不变，它会随着个人成长、经验积累及心理状态的变化而发生变化。因此，要时刻关注自己的成长变化，适时调整决策风格，以适应新的职业挑战和机遇。

7. 避免极端决策

无论采用哪种决策风格，都要避免走向极端。例如，理智型决策者不应过分依赖数据和逻辑，而忽视内心的感受和需求；直觉型决策者也不应仅凭直觉行事，而忽视客观事实和风险评估。要在理性和感性之间找到平衡点，做出全面、合理的决策。

8. 保持决策过程的透明度

在职业生涯决策过程中，要尽量保持决策的透明度，让相关利益方了解决策的依据、过程和结果。这有助于增强决策的公信力，减少误解和冲突，同时也有助于个人在职业生涯中建立良好的形象和口碑。

9. 学会反思与总结

每次职业生涯决策后，都要进行反思和总结，分析决策的效果和得失。这有助于个人从经验中学习，不断提高决策能力和水平。同时，通过反思和总结，还可以发现自身决策风格的不足之处，从而有针对性地进行改进和提升。

实训任务

职业生涯决策分析

【实训目的】

通过本次实训，学生将能够明确自身的职业倾向，评估创业可行性，并提升对职业生涯决策方法的理解与应用能力。

【实训过程】

阅读以下案例资料，帮助孙亮完成职业生涯决策。

孙亮，男，汉族，22 岁，某高职院校市场营销专业三年级学生。他学习成绩优秀，专业技能扎实，尤其对“销售管理”“市场分析”“市场调研与预测”等经济管理类课程兴趣浓厚。

孙亮兴趣广泛，热爱文学、体育、历史、政治和地理，擅长吟诗作词；喜欢观看足球比赛，热衷于探讨时事，常收看《探索·发现》等电视节目。

孙亮性格偏内向，外表冷静，内心却充满热情，善于自主学习，追求自我超越，并时常憧憬美好的未来。

孙亮的父母均为农民，家中还有两个姐姐和一个哥哥，均已结婚生子。近年来，孙亮从高中时期就存在的焦躁情绪愈发严重。临近毕业，面对仍在为供养他上大学而辛勤劳作的父母，他迫切希望早日离开学校，通过创业改变家庭现状，实现学以致用和自我价值。然而，他对自身是否适合创业、如何实现自主创业，以及选择何种创业方向仍存在困惑。此外，家人并不支持他创业，更希望他从事稳定、有保障的工作。

具体步骤：

1）每 4 人为一组，每位成员运用一种决策方法帮助孙亮进行分析。

2）对 4 种决策方法的结果进行互评打分（表 4-1）。

3）综合讨论后形成孙亮的最佳职业选择方案。

表 4-1 互评打分参考表

序号	方法运用准确性（50 分）	阐述渲染（20 分）	选择职业可行性（20 分）	项目完成速度（10 分）	总分
1					
2					
3					
4					

【实训总结】

通过本次实训，学生成功地运用不同决策方法为他人进行职业生涯分析，体会到了职业生涯决策的重要性和复杂性，也学会了如何运用多种方法来解决实际问题。

任务自测

项目四任务二学习自测

理解的知识点	
掌握的技能点	
感受与收获	
任务成效评分	0 分--10 分

拓展阅读

职业生涯决策风格分析案例解读

1. 案例背景

史某，男，高职院校机电一体化专业毕业生。在校期间表现优秀，成绩突出，多次被评为“三好学生”和“优秀学生干部”。毕业时，他经过层层筛选，进入一家知名机械制造公司实习。实习结束后，公司决定正式录用他，但安排的工作岗位并非与机械设计相关，而是将其转至销售部门。

2. 决策风格分析

（1）自我认知模糊

1）史某对自己的性格、兴趣、价值观的认识并不清晰。他虽然性格外向，具备从事销售工作的基本潜质，但其内心深处的职业诉求倾向于运用所学的专业知识。

2）他对做销售工作的想法并不坚定，容易受到外界环境的影响。

（2）职业认知不足

1）史某对销售工作的具体职责和能力要求了解不足，仅停留在职业名称的表现理解，误认为具备基本沟通能力就能胜任。

2）他没有意识到销售岗位还需要较强的服务意识、达成目标的成就动机、客户心理洞察力及抗压能力。

（3）决策方法不科学

1）史某在面临转岗要求时，没有进行科学的评估和决策，而是陷入了焦虑和思考中。

2）他缺乏主见，容易受到同学和公司氛围的影响，没有根据自身的实际情况做出独立判断。

（4）受环境和他人影响大

1）史某在决策过程中，过于看重公司的薪酬福利、工作环境等外部条件，而忽略了自己内心的真实想法和职业规划。

2）他受到同学关于“销售工作收入较高”等看法的影响，没有坚定自己的职业方向。

3. 决策过程与结果

（1）咨询与测评

1）史某前往学校就业指导中心进行咨询，并接受了职业测试和评估。

2）通过测试，他发现自己虽然性格外向，但更喜欢立竿见影的成效，不太适应销售工作的不确定性。

（2）实践体验

1）史某向公司申请进行为期 1 周的销售见习，以亲身体验实际的销售工作。

2）在见习过程中，他深刻感受到销售工作的压力和挑战，以及自己在这方面的不足。

（3）明确职业方向

1）经过思考和评估，史某认为自己更适合从事设计工作。

2）他与公司领导沟通后，最终留在了设计部门。

（4）结果反馈

1）史某对最终决策感到满意，认为自己能够发挥专业优势，实现个人价值。

2）他在设计部门的工作中表现出色，获得了领导和同事的认可。

4. 案例启示

史某的职业生涯决策案例表明，科学的决策方法、全面的自我认知和职业了解对于做出正确的职业选择至关重要。在面临职业选择时，应做到：

1）深入了解自己的性格、兴趣、价值观等方面，明确自己的职业方向和目标。

2）对目标职业进行全面的了解和评估，包括职业内涵、要求、发展前景等方面。

3）运用科学的决策方法和工具进行评估与选择，避免盲目跟风和受外界环境影响。

4）坚定自己的职业方向和目标，不轻易被外界因素所左右。

任务三 掌握职业生涯决策的方法

【任务目标】

知识目标

- 了解职业生涯决策的基本方法。
- 掌握职业生涯决策的具体方法。

能力目标

- 能够运用 5W 分析法和 CASVE 决策法全面评估自身条件、职业环境及职业机会，准确识别个人优势、劣势、机会与威胁。
- 能够运用决策平衡单分析法对多个职业选项进行权衡比较，做出科学合理的职业生涯决策。

- 能够根据决策结果制订详细的行动计划，包括提升技能、拓展人脉、寻找机会等，为职业生涯发展奠定基础。

素质目标

- 在职业生涯发展中，展现出强烈的责任感和使命感，积极为社会做出贡献。
- 在职业生涯决策过程中，积极寻求他人的意见和建议，学会倾听和尊重他人的观点。
- 在面对困难和挑战时，保持积极的心态，采取行动，展现出勇于担当的精神风貌。

知识讲解

职业生涯规划是认识自我、认识外部世界，进而进行科学的决策并切实行动的过程。在职业生涯规划的理论和实践中，不管依据何种理论、何种方法，都强调对自我的认识，强调对自身的能力、兴趣、价值观及技能的认识，也强调对外部环境的分析与判断。职业生涯决策的基本方法主要有以下几种。

一、职业生涯决策的基本方法

1. 确定职业志向

依靠自己的聪明和勤奋，创造精彩丰富的人生。志向是事业成功的基本前提，没有志向，事业的成功也就无从谈起。“志不立，天下无可成之事”。因此，立志是人生的起点，反映着个人的理想、胸怀、情趣和价值观，影响着个人的奋斗目标及成就。在制订职业生涯规划时，首先要确立职业志向，这是启动职业生涯规划的关键。

2. 进行自我评估

认知自我，是个人成熟度的反映。自我评估的目的是认识与解自己。只有认识自己，才能对自己的职业方向做出正确的选择，才能对自己的职业目标做出恰当的设定，才能选定适合自己发展的职业生涯路径。自我评估内容包括个人的兴趣、特长、性格、智力、知识和技能等。

3. 分析职业机会

对外部职业的了解，是适应并利用职业的前提。职业机会的评估，主要是评估各种环境因素对自身职业发展的影响。每个人都处在一定的环境中，离开了这个环境便无法生存与成长。在制订职业生涯规划时，要分析环境条件的特点、环境的发展变化情况、自己与环境的关系、在环境中所处的地位、环境对自身的要求，以及环境带来的有利条件与不利条件等。只有对这些环境因素充分了解，才能做到在复杂的环境中避害趋利，使职业生涯规划具有实际意义。

4. 明确职业方向

尽管“三百六十行，行行出状元”，但选择适合自己的职业对个人的影响很大。有些人被动选择职业方向，一直应付工作，不能激发出对工作的热情，因此导致职业与人生的灰暗。进行职业方向选择时，要在自我评估和职业机会分析的基础上，考虑职业方向与个人的性格、兴趣、特长及外部职业机会的匹配。

5. 选择职业路径

虽然“条条大路通罗马”，但必须选择适合自己的路径。在职业目标确定后，对于走哪条路，要做出明确选择。如果自己所在的组织没有现成的路径，就需要进行设计。例如，是向管理方向发展还是向专业技术方向发展，是先沿技术路径发展再转向管理路径……发展路径不同，职业发展中采用的步骤也不同。

6. 制订行动计划

职业目标和路径确定后，行动便成为关键环节。没有达成目标的行动，目标就难以实现，也就谈不上事业的成功。例如，为达成目标，在工作方面计划采取什么措施提高工作效率？在业务素质方面计划学习哪些知识、掌握哪些技能来提高业务能力？计划采取什么措施开发自身潜能？这些都要有具体的计划与明确的措施。

7. 定期全面评估

影响职业生涯规划的因素在不断变化，有的变化因素是可预测的，而有的难以预测。在此状况下，要使职业生涯规划行之有效，就必须不断地对职业生涯规划进行评估与修订。评估内容包括职业的重新选择、职业生涯路线选择、人生目标的修正等。

二、职业生涯决策的具体方法

1. 5W 分析法

5W 分析法就是用 5 个“W”来思考职业生涯规划，具体来说就是要解决职业生涯规划的 5 个具体问题。

1）Who am I?（我是谁？）：对自己进行深刻反思，充分了解自己的优点，对自己形成全面、客观、清醒的认识。

2）What will I do?（我想干什么？）：清楚自己想要什么样的职业和想过什么样的生活。

3）What can I do?（我会干什么？）：清楚自己能做什么或者哪些方面可能有发展潜力，这是对自己能力的考量。个人职业的定位必须以自身的实力、能力为根基，而职业发展空间则取决于自身潜力。

4）What talented person does society need?（社会需要什么样的人才？）：主要是指周围环境资源的支持，这种支持将有助于自身的发展。可以通过对客观因素和主观因素的深入调查，进行可行性分析，这些分析既包括经济发展、政策、制度、职业空间、社会企业发展等客观因素，也包括朋友关系、社会人脉等主观因素。

5）What does the situation allow me to do?（环境支持或允许我做什么？）：确立自己的最终职业目标。当然，对这个问题的回答建立在前 4 个问题的基础上。

回答了以上 5 个问题，就能对自己的职业定位有清晰的认识。

2. CASVE 决策法

1991 年，盖瑞・彼得森（Gary Peterson）、詹姆斯・桑普森（James Sampson）、罗伯特・里尔登（Robert Reardon）合著了《生涯发展和服务：一种认知的方法》（*Career Development and Services*：*A Cognitive Approach*），阐述了认知信息加工（cognitive information processing，CIP）这一方法。该理论把生涯发展与咨询的过程视为学习信息加工能力的过程。该理论的提出者按照信息加工的特性构建了一个信息加工金字塔。位于塔底的领域是知识领域，包括自我知识和职业知识。中间领域是决策领域，包括沟通—分析—综合—评估—执行 5 个阶段。最上层的领域是执行领域，也称为元认知，是指个人对自身思维和学习活动的认知及其调控能力。它是一种调节认知过程的认知活动，涉及对认知过程及其结果的认知，包括自我言语、自我觉察，以及对思维活动的控制与监督。该理论认为，知识领域相当于计算机的数据文件，用于信息的编码与存储。决策领域相当于计算机的程序软件，负责对所存储的信息进行加工与处理。执行领域相当于计算机的控制系统，操纵计算机按指令执行程序。决策技能可以通过学习 CASVE 循环模型获得（图 4-1）。

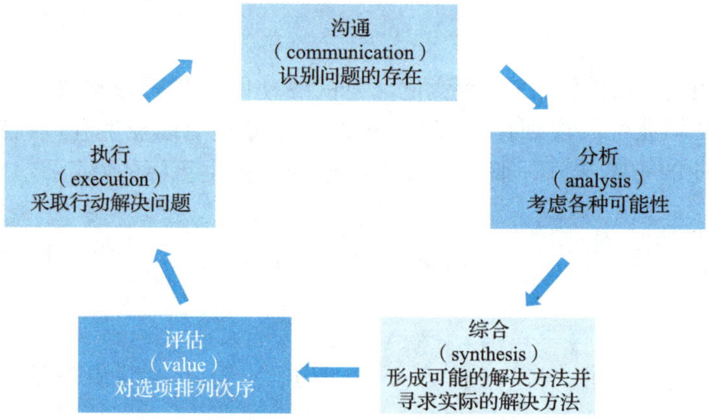

图 4-1　CASVE 循环模型

CASVE 循环模型的 5 个阶段如下。

（1）沟通阶段

在沟通阶段，个人开始识别问题的存在。收到的关于职业理想与现实之间存在差距的信息可能通过内部或外部交流途径传达给个人。内容沟通包括情绪信号（如不满、厌烦、焦虑和失望），还包括身体信号（如昏昏欲睡、头痛、胃部疾病等）。外部沟通包括父母对自己的职业规划的询问，同事、朋友对自己的职业评价等。在这个阶段，个人通过各种感官体验和深入思考，全面接触并认识问题，发觉存在的差距已不容忽视。

（2）分析阶段

在分析阶段，个人开始考虑各种可能性。问题解决者需要花时间去思考、观察、研究，从而更充分地了解差距，了解自己有效做出反应的能力。高效的生涯决策者不会为了缓解沟通阶段所带来的压力或痛苦而做出冲动的决定，因为他们深知这种做法不仅无效，反而可能使问题进一步恶化。他们明确，要真正解决问题，必须深入了解自身的特点与需求，掌握外部环境的相关信息，明确应采取的具体行动。同时，他们也会反思自己为何产生当前的情绪，并考虑家庭等重要他人对其职业选择的态度与看法。在这个阶段，生涯问题解决者通常会改善自我认知，不断了解职业世界和家庭的需要；还需要把各种因素和相关知识联系起来，如把自我知识和职业选择联系起来，把家庭和个人生活的需要融入职业选择中。

（3）综合阶段

在综合阶段，个人形成可能的解决方法并寻求实际的解决方法。这一阶段的任务主要是综合和加工分析阶段提供的信息，从而制订消除差距的行动方案。其核心任务是确定可以通过做什么来解决问题。

综合是一个先扩大后缩小选择清单的过程。首先，尽可能多地找到消除差距的方法，发散地思考每种办法，或者运用头脑风暴法激发创造性思维。其次，缩小有效方法的数量，通常缩减到3～5个选项，因为这是头脑中最有效的记忆和工作容量。

（4）评估阶段

在评估阶段，对选项排列次序，评估每种选项的优劣，评出先后顺序。评估阶段的主要任务如下。

1）评估每种选择对生涯决策者和他人的影响。例如，如果选择服兵役，思考将会给自己、伴侣、父母、孩子等重要的他人带来的影响。每种选择都要从对自己和他人的不利影响及益处两个方面进行评价，并综合物质和精神上的因素。

2）对综合阶段得出的选项进行排序。能够消除差距的最好的选项排在第一位，次好的排在第二位，以此类推。此时，职业规划决策者会选出一个最佳选项，并且做出承诺去实施这一选择。

（5）执行阶段

在执行阶段，采取行动解决问题，依照选择的方案做出行动。有人认为在执行阶段制订行动计划是令人兴奋且具有价值的，因为他们终于可以采取积极行动去解决问题。

CASVE 循环是一个不断重复的过程。在执行阶段后，生涯决策者又回到沟通阶段，以确定他们之前的选择是不是最好的，是否能最有效地减小或消除理想与现实间的差距。

CASVE 决策法对解决个人职业规划问题和团体问题都非常有用。运用系统的方法思考上述5个步骤，有助于构建实用的决策工具，从而提升个人的效率与决策能力。

3. 卡茨模式

卡茨模式是一种简单且实用的职业决策工具，特别适用于个体在面临多个职业选择时进行系统化评估。该模式通过职业决策方块帮助个体从多个维度对不同的职业选择进行评分和比较，从而做出更理性的决策。使用卡茨模式进行职业决策时一般遵循以下几个步骤。

（1）选择供决策的2～3个职业

1）明确职业选项：列出自己正在考虑的职业选项，通常选择2～3个最感兴趣或最有可能的职业，如市场营销经理、市场调研分析师、自主创业（如开设一家小型咨询公司）。

2）职业选项的来源：可以来源于个人的兴趣、专业背景、职业测试结果、实习经历或行业调研，应确保选择的职业选项具有代表性和可行性。

（2）对每个职业的回报进行评价

回报不仅指经济收入，还包括职业带来的成就感、社会地位、个人成长机会等，可以从以下几个方面对回报进行优、良、中、差评价。

1）经济回报：薪资水平、福利待遇、长期收入潜力。

2）心理回报：工作满意度、成就感、自我价值实现。

3）社会回报：社会认可度、职业声望、人际关系。

4）成长回报：学习机会、技能提升、职业发展空间。

（3）充分考虑多种因素

个人要充分考虑价值满足程度、兴趣一致程度、擅长技能的施展空间等因素。

1）价值满足程度：评估职业是否符合个人的核心价值观，如重视家庭责任、经济独立和个人成就。如果选择自主创业，可能更符合“改变家庭现状”和“实现自我价值”的核心价值观。

2）兴趣一致程度：评估职业是否与个人的兴趣相符。如果对市场分析、销售管理等领域有浓厚兴趣，可能更适合担任市场营销经理和市场调研分析师。

3）擅长技能的施展空间：评估职业是否能充分发挥个人的技能优势。如果擅长市场调研和数据分析，市场调研分析师就可能是一个能充分发挥自身技能的职业。

（4）对每个职业的成功机会进行衡量

可以从以下几个方面对每个职业的成功机会进行优、良、中、差衡量。

1）工作能力：是否具备从事该职业所需的核心能力。例如，市场营销经理需要较强的沟通能力和团队管理能力，而市场调研分析师需要较强的数据分析能力。

2）必需的准备：是否需要额外的学习或培训。例如，自主创业可能需要商业计划书撰写、财务管理等技能，而市场营销经理可能需要积累一定的管理经验。

3）职业展望：该职业的未来发展前景如何。例如，市场营销领域的职业展望较好，而自主创业的成功率可能较低，但潜在回报较高。

（5）综合评估与决策

将每个职业在“回报”和“机会”两个维度的结果呈现在职业决策方块（图 4-2）上，回报与机会乘积最大的职业具有最大的期望价值。

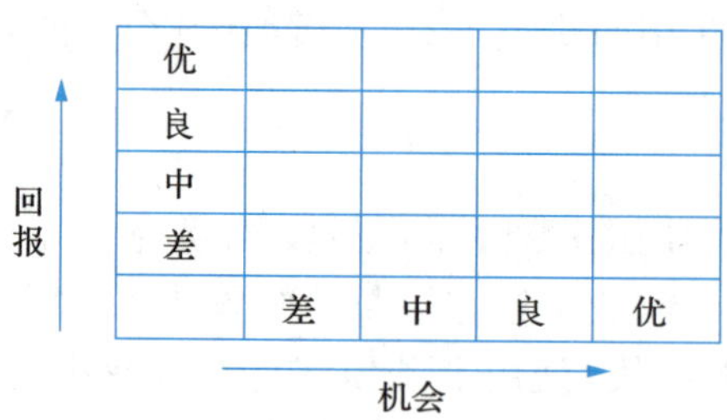

图 4-2　职业决策方块

4. 决策平衡单分析法

许多时候，个体会面临多种选择方案而不知道如何取舍，这时就可以考虑使用决策平衡单分析法。决策平衡单分析法可以帮助个人具体地分析每个可能的选择方案，考虑各种方案实施后的利弊得失，最后排定优先顺序，择一而行。

职业生涯规划辅导专家金树人认为，决策平衡单的 4 个维度的内容组成为自我、他人、物质和精神。在“自我-精神”部分需要考虑的因素包括能力、兴趣、价值观、心理需求（自尊、自我实现）、生活方式的改变、成就感、自我实现的程度、兴趣的满足、挑战性、社会声望的提高、发挥个人的才能等；在“自我-物质”部分需要考虑的因素包括升迁机会、工作环境的安全、社会地位、工作发展前景、工作内容、休闲时间、生活变化、对健康的影响、足够的社会资源、培训机会；“他人-精神”部分需要考虑的因素包括父母、师长、配偶、家人的支持等；“他人-物质”部分需要考虑的因素包括家庭经济收入、择偶及建立家庭、与家人相处的时间、家庭的地位等。

在利用决策平衡单分析法进行决策时，首先要根据决策平衡单从 4 个方面对全部备选项进行评分，每个项目得分一般在 1～10 分之间。决策平衡单样式如表 4-2 所示。

表 4-2　决策平衡单样式

项目	正面的预期（+）	负面的预期（-）
“自我-物质”方面的得失		
“他人-物质”方面的得失		
“自我-精神”方面的得失		
“他人-精神”方面的得失		

在给全部备选项评分后，要为各个考虑项目设定加权系数，并计算总分。在各备选项中得分最高的就是最优选择。决策平衡单加权计分表如表 4-3 所示。

表 4-3　决策平衡单加权计分表

项目	选择（一）		选择（二）		选择（三）	
	有利（+）	不利（-）	有利（+）	不利（-）	有利（+）	不利（-）
“自我-物质”方面的得失						
“他人-物质”方面的得失						
“自我-精神”方面的得失						
“他人-精神”方面的得失						
总分						

需要注意的是，运用决策平衡单分析法进行决策时，考虑项目可以从 4 个维度任意设置，将众多因素具体化。一般来说，普通的决策平衡单会列出 12 个考虑项目，分别是适合自己的能力、适合自己的兴趣、符合自己的价值观、满足自己的自尊心、较高的社会地位、带给家人声望、符合自己理想的生活形态、优厚的经济报酬、足够的社会资源、适合个人目前处境、有利择偶以建立家庭和未来有发展性。

5. PIC 职业决策模型

职业心理学家盖蒂（Gati）提出一种系统的职业决策方法——PIC 职业决策模型，其理论基础是排除理论，是一种在决策方案之间做出选择的方法。

PIC 职业决策模型根据不同的目的、过程和结果将职业决策过程分解成 3 个主要的阶段，即排除阶段、深度探索阶段和选择阶段。

（1）排除阶段

根据个人偏好，排除与自身偏好不兼容的职业，得到少量、可操作的可能方案。其目的就是将可能的方案数量减少到决策者能为每个方案收集相应的信息，且能有效地加工信息。

排除阶段可以通过以下 5 个步骤来实施。

1）搜索可能的职业。从自身的职业兴趣、性格、能力、价值观、工作环境、工作时间、培训、人际关系等方面考虑有可能适合自己的职业。

2）选择关注的核心目标。按照自身关注的重视程度给这些可能的职业排序，如果认为对自身最重要的是价值观，其次是职业兴趣，则将价值观对应的方案排在第一，将职业兴趣对应的方案排在第二。

3）确定最重要方面个体可接受水平的范围。首先选择被认为是最佳的水平（也就是该方面个体最渴望的变量或水平），其次选择额外的、次级渴望但仍可接受的水平。例如，工作时间是只能接受工作时间上班，还是可以接受加班；工作地点是每天工作都在室内，还是可以接受部分时间在室外；还有薪酬等。

4）将第 2）步确定的职业与第 3）步个体可接受水平的范围进行对比。首先排除与最重要方面个体可接受水平的范围不符的职业。在其他方面，这个排除的过程反复进行，直到剩余的可能职业数目在可操作的范围内（如 3～7 个）。

5）敏感性分析。将最重要的特性（方面）匹配的接受程度进行调整，或将特性的重要性排序进行可能的调整后，再次进行第 1）～4）步，看看结果有什么变化。找出那些仅因某个方面不符而被剔除的职业，考虑能否在这个方面折中。

（2）深度探索阶段

通过对可能职业的深度探索，确定既有希望又适合个体的职业。其目的是找到一些不但是有可能的，而且是合适的职业（不超过 3 个）。

在本阶段，通过整合得到的相关信息，首先考虑该职业是否真正适合自己，即该职业与个人偏好的符合程度；其次是自己是否满足该职业要求的程度，即个人是否能真正达到该职业核心方面的要求及实现该职业的可能性。

（3）选择阶段

对所有合适的方案进行比较，选出最适合自己的职业。其主要目的是考虑个人偏好及能力，从而挑选最适合自己的职业。

许多人在深度探索阶段结束后就会得到一个较合适的职业，并根据此职业搜集相应信息。在这种情况下，就没有必要再比较职业。但如果在深度探索阶段结束后得到的是两个或两个以上的合适职业，为了挑选最适合自己的职业，可考虑各职业的优缺点，通过平衡利弊后挑选其一。

在进行选择时，常用决策平衡单分析法。决策平衡单常被应用于问题解决模式及职业咨询中，用以协助判断每个职业中各选项的利弊得失，依据各职业在各选项利弊得失上的加权计分排定各方案的优先顺序，以选择最优先或偏好的职业。

三、运用职业生涯决策方法时的注意事项

在使用职业决策方法进行职业生涯规划时，需要注意以下几个方面，以确保决策的科学性、合理性和可操作性。

1. 确保信息的全面性和准确性

1）收集充分的职业信息。在做出职业决策前，必须广泛收集与目标职业相关的信息，包括行业发展趋势、职业要求、薪资水平、工作环境、晋升空间等。信息来源可以包括职业咨询师、行业报告、网络资源、校友访谈等。

2）避免信息偏差。确保信息来源的多样性和可靠性，避免仅依赖单一渠道或主观臆断获取信息。

2. 结合个人实际情况

1）明确个人兴趣、能力和价值观。职业决策应以个人的兴趣、能力和核心价值观为基础。通过职业兴趣测试、性格测试（如 MBTI 性格测试）等工具，深入了解自己的职业倾向。

2）考虑个人背景和资源。这包括家庭经济状况、教育背景、社会资源等。如果家庭经济压力较大，就需要优先考虑收入稳定的职业，而非高风险创业。

3. 动态评估职业选择

1）考虑职业的长期发展。职业决策不仅要关注当前的职业回报，还要考虑未来的职业发展空间和行业趋势。例如，某些职业可能当前收入较高，但未来发展受限。

2）适应变化。职业决策是一个动态过程，需要根据个人成长、行业变化和社会需求不断调整，定期回顾和更新职业规划是必要的。

4. 平衡理性与感性

1）理性分析。使用决策工具时，应尽量客观、理性地评估各职业选项的优缺点，避免情绪化决策。

2）感性因素。考虑个人的情感需求，如工作满意度、成就感、工作与生活的平衡等。如果对创业充满热情，这种情感动力就应被纳入决策考量。

5. 避免常见的决策误区

1）避免从众心理。不要仅仅因某个职业热门或他人选择而盲目跟随，应根据自身特点做出决策。

2）避免过度依赖他人意见。虽然家人、朋友或导师的建议很重要，但最终决策应以个人的兴趣和能力为主导。

3）避免拖延或冲动决策。拖延可能导致错失机会，而冲动决策可能带来不必要的风险。应在充分分析的基础上做出决策。

6. 考虑外部环境因素

1）经济环境。经济形势会影响职业的稳定性和发展前景。例如，在经济下行期，创业

的风险可能更高。

2）政策环境。某些职业可能受到政策支持或限制。例如，国家对某些行业（如环保、科技）的政策扶持可能会给相应的职业带来更多机会。

3）社会文化环境。社会对某些职业的认可度或偏见可能影响职业选择。如果家人对创业持保留态度，这种社会文化因素就需要被纳入考量。

7. 制订备选方案

1）多准备几个职业选项。不要将所有希望寄托在一个职业上，制订多个备选方案可以降低决策风险。

2）评估备选方案的可行性。对每个备选方案进行详细评估，确保在主要选项不可行时，能够迅速转向其他选项。

8. 寻求专业支持

1）职业咨询。如果在职业决策中感到困惑，就可以寻求职业咨询师的帮助，以获得专业的建议和指导。

2）导师或行业专家建议。通过与行业专家或资深从业者交流，了解职业的真实情况和发展路径。

9. 实践验证

1）通过实习或兼职积累经验。在正式做出职业决策前，可以通过实习、兼职或志愿活动等方式，亲身体验目标职业的工作内容和环境。

2）调整决策。根据实践经验，对职业决策进行修正和优化。例如，可以通过实习了解市场营销经理的实际工作，验证自己是否适合这一职业。

10. 保持灵活性

1）接受不确定性。职业决策并非一成不变，未来的职业发展可能充满变数。保持开放的心态，接受不确定性，是职业规划中的重要态度。

2）随时调整计划。如果发现最初的职业选择不适合自己，就应及时调整职业规划，避免在错误的道路上越走越远。

在运用职业决策方法时，需要综合考虑个人的兴趣、能力、价值观及外部环境等多方面因素，避免片面或情绪化决策。同时，职业决策是一个动态过程，需要定期回顾和调整。通过科学的方法和理性的态度，个体可以做出更符合自身特点的职业选择，实现职业生涯的可持续发展。

实训任务

进行职业生涯决策

【实训目的】

通过实训，学生能够提高在复杂决策中运用科学工具的能力，提升职业规划意识和决策水平，为他人提供合理的决策意见。

【实训过程】

王华是某高职院校建筑专业的学生，平时学习刻苦，成绩优秀，动手能力和专业实践水平突出，但他一直对经济学怀有浓厚的兴趣。在临近毕业时，他准备参加专升本考试。如果继续选择建筑类相关专业，由于有 3 年的专业基础，升本成功的可能性较大，毕业后也更容易对口就业，待遇稳定；但他也想尝试跨专业报考经济类专业，学习自己真正感兴趣的内容。然而，跨专业报考难度较高，录取率较低，就业前景也存在一定的不确定性。家人、朋友和教师对其选择也意见不一，为此王华很难做出选择。请帮王华利用决策平衡单分析法做出选择。王华的决策平衡单如表 4-4 所示。

表 4-4　王华的决策平衡单

考虑因素		本专业报考		跨专业报考	
		得（+）	失（-）	得（+）	失（-）
“自我-物质”方面的得失	就业机会（3）	1.0			-0.5
	工作待遇（3）	0.8		0.2	
	是否成功（3）	0.8			-0.3
	生活变化（3）		-0.4	0.8	
	对健康的影响（4）		-0.5	0.6	
“自我-精神”方面的得失	成就感（3）		-0.6	0.8	
	兴趣的满足（4）		-0.9	1.0	
	价值观（4）	0.2		0.8	
“他人-物质”方面的得失	家庭收入（1）	0.3			-0.2
“他人-精神”方面的得失	家人支持（3）	1.0			-0.4
总分		1.5		2.8	

注：各因素权重为 1～5 分，得失程度为-1.0～1.0 分。

【实训总结】

通过本次实训，学生综合考虑王华的个人兴趣、职业前景、经济压力等因素，最终做出符合其特点的理性选择，不仅帮助王华解决了当前的决策难题，也为其未来职业规划提供了科学的方法论支持。

任务自测

项目四任务三学习自测

理解的知识点	
掌握的技能点	
感受与收获	
任务成效评分	0 分--10 分

拓展阅读

如何制订新年计划

回顾你的去年计划，有多少在你的安排之中，又有多少不在你的安排之内？一个好的年度计划应该是这样的：7 分安排，2 分梦想，1 分空白。

7 分安排是你应达到的基本分，具体包括以下 3 个方面。

1）职场方面：今年要做什么项目？达到哪些目标？读什么书？学哪些课程？

2）家庭方面：今年要做好哪个角色？今年准备带给亲人什么？

3）自身方面：明年过年的时候，期待自己会有什么不同？今年想要提升哪些能力？今年计划完成哪些事情？

要安排好这 7 分，就要把需要利用的时间安排出来。安排的顺序尤为关键，建议首先安排自身方面，然后是家庭方面，最后是职场方面。理由是，职场事务往往有上级督促和绩效压力，外部提醒随处可见，基本不需要你额外操心；家庭事务虽然偶尔会出现突发状况，但也能在事件发生时及时引起你的注意。唯独个人事务，最容易被忽视。除非你已身心俱疲到需要寻求专业帮助，否则鲜有人会主动关注你的心理和身心状态。因此，优先安排个人事务，恰恰是对自己最深层次的关爱。无论是追求职业上的成就，还是家庭的幸福安稳，都需要先照顾好自己。只有照顾好自己，其他一切才有实现的可能。

2 分留给那些可能实现的梦想。梦想未必会直接带来收益，却能赋予生活以乐趣和意义。你是否有过一直想做却总是没有时间去做的事情？是否有那些虽看似无用却充满趣味的项目？是否有一位一直想见却又觉得登门拜访太过隆重的朋友？又或者，有一本你念念不忘却始终没读完的书？试着列一个“梦想清单”，当你感到迷茫、不知如何安排时，不妨从清单中选一个梦想，并启动它。

1 分留给空白。切记，不要把你的生活安排得满满当当。世界充满不确定性，也正因如此，才充满惊喜。尝试为自己预留 5 个完全不安排任何事务的周末，为工作计划留出 1 个月的缓冲时间，为家庭安排一个无需计划、自由自在的 5 天假期。这样的“空白”，不仅是对意外的预留，也是对生活弹性的尊重。

合理的时间分配，不在于填满每一分钟，而在于找到生活的重心与节奏。在忙碌中优先照顾好自己，在现实中为梦想留出一席之地，在计划之外给生活保留余白。这样的人生，才不会在奔波中迷失方向，也不会在追求中丢失自我。新的一年，不必事事完美，但要步步用心。不急于求成，也不轻言放弃。哪怕计划赶不上变化，也能在变化中找到成长的机会。愿你在新的一年，把握好这“7 分”的时间，把日子过得充实而有温度、自由而不凌乱。

知识考核

一、选择题

1．职业生涯决策的概念是由经济学家（　　）提出的。

A．约翰・坎贝尔　　　B．约翰・梅纳德・凯恩斯

C．彼得·德鲁克　　D．哈瑞恩

2．职业生涯决策风格的划分方法不包括（　　）。

A．职业生涯决策“三分法”　　B．职业生涯决策“七分法”

C．职业生涯决策“五分法”　　D．职业生涯决策“八分法”

3．（　　）职业生涯决策风格描述的是“依赖直觉和感觉，比较关注内心的感受”。

A．理智型　　B．直觉型　　C．依赖型　　D．自发型

4．在职业生涯决策中，5W 分析法中的“What can I do?”是指（　　）。

A．我是谁　　B．我想干什么

C．我会干什么　　D．社会需要什么样的人才

二、判断题

1．职业生涯决策仅仅是选择一个职业，不需要考虑长期目标。（　　）

2．具有直觉型决策风格的个体在做决定时通常会系统地收集信息。（　　）

3．职业生涯决策的影响因素包括个人因素、社会因素和家庭因素。（　　）

4．决策平衡单分析法可以帮助个体在多个职业选项中进行权衡和选择。（　　）

三、填空题

1．职业生涯决策的构成要素包括目标、选择、结果和________。

2．PIC 职业决策模型根据不同的目的、过程和结果将职业决策过程分解成排除阶段、深度探索阶段和________阶段。

3．在职业生涯决策中，5W 分析法中的“Who am I?”是指________。

4．职业生涯决策的________阶段是通过对可能职业的深度探索，确定既有希望又适合个体的职业。

四、简答题

1．在职业生涯决策中，决策平衡单分析法的 4 个维度是什么？请简要说明每个维度的内容。

2．在职业生涯决策中，CASVE 决策法的 5 个阶段是什么？请简要说明每个阶段的内容。

3．运用职业生涯决策方法时应注意哪些事项？

项目五

职业生涯规划制订

【项目导言】

职业生涯规划制订是大学生职业生涯规划过程中的核心环节，它不仅能帮助大学生明确职业目标和发展路径，还能引导他们将个人职业发展与国家需求、社会责任紧密结合。在新时代，国家对高技能人才的需求日益增长，大学生应树立起为社会和国家建设贡献力量的责任感。

在职业生涯规划制订过程中，大学生应树立正确的价值观，将个人的职业选择与国家的发展战略、社会需求相结合。在这个过程中，不仅应思考如何实现个人职业目标，还应认识到职业生涯是服务社会、推动国家发展的重要途径。职业生涯规划不仅仅是为自己创造物质财富，更应承担起为社会发展、为民族复兴贡献力量的使命。大学生应树立长远目标，积极适应社会的变化和国家发展的需要，努力成长为既具有专业能力，又有社会责任感的复合型人才。

【案例导入】

小杨是一名高职院校的计算机专业学生。在大一时，他对计算机编程和系统分析充满兴趣，决定将来成为一名软件工程师。随着学年的推进，他发现市场上对软件开发人员的需求非常大，尤其是在互联网行业。为了更好地规划自己的职业生涯，小杨开始通过以下几个步骤来逐步实现自己的职业目标。

1）自我评估：小杨意识到自己在编程和算法方面有一定优势，但在团队合作和沟通能力方面存在不足。于是，他决定通过参加学校的编程竞赛和实习项目来提升自己的专业技能，并在课外参加一些演讲与沟通培训。

2）设定目标：小杨的短期目标是顺利完成计算机专业的课程，获得相关的技术证书，并且在大三阶段找到一份与编程相关的实习工作。长期目标是毕业后进入一家互联网公司，从事软件开发工作，3 年内晋升为技术主管。

3）行动计划：每学期至少参加一个与编程相关的项目或竞赛，以提升编程技能；大二暑假参加与软件开发相关的实习，积累项目经验；大三阶段取得至少两个行业认证（如 Java 开发认证）；每年评估自己的进展，调整学习计划，确保实现长期目标。

4）外部环境分析：小杨意识到，虽然软件开发行业的前景广阔，但竞争非常激烈。他要不断提升自己的核心竞争力，并保持对行业趋势的敏感性，适应快速发展的科技行业。

问题：

1. 小杨在职业生涯规划中如何进行自我评估？他需要在哪些方面提升自身能力？
2. 小杨如何设定短期和长期的职业目标？这种规划是否合理？

任务一 明晰职业生涯规划的影响因素

【任务目标】

知识目标

- 掌握影响职业生涯规划的主观因素。
- 掌握影响职业生涯规划的客观因素。

能力目标

- 能够识别和分析影响职业生涯规划的主客观因素，包括个人的兴趣、技能、价值观、教育背景，以及社会环境、经济发展趋势等。
- 能够分析社会和行业的变化趋势，了解市场需求和人才供需情况，从而做出有针对性的职业生涯发展规划。

素质目标

- 培养自我反思与自我认知的能力，能够清楚地识别自身的优劣势、兴趣所在，并根据这些因素做出合理的职业选择。
- 具备终身学习的意识和能力，持续提升职业技能和素质，以适应职场的需求变化和满足个人职业发展的要求。

知识讲解

众所周知，人的一生在职业发展上充满了多种可能性。有的人从事某一类工作，有的人则选择另一类职业；有的人一生变换多种职业，有的人终身在同一个岗位上工作；有的人事业有成，有的人则碌碌无为。这是因为影响职业生涯规划的因素是多方面的，既有主观因素，也有客观因素。每个人的职业生涯受到各种因素的影响，会出现截然不同的结果。

一、主观因素

影响大学生职业生涯规划的主观因素是多方面的，如个人特质、职业理想、职业兴趣和职业价值观等，这些因素在大学生职业生涯规划中起着基础性作用，决定着大学生的职业发展方向和前景。

1. 个人特质

个人特质包括个人的心理特质和生理特质，如个人的气质、性格、健康、性别、能力等。

（1）气质

气质本身不能决定一个人的社会成就，每种职业领域都可以找出不同气质类型的代表，同一气质的人在不同的职业部门也能做出同样突出的贡献。气质不但影响活动的性质，而且影响活动的效率。某些气质特征往往为一个人从事某种职业活动提供有利条件。例如，要求做出迅速、灵活反应的动作，对于胆汁质、多血质的人就比较合适，而对黏液质、抑郁质的人则较难适应。因此，大学生在进行职业生涯规划和选择职业前首先要充分了解自己的气质类型。同时，要了解各类职业所适合的气质类型，努力做到“量质选择”。

（2）性格

气质是形成性格的基础，气质的特征会在性格中留下深刻的印记，而性格又可以在一定程度上掩盖甚至改变气质的某些表现。性格和气质的区别：气质主要是先天的，更多地受人的生理特点制约，可塑性较弱；性格主要是后天生成的，更多地受社会生活条件的制约，有较强的可塑性。气质表现的范围较窄，属于动力方面的特征；性格表现的范围涵盖人的全部心理活动的一切稳定特点，且有好坏之分。性格与职业之间是彼此制约、相互促进的。因此，大学生在进行职业生涯规划时，要考虑性格的职业品质，选择适合自己性格特点的工作。当然，性格并非一成不变，在长期的职业实践中经过磨炼，也会发生适应性的变化。大学生可以根据自己的职业倾向来培养、发展相应的职业性格。

（3）健康

“身体是革命的本钱”，拥有健康的身体是任何人职业生涯开始的首要条件。健康对于职业选择特别重要，在进行职业生涯规划时要考虑身体因素。例如，身材矮小的人不适合从事公安工作，心理素质较差的人不适合从事具有冒险性的工作。在进行职业生涯规划时，应考虑这些因素，力求做到实事求是，使自身职业生涯的价值最大化。

（4）性别

性别问题对事业的挑战别具意义。男性一般把时间充分分配到工作、家庭和休闲 3 个领域；而女性则多关注家务需求和工作需求的协调方面。每个人都需要把握好自己的心理预期，充分发展自己的性别优势，从而实现个人的成功。这与个人的职业生涯发展密切相关。

（5）能力

职业能力有两大类：一般职业能力和特殊职业能力。一般职业能力是指一般职业活动中必须具有的共同能力，如注意力、观察力、记忆力、想象力、思维能力等，这是从事任何职业都不可缺少的基本职业能力，相当于人们通常所说的智力。特殊职业能力是指顺利完成某种特殊活动（专业活动）所必须具备的能力，是一般职业能力在专业活动中的具体体现。任何专业活动都要求有与该专业内容相符的特殊职业能力。例如，教育工作者必须具有阅读能力和表达能力，音乐工作者必须具有节奏感和曲调感等。如果能力与工作要求不相符，就会感到不愉快和不满足。这些消极情绪会影响工作，从而引起更多的不愉快。从某种意义上说，所从事的工作与自身能力匹配是事业取得成功的条件之一。因此，在进行职业生涯规划时，要对自己的能力有正确的评估。

2. 职业理想

职业理想是人们对职业活动和职业成就的超前反映，与人的价值观、职业期待、职业目标密切相关。职业理想对大学生职业生涯规划有着重要的影响。

（1）职业理想对职业生涯目标确立具有导向作用

理想是前进的方向，是人们心中的目标。人生职业发展的目标是通过职业理想确立的，并最终通过职业理想实现。列夫·托尔斯泰曾说："理想是指路的明灯，没有理想，就没有坚定的方向，没有方向就没有生活。"大学生在现阶段的学习生活中也已经深切地感受到，一旦学习目的不明确，学习的热情就会降低，学习的效果就不明显。因此，有了明确的、切合实际的职业理想，再经过努力奋斗，职业生涯发展目标才有可能实现。

（2）职业理想对职业生涯规划具有调节作用

职业理想在现实生活中具有参照系的作用，它指导并调整着个人的职业活动。当在工作中偏离理想目标时，职业理想就会发挥纠偏作用，尤其是在实践中遇到困难和阻力时，如果没有职业理想的支撑，就会心灰意冷、丧失斗志。此外，如果只把自己的追求定位在找一份好工作上，即便是将来有实现的可能，也不能算是崇高的职业理想，因为这样的理想一旦实现，就可能不思进取甚至虚度年华。总之，大学生要树立正确的职业理想，这样无论处于顺境还是逆境，都会奋发进取、勇往直前。

（3）职业理想对职业生涯目标的实现具有激励作用

职业理想源于现实又高于现实，它比现实更美好。为使美好的未来和宏伟的憧憬变成现实，应以坚忍不拔的毅力、顽强拼搏的精神和开拓创新的行动为之努力奋斗。12 岁时，周恩来就立下"为中华之崛起而读书"的宏伟志向，表达了他从小立志振兴中华的伟大志向。大学生应向周总理学习，从小立志，树立崇高的人生目标，并为实现这个目标坚持不懈、奋斗不止，为人民和国家做出贡献。

3. 职业兴趣

职业兴趣是指人们对某种职业活动具有的比较稳定而持久的心理倾向，是个人探究某种职业或从事某种职业活动所表现出来的特殊个性倾向。它使个人对某种职业给予优先考虑，并对其产生向往的情感，表现为有从事相关工作的愿望和兴趣。拥有职业兴趣将提升个人的工作满意度、职业稳定性和职业成就感。职业兴趣在大学生职业选择与发展中有着深刻的影响。

（1）职业兴趣可以影响人们的职业定向和职业选择

在选择职业的过程中，只要条件许可，求职者就会考虑自己对某种工作是否感兴趣。兴趣的发展一般从有趣开始，逐渐产生乐趣，并不断与奋斗目标相结合，发展成为志趣，从而表现出方向性和意志性的特点。如果对某一职业产生浓厚兴趣，就会热爱、关注、追求这个职业，并为之尽心竭力。

（2）职业兴趣可以促进智力开发和潜能挖掘

如果对某事物感兴趣，就会产生对该事物的求知欲和探索热情，并能够最大程度地发掘潜能，在职业实践活动中充分施展才华，创造更好的业绩，并开拓新的发展空间。

（3）职业兴趣可以使人们尽快适应职业环境并提高工作效率

职业兴趣是引起和维持人们注意的重要内在因素。当对所从事的工作产生兴趣时，枯燥的工作就会变得丰富多彩、趣味无穷。有关资料表明，对自己从事的工作有兴趣的人，能够发挥他全部才能的80%～90%，并且能较长时间保持高效率而不感到疲劳。对工作缺乏兴趣的人，只能发挥其全部才能的20%～30%，且容易感到疲劳。职业兴趣是职业成功的动力源泉。

4. 职业价值观

在制订职业生涯规划前，要清楚和明确自己的职业价值观。职业价值观决定了哪些因素（如专业对口、发展空间大、晋升机会多等发展因素；工资高、福利好、保险全、工作环境舒适等与福利待遇有关的保健因素；单位知名度高、规模大、社会地位高等与职业声望地位有关的声望因素）对职业生涯规划是重要的，哪些是不重要的；哪些是进行职业生涯规划时优先考虑和选择的，哪些不是。职业价值观还会影响在职业生涯规划中如何处理个人与金钱的关系、个人与兴趣和特长的关系、个人与社会的关系、个人与名利的关系等。

二、客观因素

每个人都生活在一定的环境中，环境对个人的职业有着直接或间接的影响，它左右着人们所从事的行业、改变着人生的发展轨迹。在制订职业生涯规划时，只有分析各种环境特点、发展变化及趋势，做到“知己知彼”，才能规划好自己的职业生涯。

1. 家庭环境

大学生职业生涯规划与家庭因素息息相关，家庭成员的态度和意见会左右个人的工作选择和工作态度，尤其是父母对孩子的影响。首先，父母的教育方式不同，导致孩子认知世界的方法不同；其次，父母的职业是孩子最早观察模仿的，孩子会受到父母职业技能的熏陶；最后，父母的价值观、态度、行为、人际关系等对大学生的职业选择产生直接或间接的影响。家庭作为与个人生活和成长关系最密切的小环境，对大学生职业选择与规划的影响是重大的，这主要表现在家庭期望、家庭需要、家庭的支持力度等方面。

2. 学校环境

学校教育主要指两种类型：大学以前的学校教育和大学教育。学校教育在大学生职业生涯规划中的作用也是至关重要的。每个人都有自己的老师，包括小学老师、中学老师、大学老师，他们在不同程度上发挥着楷模作用。其中，中学老师（特别是在学生心目中享有较高威信的老师）对学生的影响较大，老师的鼓励与支持可能会激发学生对某一学科、专业或工种的兴趣，从而使学生走上职业道路。另外，大学的归属和社会地位也会影响大学生的职业规划。

教育是培养个人专业技能、提高个人综合素质并促进个人发展的重要途径。个体所受教育程度的差异，决定了其在职业选择过程中的能动性和竞争力。相比较而言，接受过较高水平教育的人，在就业以后会有较大的发展，在职业不如意时，再次进行职业选择的能力和竞争力也较强。不仅如此，人们所接受教育的专业、学科门类对职业生涯起着决定性作用。人们在选择、转换职业时，其选择往往与所学的专业有一定的联系，可能以该专业的理论知识、技术能力为基础，流动到更高层次的职业岗位上。因此，职业的进展深受正规教育或专业培训的影响，教育程度是事业成功中不可缺少的因素。

3. 就业工作环境

（1）企业文化

企业文化不仅塑造了组织的整体氛围和运作模式，也直接影响着员工的职业发展。开放、包容、倡导员工参与决策的企业文化，通常能够为员工提供更多展示自我和成长的机会。在这样的企业中，员工不仅可以通过自身的能力和表现获得晋升，还能参与到企业的管理和创新中，体验更丰富的职业经历。相反，独裁或严格论资排辈的企业文化往往会限制员工的发展空间，员工的晋升和发展主要依赖资历而非个人能力或潜力，这对于渴望挑战和成长的员工来说，无疑是一种压抑。因此，企业文化在员工职业生涯中起着至关重要的作用。

另外，员工的价值观与企业文化的契合度也是影响其职业发展的关键因素。如果员工的价值观与企业文化存在较大冲突，他们往往难以适应组织的氛围和工作方式。这种文化冲突不仅会导致员工的工作满意度下降，还可能影响他们的职业发展前景。在与自己价值观不符的企业中，往往会感到工作动力不足，无法充分发挥自己的潜力，从而影响职业生涯的长远发展。因此，在制订职业规划时，必须充分考虑自己是否能够融入企业的文化，这将直接决定自身在组织中的发展空间和职业路径。

（2）企业制度

企业员工的职业发展不仅依赖个人的努力和才能，还需要依托企业健全的管理制度。合理的培训制度能够帮助员工不断提升专业能力，使其与行业发展保持同步；晋升制度能够为员工提供明确的发展路径，让他们看到职业发展的前景和机会；绩效考核制度通过对员工工作的评估，激励员工追求卓越，体现个人努力与组织目标的契合；奖惩制度则确保员工的行为与企业价值观一致，奖惩分明能够在一定程度上规范员工行为、塑造积极向上的企业文化。此外，薪酬制度直接关系到员工的工作积极性和满意度，合适的薪酬能激发员工的工作热情，也能增强企业吸引和留住人才的能力。

然而，若企业的价值观和经营哲学未能渗透到这些管理制度中，制度便无法发挥其应有的作用。制度是企业文化和价值观的具体体现，只有企业的核心理念与实际制度相匹配，员工才能在制度的框架下感受到公平、公正的待遇，并通过制度获得相应的支持与奖励。没有制度，或制度设计不合理、不到位的企业，往往无法为员工提供明确的发展方向，员工的成长和职业发展将受到制约。因此，企业要重视制度的建设和完善，并确保这些制度能够贯彻企业的核心价值观，进而为员工创造更加有利的职业发展环境。

（3）领导人的素质和价值观

企业的文化和管理风格与领导人的素质和价值观紧密相关，因为企业的领导者往往是企业文化的塑造者和管理风格的引领者。企业的经营哲学，很多时候是企业家个人价值观的体现，这种哲学贯穿企业的方方面面，从战略制定到日常管理，从员工的行为规范到客户的服务态度，企业的每个决策和行为都反映出领导者的思想和理念。因此，企业的核心文化和管理风格往往与领导人的思维方式、行为模式及对事业的追求紧密相连。

企业领导人的抱负和能力是决定企业发展的关键因素。领导者的远见卓识能够为企业指引正确的发展方向，带领团队克服困难，推动创新和变革。一个有战略眼光的领导者不仅能够在瞬息万变的市场环境中把握机会，还能通过有效的决策和管理将企业带入更高的发展阶段。同时，领导人的管理能力和执行力也直接影响企业的运作效率和员工的工作状态。如果领导者能够在推动企业发展的过程中保持良好的领导风格，营造以信任、尊重和合作为基础的工作氛围，员工就能在这种积极的文化中发挥最大潜力，从而促进企业的长期成功。因此，企业领导人的素质和价值观往往决定了企业文化的方向和企业的未来发展。

（4）企业实力

在激烈的市场竞争中，企业能否长期生存并成功发展，不仅仅取决于其规模和资源的优势，更重要的是其能否迅速适应变化的环境和市场需求。即使是行业中的领先者，如果无法及时跟上市场变化的步伐，也有可能被更具灵活性、创新能力强的企业所取代。事实上，在现代商业环境中，“适者生存”往往比“强者生存”更为关键。只有能够洞察市场变化、灵活调整战略并在变革中保持竞争力的企业，才能在激烈的市场竞争中占有一席之地。因此，企业的发展前景不仅与其当前的竞争力密切相关，还与其是否具备足够的适应力和前瞻性息息相关。

企业的内部环境对员工的职业生涯有着直接的影响。每个员工都在企业这个小环境中工作，他们的职业发展与企业的战略方向、文化氛围和发展态势紧密相连。如果企业所处行业充满机遇和发展潜力，那么员工在其中也能够获得更多成长的机会；反之，如果企业处于衰退期或者面临被吞并的风险，员工的职业发展就可能受到制约。通过对企业环境的分析，员工可以清楚地了解企业的实际发展状况和前景，从而把自己的职业规划与企业的未来发展紧密结合。与企业共同成长不仅能帮助个人实现职业目标，还能在稳定的环境中提升自己的能力和竞争力。了解企业的内外部环境，提前做出合理的职业生涯规划，对员工而言，是在动态变化的职场中占得先机的重要方式。

4. 社会环境

（1）社会经济发展水平

在社会经济发展水平较高的地区，企业资源相对丰富，市场竞争激烈，各种行业和领域的优秀企业聚集在一起。这种地区通常会吸引大量优秀的人才，从而创造更多的职业机会和发展平台。在这些地区，个人可以根据自身的兴趣和能力选择合适的职业路径，享受多元化的职业发展机会。另外，高度集中的企业生态环境不仅能够提供多样的工作岗位，还能促进人才的交流和跨行业的学习，帮助个人不断积累经验，提升竞争力。因此，在这样的地区，个人的职业发展空间更大，晋升机会也更多，能够得到更多的学习和成长机会。

相反，在经济相对落后的地区，由于企业数量和类型较少，市场机会和行业选择有限，个人的职业发展往往会受到一定的制约。在这样的地区，竞争压力较小，但由于缺乏足够的就业选择和企业的多样性，个人的职业路径可能会显得比较单一，职业发展也可能面临更多的瓶颈。此外，这些地区的企业规模相对较小，培训、晋升等职业发展的配套机制可能不如经济发达地区完善。因此，个人在这样的环境中可能难以获得与其能力相匹配的职业机会，也不容易获得更高的职业成就。总之，社会经济发展水平较高的地区为个人职业发展提供了更广阔的空间，而经济落后地区则可能让个人在职业发展中面临更多限制。

（2）社会文化环境

社会文化环境对个人职业发展的影响深远，特别是教育条件、文化设施等因素在其中扮演着至关重要的角色。在良好的社会文化环境中，个人能够接触到丰富的教育资源，接受高质量的教育和职业培训，这为其职业发展奠定了坚实的基础。优秀的教育体系不仅提供知识和技能的传授，还注重思维方式的培养和创新能力的提升。拥有良好教育条件的地区往往能够培养出更多的高素质人才，这些人才在职场上更具竞争力，也能为企业带来更大的价值。

除了教育条件，社会文化环境中的文化设施也是个人职业发展的重要支持。例如，丰富的图书馆、科研机构、文化交流平台等，能够为个人提供更多的学习机会和知识积累的空间。艺术、体育等多样化的文化活动，也能够拓宽个人视野，帮助其在职业生涯中更好地平衡专业与兴趣，保持创意和激情。这些文化设施不仅丰富了个人的生活，也能够通过提升综合素质间接促进职业生涯的发展。

（3）政治制度和氛围

政治和经济关系密切，相互影响，共同塑造了一个国家和地区的整体发展态势。政治制度直接决定了国家的经济体制和运行模式，进而影响市场环境、产业结构及企业的组织形式。例如，政府的宏观调控政策、税收政策、市场准入政策等，都会影响企业的运营和行业的发展方向。企业的管理模式、用人制度、创新策略等，往往受到国家政治体系和法律框架的制约。政治环境的稳定性和政策的透明度也直接关系到企业的长期发展和竞争力，进而影响员工的职业发展。在政治体制较为开放和稳定的国家，个人的职业发展往往能得到更多的自由选择和支持；而在政治体制较为封闭或不稳定的地区，个人可能面临更多的职场限制和发展的困境。

此外，政治制度和社会氛围在潜移默化中也会对个人的价值观和职业追求产生深远影响。在倡导自由、平等和创新的政治环境中，个人可能更加注重自我实现、职业选择的多样性及对个人成就的追求。这种氛围鼓励人们积极探索自我潜能，勇于挑战现状，在职业生涯中不断前行。在高度集中的政治体制下，个人的职业路径则可能更趋向于稳定和规则化，过度依赖体制和关系网络。不同的政治氛围将直接影响个人在职场中的态度和行为方式，进而对职业发展的选择和方向产生重大影响。因此，政治不仅在宏观上决定了经济发展的格局，也深刻影响个体的职业生涯规划和追求。

（4）社会需求的影响

一般而言，人才市场的供需关系直接决定了大学生的职业选择范围及其发展的实现程度。当市场上人才供给小于需求时，大学生的职业选择空间相对较宽，职位种类繁多，个人有更多的机会去根据兴趣、能力及自身优势进行选择。在这种情况下，大学生能够在多个行业中找到适合自己的岗位，并且有更多的机会去发挥自身的特长和潜力，职业发展也较为顺利。因为市场上岗位较多，大学生可以通过提升自身的综合素质和专业能力，进入自己喜欢的行业，从而获得更高的职业成就。另外，由于人才需求量大，竞争压力相对较小，大学生实现职业目标的可能性和机会相对较高。

然而，在人才供给大于需求的情况下，市场上职位有限，大学生的选择空间大大缩小。在这种情况下，企业对求职者的要求通常会更高，竞争也变得更加激烈。大学生可能无法完全按照自己的兴趣去选择职业，而是需要更多地考虑市场需求和就业前景，这可能导致他们选择一些不完全符合个人兴趣的职业方向。与此同时，在供需失衡的市场中，大学生的职业实现程度通常较低，因为他们可能不得不面临更多的就业困难或职业发展瓶颈。

一些大学生在职业规划时，可能过于注重个人的兴趣和喜好，而忽视了社会和市场的实际需求。这种“盲目选择”的做法，会使他们培养一些基于个人兴趣的知识和技能，但这些技能可能并不符合市场的需求或者行业的标准，从而导致无法获得理想的工作岗位。虽然具备某些专业知识和技能，但如果这些技能没有足够的市场需求，或者无法解决社会现实问题，就无法凭此实现良好的职业发展。因此，大学生在进行职业技能培训时，应对市场需求和个人兴趣进行平衡，在满足自己兴趣的同时，也要增强与市场需求的契合度，这样才能为自己的职业生涯奠定更加坚实的发展基础。

实训任务

职业生涯规划内涵探究

【实训目的】

通过实训，学生能够了解个人的兴趣、技能、价值观、教育背景，以及社会环境、市场需求等因素如何影响职业选择与发展。

【实训过程】

1. 导入

1）讲解职业生涯规划的意义及影响其发展的关键因素。通过实例或案例分析，展示职业生涯规划对个人成功与发展的深远影响。

2）邀请一名校友或企业代表分享其职业规划的过程及成功与失败的经验，帮助学生对职业生涯规划形成更具体的认识。

2. 分析影响因素

1）让学生通过填写自我评估表格（如职业兴趣、个人优势、技能测评等），了解自己在职业选择中的优势和劣势。

2）讲解经济环境、行业发展趋势、社会文化氛围、教育背景等客观因素如何影响职业生涯规划，并让学生思考所在领域的市场需求与职业前景。

3）组织学生进行小组讨论，分析他们所选择的职业方向可能受到哪些主客观因素的影响，并通过讨论找到更清晰的职业目标。

3. 实际操作

1）指导学生根据自己所学专业及兴趣，设定短期和长期的职业目标。例如，短期目标为进入某个行业的初级职位，长期目标为晋升为部门经理等。

2）让学生结合所学课程、实习经历、社会需求等因素，制订详细的职业生涯规划路径图。路径图具体包括的内容：必须具备的知识与技能；可参与的实习和培训机会；未来职场中的潜在挑战；个人需要提升的方面。

3）分发实际职场案例，让学生根据影响因素分析职业发展的路径，并反思自己可能面临的挑战与机遇。

4. 总结与反馈

1）请部分学生分享其在职业生涯规划过程中发现的主要影响因素，并阐述如何调整规划以适应这些因素。

2）总结学生的分享，强调职业生涯规划是动态的、灵活的，且应根据外部环境变化与个人的兴趣、价值观的调整而不断优化。同时，提供一些职业规划建议，如如何更好地结合社会需求与个人发展，以及如何不断提升职场竞争力。

【实训总结】

通过本次实训，学生不仅理解了职业生涯规划的基本概念，还认识了影响职业生涯的多种主客观因素，如个人兴趣、职业技能、社会经济环境、行业需求等。学生通过自我评估与小组讨论，发现了自己的职业兴趣和发展方向，同时明确了未来的职业目标和实现路径。

任务自测

项目五任务一学习自测

理解的知识点	
掌握的技能点	
感受与收获	
任务成效评分	0 分--10 分

拓展阅读

愿景与现实

如果人的平均寿命是 80 岁，那么一生仅有约 292 000 天。面对如此宝贵的时光，你将如何规划自己的大学生活？

或许有人会想："我还年轻，未来充满可能。大学生活漫长，何必急于规划？明天的事，明天再说吧。"然而，这正是需要认真审视大学时光的原因——许多大学生虽然认为这段时光珍贵而关键，但是低估了它的短暂。当沉浸在纷繁的大学生活中，回过神来时，可能发现时间所剩无几；必须完成的任务堆积如山，当下的目标无暇顾及，更遑论未来的规划。

面对这种困境，一部分人选择降低标准，用"这样就够了"安慰自己；另一部分人则彻底放弃梦想，随波逐流。

1. 自我实现的张力

彼得·圣吉（Peter Senge）在《第五项修炼：学习型组织的艺术与实践》中提到“橡皮筋效应”（图 5-1），生动地描述了愿景（梦想）和现实之间的关系。

图 5-1　橡皮筋效应

愿景和现实同时在脑海里并存的时候，心中便会产生一种创造性张力（creative tension）——一种想要把两者合而为一的力量。要减小张力，有两种方式：让现实向愿景靠近，成为自己期待的人；或者让愿景向现实靠近，逐渐接受自己的现状和现实。简单来说，这就是自我实现的过程。

这种张力带给人们前进的动力，当你清晰地知道未来的愿景和目标时，越能清晰地界定和固定它们，越可以产生强大的张力，让你自己像箭一样，射向未来的目标。这就是自我超越——梦想实现的过程。

2. 后马拉松效应

随着离愿景越来越近，“橡皮筋”的张力会变小，很多人会觉得越靠近愿景越没有意思，从而逐渐止步不前。以上大学为唯一目标的人，此刻会认为“大学也就这样”；高中时幻想大学阶段要“自由自在地躺床上，看自己喜欢的书”的人，等到真的有自己的时间，却又不会去看书。这种状况被称为后马拉松效应——马拉松选手在挑战自己的极限后，如果不尽快设立新的目标，就会一直陷入高峰过后做什么都提不起兴趣的无意义感之中。在 2008 年的奥运会转播中，中央电视台从全国抽调电视人才，提前 1 年准备，倾尽全力。为了防止奥运会的后马拉松效应，在转播前就给他们安排了一些其他项目，让这些电视界精英能在稍事休息后有进一步发展的动力。

大学之初，刚跑完一场“高考马拉松”，的确需要好好放松和休息。但如果不尽快设定让自己心动的新愿景，而是想着“先玩几天再说”，很快“橡皮筋”就会松弛，自我成长也就会停止。

3. 目标损耗

自我实现的张力促进自我成长，同时也会引发情绪上的紧张和焦虑。很多人选择另一种方式消除这种张力，就是逐渐降低自己的目标，直到完全没有张力。有的人会对自己说“其实我也没想拿奖学金，考得差不多就行”，或者“其实我的梦想只是年少轻狂的想法，人还是要现实一点”。如果隐秘地调低自己的愿景，活在自己所谓的舒适区，生活就像松弛的橡皮筋，使人失去应有的活力。

是让现实靠近愿景，还是让愿景迁就现实？是成为期望中的自己，还是甘于接受无奈的现状？这取决于对愿景的坚持程度和规划未来的能力。自我实现并非停留于纸上的计划，而是一场贯穿一生的持续修炼。

任务二 认识职业生涯规划书

【任务目标】

知识目标

- 理解职业生涯规划书的定义与作用。
- 掌握职业生涯规划书的格式。
- 了解职业生涯规划书的误区。

能力目标

- 能够通过分析和评估，识别职业生涯规划书中存在的错误和偏差，并避免陷入这些误区。
- 能够根据个人的兴趣、能力及市场需求等因素，设定具体、可实现的短期和长期职业目标，并将其合理地融入规划书中。
- 能够根据不同格式的职业生涯规划书，灵活运用相关格式进行职业规划的撰写。

素质目标

- 增强自我评估和反思能力，全面了解自己的优劣势，提升自我管理意识。
- 从全局角度考虑职业发展的各环节，培养有序、系统的思维方式，从而更好地制订和调整职业生涯规划。
- 能够根据外部环境的变化、个人的成长和市场需求的波动对职业生涯规划做出适时调整，具备灵活应变的能力。

知识讲解

职业生涯规划书是个人职业发展过程中至关重要的工具。在撰写职业生涯规划书的过程中，要深入了解自己的兴趣、能力、优势与不足，同时也要充分考虑外部环境，如行业发展、市场需求和社会变化等因素。职业生涯规划书可以引导大学生做出更明智的职业决策，避免迷失方向，提升职业发展的效率和成功率。无论是在求职初期，还是在职业发展的不同阶段，职业生涯规划书都能提供清晰的指导，有助于实现长期职业目标。

一、职业生涯规划书的定义

职业生涯规划书是个人对自身的兴趣、能力、价值观、性格等特点，以及外部环境（如行业发展、市场需求等）进行分析后，所制订的职业目标和实现这些目标的具体行动计划。它是一个系统的、长期的职业发展蓝图，旨在帮助个人明确职业发展的方向，并提供实现这一方向的步骤和策略。

二、职业生涯规划书的作用

撰写职业生涯规划书是一次自我探索与发展规划的过程，它不仅为个人提供了未来的职业方向，还为实现目标制定了可行的路径和步骤，帮助个人在职业生涯中走得更稳、更远。职业生涯规划书的具体作用如下。

1. 帮助全面了解自己

通过撰写职业生涯规划书，个人可以系统地评估自己的兴趣、性格、技能、优劣势及价值观。这一过程促使个人深入认识自己，发现自身的潜力和短板，提升自我认知，为职业决策提供准确的依据。

2. 确立人生方向

职业生涯规划书能够帮助个人根据自身的条件和社会需求，明确自己的职业目标和发展方向。这不仅有助于提升生活的目标感和动力感，还能在面临选择时做出更为理性和清晰的决策。

3. 制订职业发展规划

职业生涯规划书能够帮助个人分析自身的兴趣和职业目标，明确短期与长期的职业发展路径，设定具体的行动计划。这有助于个人有条不紊地追求职业理想，避免盲目跟随潮流或陷入困惑。

4. 提供行动策略和计划

职业生涯规划书不仅是理论上的规划，还包括实际可操作的策略和具体的行动步骤。通过明确职业目标的实现路径，个人能够合理安排时间，提升效率，确保每一步都朝着目标前进。

5. 增强职业竞争力

职业生涯规划书帮助个人清晰认识市场的需求与个人的差距，从而更有针对性地提升专业能力和软技能。随着能力的不断积累，个人在求职市场中将具备更强的竞争力，更容易脱颖而出。

6. 提高职业发展的成功率

一份清晰、合理的职业生涯规划书能够帮助个人更好地规划未来，避免不必要的浪费和低效工作，减少迷茫和困惑，确保朝着目标持续前进，从而大大提高职业发展的成功率。

7. 提高生活的充实感与合理性

职业生涯规划书不仅关注职业目标的实现，还强调生活中的平衡与充实。通过合理规划个人时间与精力分配，帮助个人过上更加有条理、有意义的生活，以提高生活的质量和满足感。

三、职业生涯规划书的格式

职业生涯规划书格式多样，常见的有表格式、条列式、复合式和论文式。

1. 表格式

表格式（表 5-1～表 5-6）为不完整的职业生涯规划书，常常仅写有最简单的目标、分段实现时间、职业机会评估和发展策略等部分。有的仅相当于一份职业生涯规划书中的计划实施方案表，更适合作为日常提醒和自我警示的工具。

表 5-1 自我评估

<table>
<tr><th colspan="2">内容</th><th colspan="3">结果</th></tr>
<tr><td rowspan="5">职业生涯规划自测</td><td>气质</td><td colspan="3"></td></tr>
<tr><td>性格</td><td colspan="3"></td></tr>
<tr><td>兴趣</td><td colspan="3"></td></tr>
<tr><td>能力</td><td colspan="3"></td></tr>
<tr><td>价值观</td><td colspan="3"></td></tr>
<tr><td rowspan="8">自我分析</td><td>内容</td><td colspan="3"></td></tr>
<tr><td>个人形象</td><td colspan="3"></td></tr>
<tr><td>情绪情感状况</td><td colspan="3"></td></tr>
<tr><td>意志力状况</td><td colspan="3"></td></tr>
<tr><td>已具备的经验</td><td colspan="3"></td></tr>
<tr><td>已具备的能力</td><td colspan="3"></td></tr>
<tr><td>现学专业及学习程度</td><td colspan="3"></td></tr>
<tr><td>现有外语、计算机水平</td><td colspan="3"></td></tr>
<tr><td rowspan="7">社会中的自我评估</td><td rowspan="3">对你人生发展影响最大的人</td><td>称谓</td><td>姓名</td><td>单位、职业、职务</td></tr>
<tr><td>父亲</td><td></td><td></td></tr>
<tr><td>母亲</td><td></td><td></td></tr>
<tr><td rowspan="4">他人对你的看法与期望</td><td>称谓</td><td colspan="2">看法与期望</td></tr>
<tr><td>父母</td><td colspan="2"></td></tr>
<tr><td>其他家庭成员</td><td colspan="2"></td></tr>
<tr><td>朋友</td><td colspan="2"></td></tr>
</table>

表 5-2 校园环境的影响

具体环境	影响内容
学校	
院系	
专业	
班级	
寝室	

表 5-3　参加体验的职业状况

具体内容	实际情况
人才供应状况与就业形势	
对人才素质的要求	
对知识的要求及学校的哪些课程对从事该职业有帮助	
对能力的要求	
对资格证书的要求	
每天工作状况	
该岗位收入状况	
该行业人士对所从事工作的满意及不满意之处	
该职业的发展前景	
建议学校增设的课程	
其他	

表 5-4　建立初步目标

<table>
<tr><td rowspan="4">描述初步职业理想</td><td>职业类型</td><td></td><td>职业名称</td><td></td><td>具体岗位</td><td></td></tr>
<tr><td>职业地域</td><td></td><td>工作环境</td><td></td><td>工作时间</td><td></td></tr>
<tr><td>工作性质</td><td></td><td>工作待遇</td><td></td><td>工作伙伴</td><td></td></tr>
<tr><td colspan="6">职业发展期望：</td></tr>
<tr><td rowspan="4">SWOT 分析法</td><td colspan="6">实现目标的优势：</td></tr>
<tr><td colspan="6">实现目标的劣势：</td></tr>
<tr><td colspan="6">实现目标的机会：</td></tr>
<tr><td colspan="6">实现目标的威胁：</td></tr>
</table>

表 5-5　职业生涯策略

<table>
<tr><td colspan="2">阶段</td><td>目标分析</td><td>提高的途径和措施</td></tr>
<tr><td rowspan="7">大学期间</td><td>大学总体目标</td><td></td><td></td></tr>
<tr><td>第 1 学期</td><td></td><td></td></tr>
<tr><td>第 2 学期</td><td></td><td></td></tr>
<tr><td>第 3 学期</td><td></td><td></td></tr>
<tr><td>第 4 学期</td><td></td><td></td></tr>
<tr><td>第 5 学期</td><td></td><td></td></tr>
<tr><td>第 6 学期</td><td></td><td></td></tr>
<tr><td rowspan="7">毕业后</td><td>毕业 1 年后</td><td></td><td></td></tr>
<tr><td>毕业 2 年后</td><td></td><td></td></tr>
<tr><td>毕业 3～5 年后</td><td></td><td></td></tr>
<tr><td>毕业 6～10 年后</td><td></td><td></td></tr>
<tr><td>毕业 11～15 年后</td><td></td><td></td></tr>
<tr><td>毕业 16～20 年后</td><td></td><td></td></tr>
<tr><td>毕业 21 年后</td><td></td><td></td></tr>
</table>

表 5-6 职业生涯评估与反馈

<table>
<tr><td rowspan="5">自我评估</td><td rowspan="2">测评</td><td>学习成绩排名</td><td></td><td>综合素质状况</td><td></td></tr>
<tr><td>素质测评</td><td colspan="3"></td></tr>
<tr><td>得奖情况</td><td colspan="4"></td></tr>
<tr><td>自我规划落实情况</td><td colspan="4"></td></tr>
<tr><td>经验与教训</td><td colspan="4"></td></tr>
<tr><td>父母评价与建议</td><td colspan="5"></td></tr>
<tr><td>同学、朋友评价与建议</td><td colspan="5"></td></tr>
<tr><td>教师评价与建议</td><td colspan="5"></td></tr>
<tr><td>外因、内因评估</td><td colspan="5"></td></tr>
<tr><td>职业目标修正</td><td colspan="5"></td></tr>
<tr><td>规划步骤、途径及评估标准修正</td><td colspan="5"></td></tr>
</table>

2. 条列式

条列式虽然简洁明了，能够帮助个人快速厘清职业生涯的主要内容，但缺乏深入的自我分析和环境评估，通常无法全面呈现个人职业发展的全貌。在这种规划书中，虽然列出了短期和长期的职业目标及大致的行动计划，但由于没有详细的背景分析和评估过程，缺乏足够的说理性和逻辑支撑，可能会导致规划目标与实际情况脱节。因此，条列式虽然在时间紧张或初步规划时具有一定的实用性，但在更高层次的职业发展中，仍然需要结合更深入的分析，如对个人能力的具体评估、对市场需求的分析、对行业趋势的预判等内容的整合，从而使规划更具可行性与执行力。

3. 复合式

复合式是一种将表格式和条列式相结合的职业规划方式。它既具备表格式的直观性和系统性，又保持了条列式的简洁性和灵活性。这种格式使职业规划更加具体、清晰，同时也有助于个人在规划过程中兼顾细节和大局。表格部分通常用于展示明确的职业目标、具体的行动计划、时间节点和所需资源等内容，而条列式部分则用于描述个人优势、发展方向、市场趋势，以及可能遇到的挑战等更具分析性和策略性的内容。

4. 论文式

论文式是一种结构严谨、内容全面的职业规划方式，通常具备较高的格式规范性。它不仅包括对个人职业生涯的详细分析，还涉及对市场环境、行业趋势、职业发展路径等方面的深刻思考。这种格式适合那些希望深入研究职业发展过程并进行系统规划的人，尤其是对职业生涯有较高目标且希望详细记录和分析自我与外部环境的互动过程的个体。

四、职业生涯规划书的误区

在现实中，一些大学生没有把职业生涯规划当成事关自己人生质量的事情来看待，而是把它当作一个简单的课程作业，应付了事，他们的职业生涯规划常存在以下问题。

1. 抄袭他人——重形式、轻内涵

在现实中，有少部分大学生没有从内部环境分析自己，更没有从外部环境分析职业机会。他们或是照搬别人写好的职业生涯规划书，或是东拼西凑，以应付就业指导教师或辅导员的检查，最终不可避免地出现“千篇一律”“千人一面”的现象。

职业生涯规划书不是单纯的纸张或表格，而是一份关系到个人发展、对自己的职业生涯和生活质量负责的“人生责任书”，是一份为自己量身定做、体现自身个性的可执行的计划书。一些大学生不重视通过职业生涯规划书这个重要载体去学习、理解、体会、实施自己的职业生涯规划，而是把别人的东西硬套在自己头上，结果是要么不去实施，要么实施起来“水土不服”“半途而废”，导致毕业时无法顺利地找到适合自己的工作，或是历尽“千辛万苦”找到一份工作，很快又被用人单位辞退。因为他们不知道自己对职业的需要，不清楚为未来的职业做什么准备，更没有为自己的职业生涯做好规划和准备。结果不仅仅是职业生涯规划书不合格这么简单，更严重的是容易导致大学生虚度年华，学无所成、学无所用，最后惨败职场。

2. 只说不做——热得快、冷得更快

一些大学生在撰写职业生涯规划书的过程中表现出兴奋和激动，热情高涨，这是值得肯定的积极表现。然而，令人遗憾的是，很多人难以持之以恒。往往不到一两个月，热情消退之后，有的人甚至找不到自己的职业生涯规划书，不记得放在哪里；有的人则早已将职业生涯规划书中的内容和要求抛诸脑后，忘得一干二净。至于按照职业生涯规划书进行实施、评估和动态调整，更是无从谈起。

3. 高估自己——目标定得过高

有些人认为，只要把本职工作做好就可以升任主管。其实不然，优秀的运动员不一定是好教练，一些表现优异的工程师、销售人员等升任主管后反而表现不佳，这是因为主管也需要具备专业技术以外的能力，如领导决策能力、协调组织能力等。在校大学生也容易犯此类错误，在撰写职业生涯规划书时，没有从实际出发，过高估计自己的能力，对目标尤其是短期目标定得过高，结果导致在实施过程中因“难度系数”过大而处处碰壁，人为形成畏难情绪，从而对执行职业生涯规划书失去信心。因此，在撰写职业生涯规划书时，不要过高估计自己的实力，要从实际出发制定目标。

实训任务

初识职业生涯规划书

【实训目的】

通过实训，学生能够认识到职业生涯规划书是个人职业发展的蓝图，通过制订合理的规划，提升职业竞争力。

【实训过程】

1. 导入

1）通过视频、案例或讲解，展示成功人士如何通过职业生涯规划书实现职业目标的故事。

2）提问学生关于职业生涯规划书的理解，收集学生的看法，并引导他们思考职业生涯规划书对个人发展的影响。

2. 自我评估

1）发放自我评估问卷（如兴趣、性格、技能等评估），引导学生完成并分析自己在职业发展中的优势与不足。

2）组织小组讨论，学生分享自我评估结果，互相交流个人优势与不足，以及如何利用这些特点制订合理的职业生涯规划。

3. 职业目标设定与规划书编写

1）讲解如何根据自我评估结果，设定清晰的职业短期目标（如毕业后找到某行业工作）与长期目标（如 5 年后成为某职位的领导）。

2）引导学生结合自我评估和职业目标，撰写一份初步的职业生涯规划书。职业生涯规划书应包括以下内容：自我分析（兴趣、技能、价值观等）；短期职业目标（如通过哪些途径提升技能，达到什么职位）；长期职业目标（如晋升至管理岗位或成为行业专家）；实现目标的具体步骤与行动计划（如参加课程、积累实习经验等）。

4. 反馈与调整

1）学生间交换并评价彼此的职业生涯规划书，提供建议和反馈，互相完善职业生涯规划书中的目标设定和行动计划。

2）对部分学生的职业生涯规划书进行点评，特别是在目标设定、可行性和路径规划方面提出改进意见。

5. 行动计划与落实

1）学生根据自己的职业生涯规划书，列出今后 1～3 年内的具体行动步骤，并设定每个阶段的实现目标。

2）每位学生需要为自己的职业发展目标设定具体的时间节点，确保在规定时间内完成规划中的目标。

【实训总结】

通过本次实训，学生更加明确了自己的职业目标，掌握了制订职业生涯规划书的方法，并开始思考如何实现个人的职业发展蓝图，为未来的职业成功奠定基础。

任务自测

项目五任务二学习自测

理解的知识点	
掌握的技能点	
感受与收获	
任务成效评分	0 分---10 分

拓展阅读

大学生职业生涯规划书范例

职业生涯规划书

规划人基本情况：李某，男，20××年×月出生，现就读于某院校港口业务管理专业。

撰写时间：20××年×月。

前言

新生活，从选定方向开始。生命就像一张白纸，等待着我们去描绘与谱写。作为一名大学生，我对未来满怀憧憬，希望通过修学储能和持之以恒的努力，描绘出绚丽的人生图景，谱写出美妙的人生乐章，创造有价值、有意义的人生。面对充满竞争的社会，假如没有明确的目标，那么未来将是一片渺茫，有目标才会有动力。因此，我制订了一份具有人生指导意义的职业生涯规划书，以指引未来的人生航程。

一、我的职业目标

职业目标：成为高级航运管理人才。

生活取向：创造有价值、有意义的人生——快乐工作，幸福生活。

二、分析主观，认识自我

（一）个人特质

1）性格活泼开朗，善于与人交流，人缘较好。

2）兴趣比较广泛，热爱生活，尤其喜欢阅读、旅游、打乒乓球。

3）热爱学习，有终身学习的理念。

4）有良好的意志品质和较强的组织协调能力，敢于接受挑战。

（二）优缺点

1）优点：为人正直善良，乐于助人；有责任心，做事踏实认真、一丝不苟；有良好的团队意识和合作精神；喜欢独立思考，有较强的应变能力。

2）缺点：有时比较急躁，缺乏耐心；有惰性，尤其是在取得阶段性成绩后，容易滋生自满情绪，徘徊不前，不利于开拓进取。

（三）职业价值观

职业在人的一生中占据非常重要的位置。职业不仅仅是个人谋生的手段，更应成为服务大众、服务社会、实现人生价值的重要渠道。人的一生不能只为了追逐金钱，最有意义的人生在于快乐工作、幸福生活。

（四）自我分析小结

通过对个人特质、优缺点及职业价值观的认真分析，我认识到自身的优势，也充分认识到自身存在的问题。这样深刻的自我剖析让我更好地认识了自己，在未来的职业生涯中，我会时时告诫自己要扬长避短，不断超越自我，做更好的自己。

三、分析客观，慎重选择

（一）家庭环境分析

我来自农村，父母都是农民，虽然终年都在勤恳地劳作，但家庭经济仍然十分拮据。父母要负担我和姐姐、弟弟 3 人学费，压力很大。艰苦的家庭环境让我较早体会到父母的艰辛和不易，也让我较早懂得改变命运的路究竟在何方。

（二）学校环境分析

我就读于一所航海类院校，港航管理系港口业务管理专业。学校坐落在广州珠江之滨，毗邻黄埔军校和广州经济技术开发区，紧邻“海上丝绸之路”发源地的黄埔古港，是华南地区唯一独立建制的航海高等院校。学校实行严格的半军事化管理，培养了学生高度的组织纪律性、良好的自律能力与和谐的团队精神，有助于学生形成严谨、勤奋的作风和优良的职业素养。学校一直以服务国家航运事业发展为己任，为航运系统培养了大批优秀人才，使毕业生具有良好的专业素质和敬业精神，受到了用人单位的高度肯定和广泛好评。

我所在的港航管理系是一个开放、有活力、有特色的集体，在航运、货运代理、物流、外运、港口及相关行业具有较好的社会声誉。港航管理系与广州港集团有限公司、中海集装箱运输广州有限公司、广州文冲船厂有限责任公司、宝供物流企业集团有限公司等共建有 10 余个校外教学实习基地，确保了实践教学与实习工作的开展。同时，学校还与有关单位合作开办或设有国家承认的职业资格证书等考证点。

（三）社会环境分析

我国社会就业竞争日趋激烈，大学生就业同样面临严峻的挑战。由于就业难，就业环境不容乐观。有些用人单位反映，大学生做事眼高手低，脱离实际，不愿从基层做起，缺乏吃苦耐劳精神，人际沟通能力差，比较自私，因此不愿意接收应届大学生。在严峻的就业形势下，我应该考虑这样一个问题：怎样把自己塑造成为社会需要的人？

（四）职业环境分析

我国是一个航运大国，经过改革开放，我国航运事业取得了巨大成就，未来10年是我国航运发展的重要战略机遇期。我国正在努力抓住机遇，开拓拼搏，实现由世界航运大国向世界航运强国的转变。随着航运事业的良好发展，学校需要培养一大批能担当国家航运事业发展重任的高层次创新人才和应用型技能人才。作为航海院校的大学生，我应该正确认识航运发展趋势，树立远大理想，增强责任感和担当意识，切实提升自身素质，刻苦学习专业知识，为把我国建成航运强国而不懈努力。

四、生涯设计，脚踏实地

（一）职业生涯近期规划——大学3年的行动计划

1. 20××～20××学年（20××年12月～20××年9月）

大学的第1学期转瞬即逝，我深刻地意识到必须对自己的职业发展进行规划，从而结束忙乱而无序的状态。

第2学期的努力方向是加强理论学习，注重实践活动。除了专业基础课之外，多读一些相关专业的书籍，如海关管理、航运法律等，为日后的各类证书资格考试和执业技能培养奠定扎实的理论基础。暑假期间进行与专业相关的实习，积累社会经验，在活动中增强吃苦耐劳的精神和团队合作的能力。

2. 20××～20××学年（20××年9月～20××年9月）

1）大二是专业课开设最密集的阶段，因此要抓紧时间努力学习，打好基础。争取在这一学年，每科成绩都高于80分，努力获得专业奖学金。

2）加强港口经营业务、国际航运组织能力及国际贸易相关能力的技能训练，提升专业素养，培养港口经营业务操作能力和物流运作管理能力。要走理论与实践相结合的道路，在实践中多锻炼、多学习。争取有机会到附近港口参加实践锻炼。

3）20××年6～12月参加高等学校英语四级考试，争取一次通过。

3. 20××～20××学年（20××年9月～20××年6月）

1）加强货运实训、港口信息系统实训和办公室管理实训，进一步提高国际货运代理业务操作能力、集装箱码头业务操作能力及办公室管理应用能力，具备执业资格，考取国际货运代理资格证书、理货员资格证书。

2）20××年6～12月参加高等学校英语六级考试，争取一次通过。

3）考取全国计算机等级考试二级合格证书。

4）参加单证员和跟单员考试，拿到国际商务单证员和跟单员证书。这些证书既可作为从事职业活动和上岗应聘的证明，也是用人单位招聘录用、绩效考核、选拔晋升管理人员的重要依据。

总之，大学期间要充分利用校园环境及条件优势，认真学好专业知识，培养学习、生活和工作等方面的能力，全面提高个人综合素质，为就业做好准备。

（二）职业生涯中期规划——大学毕业10年内（20××年7月～20××年7月）

1）利用3年左右的时间，经过不断的尝试和努力，逐步找到适合自身发展的工作环境和岗位。同时，提升学历和优化知识结构，毕业后3年内完成本科学历的学习，8年内完成硕士研究生学历的学习。

2）进一步学习与货物进出口有关的法律、对外贸易、商品知识，掌握海关法律、法规、规章，在系统学习的基础上，参加报关员考试，取得报关从业资格证书，具备办理报关业务的技能，成为业内的"双师型"人才。

3）在技能方面，具备流利的外语交流能力，熟悉贸易规则，懂得贸易流程，同时具有熟练的办公操作能力，全面提升港口管理能力和水平。

4）关注行业的发展动态，向有经验的人士学习计划、组织和领导的具体应用方法，不断培养组织和决策能力，努力开创职业生涯的新局面。

（三）职业生涯远期规划——大学毕业10年以后（20××年7月之后）

1）坚持终身学习理念，在努力工作之余，不断学习各方面知识，紧跟行业和社会发展的步伐，不断提高自身修养。

2）通过扎扎实实的努力，成为一名优秀的航运管理人才。

3）坚持锻炼身体，健康工作50年，幸福生活一辈子。

五、职业生涯规划评估与调整

（一）职业生涯规划评估

适逢我国航运事业发展的重要战略机遇期，作为航运事业的未来接班人，我会把握难得的历史机遇，按照职业生涯规划的目标，积极向上，不断充实自我，把个人的学习成长和社会发展的需要紧密结合在一起，在社会发展的大舞台上实现自己的人生价值。

为了更好地指导自己的人生实践，要对职业生涯规划进行必要的评估与反馈，审时度势，正确分析对职业生涯规划产生影响的各种因素，并及时做出调整和优化，以便更好地指导自己实现最终目标。

（二）职业生涯规划调整

世界上的人和事总是处于不断发展变化中。在职业生涯规划实施的过程中，如果形势发生重大变化，应及时修正对自我和社会的认知，及时检验职业定位与方向是否仍然具有可能性及合理性，针对现实情况，纠正职业目标中存在的偏差。同时不断更新自己的知识体系，与时俱进，增强自身的核心竞争力。只有这样，才能在发展变化的世界中立于不败之地。

结束语

“既然选择了远方，就要风雨兼程。”未来的路很漫长，或许很艰辛，但只要坚定信念，就会充满阳光。

任务三 撰写职业生涯规划书

【任务目标】

微课：撰写职业生涯规划书

知识目标

- 了解职业生涯规划书的主要内容。
- 理解职业生涯规划书的撰写要求与撰写原则。
- 掌握撰写职业生涯规划书的注意事项。

能力目标

- 能够根据个人的兴趣、能力和职业目标，明确职业生涯规划的主要内容，并结合市场需求进行有效分析。
- 能够根据职业生涯规划书的撰写要求与撰写原则，结合个人情况，撰写出符合规范、具有实用性的规划书。
- 能够识别职业生涯规划书中的潜在错误和误区，并采取相应措施，确保规划内容的合理性和可执行性。

素质目标

- 能够对个人优劣势、兴趣爱好等形成全面认识，提升自我反思和自我评估的能力。
- 锻炼制定长期与短期目标的能力，学会将目标分解为具体的行动计划并合理安排时间和资源。
- 增强对外部变化（如行业动态、市场需求变化等）的敏感度，并学会根据变化及时调整自身的发展方向。

知识讲解

一、职业生涯规划书的主要内容

一份完整的职业生涯规划书一般包括3个部分：扉页、目录和正文。

1. 扉页

1）标题：包括规划者的姓名、规划年限，如“××大学毕业后的 10 年规划”。

2）个人基本资料：包括姓名、性别、出生日期、学校、院系、电话、电子邮件等。

3）时间：包括规划的起始日期、终止日期、年龄跨度、撰写日期。

扉页示例如图 5-2 所示。

______大学毕业后的 10 年规划		
个人基本资料		
姓名：	性别：	出生日期：　　年　　月　　日
学校：		院系：
电话：		电子邮件：
起始日期：		终止日期：
年龄跨度：		撰写日期：　　年　　月　　日

图 5-2　扉页示例

2. 目录

为了阅读方便，将正文部分的内容提炼后列出来形成目录。目录示例如图 5-3 所示。

目　录

总论（引言）……………………

一、自我探索……………………

　　兴趣……………………

　　能力……………………

　　性格……………………

　　价值观……………………

　　胜任能力……………………

　　自我探索小结……………………

二、环境分析……………………

　　家庭环境分析……………………

　　学校环境分析……………………

　　社会环境分析……………………

　　职业环境分析……………………

　　环境分析小结……………………

三、职业定位……………………

　　SWOT 分析……………………

　　职业生涯目标……………………

　　职业生涯发展策略……………………

　　职业生涯发展路径……………………

　　具体路径……………………

四、计划实施……………………

五、评估调整……………………

　　评估内容……………………

　　评估时间……………………

　　调整原则……………………

　　备选方案……………………

结束语……………………

图 5-3　目录示例

3. 正文

正文包含总论（引言）、自我探索、环境分析、职业定位、计划实施、评估调整、结束语 7 个部分的内容。其中，自我探索、环境分析、职业定位、计划实施和评估调整是职业生涯规划书的重点内容，这里主要介绍这 6 个部分。

1）总论（引言）：包括个人对职业生涯规划的认识，职业生涯规划对个人及社会的意义，以及确定个人的职业发展方向和总体目标。

2）自我探索（对自己进行全方位、多角度分析）：职业规划是一个自内而外的过程。也就是说，首先要明确自己期望达成的生涯目标是什么，想要成为什么样的人，自己具有哪些职业特质，然后去寻找环境、机会，以调适自己的生涯发展行动。自我探索内容一般包括与职业发展关系密切的兴趣、能力、性格、价值观和胜任能力 5 个方面。

这部分的撰写内容，首先要介绍你眼中的自己，以及他人眼中的你是怎样的。这部分应从你过往生活、成长、学习和能力提升的真实经历中出发，挖掘自己与众不同的特点和独特性。可以列举自己曾参与的各类校园社团、社会实践等活动，分析自己在这些经历中所展现出的优势与不足，从而有力地说明自己具备哪些工作能力和职业素养，证明自身的岗位胜任力。其次要结合职业测评的结果，谈一谈自己从中发现了什么、意识到了哪些问题，并受到怎样的启发。最后要撰写自我分析小结，将自身的条件、发展潜力和未来发展方向，与外部环境所提供的机遇与可能存在的制约因素进行综合比较与分析。通过这一过程，逐步实现自我认知的“觉醒”，即清楚地认识到自己已经做了什么、想要做什么，以及真正能够去做什么。“自我探索”示例如图 5-4 所示。

自 我 探 索

基于我对自己的认识、家人和朋友对我的评价，结合 Career Sky（职业天空）职业测评报告分析结果，我对自己进行了全方位、多角度的探索。

1．兴趣——喜欢做什么

我的职业测评报告结果显示：我的职业兴趣前 3 项是××型（×分）、××型（×分）、××型（×分）。具体情况是……

2．能力——能够做什么

我的职业测评报告结果显示：得分较高的能力是××能力（×分）、××能力（×分），得分较低的能力是××能力（×分）、××能力（×分）。具体情况是……

3．性格——适合做什么

我的职业测评报告结果显示：……。具体情况是……

4．价值观——最看重什么

我的职业测评报告结果前 3 项显示：××取向（×分）、××取向（×分）、××取向（×分）。具体情况是……

5．胜任能力——优劣势是什么（综合素质、职业素养等）

我的优势能力：

我的劣势能力：

6．自我探索小结

图 5-4 “自我探索”示例

3）环境分析（对影响职业选择的相关外部环境进行较为系统的分析）：对自我职业特征进行分析后，对“知己”已经有了一定的把握，接下来就是分析“知彼”层面，主要包括家庭环境分析、学校环境分析、社会环境分析、职业环境分析，以及环境分析小结。“环境分析”示例如图 5-5 所示。

环境分析
参考职业测评报告建议，以及通过生涯人物访谈或社会实践等途径和方式，我对外界环境进行了较为系统的探索和分析。 1．家庭环境分析（家人经济地位、家人期望、家族文化等对本人的影响） 2．学校环境分析（学校特色、专业学习、实习、实践经验等） 3．社会环境分析（就业形势、就业政策、竞争对手等） 4．职业环境分析 对自己所选定的职业在社会环境中的发展过程和目前所处的社会地位，社会发展趋势对职业的影响等的认识和了解。具体如下。 （1）行业分析——人业匹配分析 行业现状、行业目前的优势与问题所在、行业发展趋势、前景预测、国内外重大事件对该行业的影响等。 （2）职位分析——人岗匹配分析 个人暂定的目标职业岗位的工作内容、工作要求、发展前景等。 （3）企业分析——人企匹配分析 个人暂定的目标企业在本行业的地位和发展前景，企业产品在市场上的发展前景，企业在本行业的竞争力，企业文化和企业制度（如××单位类型、企业文化、发展前景、发展阶段、产品服务、员工素质、工作氛围等）。 （4）地域分析——人城匹配分析 ××工作城市的发展前景、文化特点、气候水土、人际关系等。 5．环境分析小结 对客观职业信息及自我和职业的匹配进行综合阐述。

图 5-5 “环境分析”示例

4）职业定位：综合“自我探索”部分及“环境分析”部分的主要内容得出本人的职业定位，包括 SWOT 分析、职业生涯目标、职业生涯发展策略、职业生涯发展路径及具体路径。“职业定位”示例如图 5-6 所示。

职业定位

综合“自我探索”部分及“环境分析”部分的主要内容得出本人职业定位的 SWOT 分析结果如下。

内部环境分析	外部环境分析	
	机会	威胁
优势	优势机会策略	优势威胁策略
劣势	劣势机会策略	劣势威胁策略

结论：

职业生涯目标	10 年后从事（××行业的）××职位
职业生涯发展策略	进入××类型的组织（到××地区发展）
职业生涯发展路径	走专业技术型路线（管理路线等）
具体路径	××员—初级××—中级××—高级××

图 5-6 “职业定位”示例

“职业定位”部分需要注意的是，SWOT 分析是基于一定职业生涯目标的分析，重点应放在 SWOT 分析后的职业生涯发展策略分析。另外，职业生涯目标应客观明确，职业生涯发展路径应符合逻辑与现实。

5）计划实施：生涯是采取行动或者不采取行动的结果，再美妙的蓝图也只有亲自去描绘才能变为真实图景。因此，在职业生涯规划书中，还需要为如何实现自己的职业生涯目标制定具体、详细、可行的行动方案和实施步骤，需要详细列出计划名称、时间跨度、总目标、分目标、计划内容、策略和措施等。“计划实施”示例如图 5-7 所示。

计 划 实 施

计划名称	时间跨度	总目标	分目标	计划内容（参考）	策略和措施（参考）	备注
短期计划（大学计划）	20××～20××年	如大学毕业时要达到……	如大一要达到……，大二要达到……，或在××方面要达到……	如专业学习、职业技能培养、职业素质提升、职业实践计划等	如大一以适应大学生活为主，大二以专业学习和掌握职业技能为主……，或为了实现××目标，我要……	大学生职业生涯规划的重点
中期计划（毕业后 5 年计划）	20××～20××年	如毕业后第 5 年时要达到……	如毕业后第一年要达到……，第二年要达到……，或在××方面要达到……	如职场适应、“三脉”（知脉、人脉、钱脉）积累、岗位转换及升迁等	省略	大学生职业生涯规划的重点
长期计划（毕业后 10 年或以上计划）	20××～20××年	如中年时要达到……	如毕业后第十年要达到……，第二十年要达到……	如事业发展、工作与生活的关系、健康、心灵成长、子女教育、慈善等	省略	方向性规划

详细执行计划如下（这部分最好按照目标设定的 SMART 原则制定）。
本人现就读于××专业×年级，我的大学计划是……

图 5-7 “计划实施”示例

6）评估调整：职业生涯规划是一个动态的过程，必须根据实施结果的情况及相应变化进行及时评估与调整，主要包括评估内容、评估时间和调整原则和备选方案。“评估调整”示例如图 5-8 所示。

评 估 调 整

1. 评估内容
1）职业目标评估（是否需要重新选择职业）假如一直……，那么我将……
2）职业路径评估（是否需要调整发展方向）当出现……时，我就……
3）实施策略评估（是否需要改变行动策略）如果……，我就……
4）其他因素评估（对身体、家庭、经济状况及机遇、意外情况的及时评估）
2. 评估时间
一般情况下，我定期（半年或 1 年）评估规划；当出现特殊情况时，我会随时评估并进行相应的调整。
3. 调整原则
4. 备选方案

图 5-8 “评估调整”示例

“评估调整”部分需要注意的是，调整不是对原定职业发展方向和总目标的更换，而是在实施过程中对原有优势和条件的进一步优化与组合，是对策略步骤和方法的调适，以便行动更加有效，更有利于目标达成。

备选方案依然是“自我与环境匹配”这一发展方向下的第二个选择，是另一条发展路径，同样朝着规划的总目标前进。

二、职业生涯规划书的撰写要求

一份优质的职业生涯规划书应满足以下 6 项基本要求。

1. 资料翔实，步骤齐全

收集资料有多种途径，可以通过访谈、报刊图书摘抄、上网下载等方式获取资料，尽可能注明资料的出处，并多运用图表数据来说明问题，以提高资料来源的可信度和说服力。收集资料主要包括 4 个步骤：①分析需求、条件及目标设定；②分析阻碍和可行性研究；③设计方案和提升（改变）计划；④制订详细的实施计划和措施。

2. 论证有据，分析到位

要了解有关的测评理论及知识，认真审视并思考自己的测评报告并对照自我认识与测评结果的异同，分析与测评结果形成差距的原因，从而确定自我评估结果，达到“知己”；要了解自己所处的环境（包括居住的地方、喜欢的地方、亲朋的意见等），明确自己的最大兴趣、最喜欢与之共事的人的类型、最重视的价值与目标、最喜欢的工作条件，再通过目前环境评估（社会影响、家庭影响、学校因素、就业形势等）和当前社会环境分析（组织环境分析，技术发展、经济兴衰、政策法规的影响等）来确定自己的职业方向，做到说理有据、层层深入，达到“知彼”。

3. 言简意赅，逻辑严密

语言朴实简洁，用词精练准确，行文流畅，条理清楚，这是写作的基本要求。撰写职业生涯规划书时，还应注意整篇文章的结构和重心所在。自我探索、环境分析、职业定位、计划实施和评估调整是职业生涯规划书的重点内容，在对这些内容进行分析阐述时，必须紧紧围绕职业目标这条主线展开，从而体现文章论述的逻辑性和连贯性。职业生涯规划是对自己将来的规划，只有建立在对自我和职业的充分认识的基础上，才能体现出它的科学性和可行性。

4. 目标明确，合理适中

撰写职业生涯规划书时，应围绕论述的中心展开，职业生涯目标不能过于理想化，应择己所爱、择己所长、择世所需、择己所利。职业生涯规划书撰写是否成功，在很大程度上取决于有无正确适当、切实可行的目标。

5. 分解合理，措施具体

目标分解、实现路径选择要有理论依据，且备用路径之间要有内在联系。目标组合要注意时间上的并进、连续，功能上的因果、互补作用，全方位的组合要涵盖职业生涯、家庭生活、个人事务等方面。

6. 格式清晰，图文并茂

职业生涯规划书的格式应清晰、规范，版面应整洁美观，以确保内容的易读性和逻辑性。排版应避免冗杂，合理安排各部分内容，使层次分明、结构清晰。图表可以有效地辅助文字内容，更直观地展示规划目标、时间节点和行动步骤等信息，提升阅读体验。内容不仅要完整，涵盖自我分析、职业目标、市场分析、行动计划等重要方面，还要突出创意和个性化，体现个人特色和发展潜力。

7. 语言流畅，避免硬错

职业生涯规划书的语言要简洁流畅，避免出现错别字或语法错误，确保表达精准无误。通过这样的格式设计，规划书不仅能展示个人的专业性，还能体现出对职业生涯的重视和规划的严谨性。

三、职业生涯规划书的撰写原则

职业生涯规划书的撰写须遵循以下 4 个原则。

1. 可行性

职业生涯规划书应以实际可操作性为前提，实现理想和现实的统一。每个人都有自己的职业理想，但是理想是否能够实现，则有赖于用于实现职业生涯理想的规划方案是否可行。规划方案的可行性体现在两个方面：首先是生涯目标的可行性，即目标的设定是否建立在现实条件的基础上；其次是职业行动计划的可行性，即行动计划是否是自己可以做到并根据一定标准进行考核监督的。

2. 独特性

职业生涯规划书应针对个人的实际情况量身定制。正如世界上没有两片完全相同的叶子，更没有两个完全相同的人。每个人都各有千秋，内在的性格特征、知识结构、兴趣爱好、能力倾向等方面各不相同，家庭条件、所处的社会环境也不相同。因此在撰写职业生涯规划书时，不可能完全模拟他人的路径，必须综合考虑个人各方面的实际情况量身定制。

3. 阶段性

职业生涯规划书应体现个人发展的阶段性。根据舒伯的生涯彩虹图，个人的发展具有阶段性，每个人在人生发展的不同阶段所承担的重点角色是不同的，面临的发展任务也有所差异。职业生涯规划书也应根据个人的年龄和所处的阶段设计不同的内容，以适应每个发展阶段的特点，使每个阶段都能充实度过，并逐步达成阶段性目标。

4. 发展性

职业生涯规划书的内容不是一成不变的。职业生涯规划要求具有一定的超前性和预测性。事物是不断发展变化的，规划并不总能适应新情况的出现，因此应根据自我发展、社会变迁及其他可预测的因素，主动适应各种变化，及时评估，灵活调整，不断修正、优化自己的职业生涯规划。

在调整职业生涯规划的过程中，短期目标有可能需要调整，但目标的重新选择应和长远的人生目标保持一致，使整个规划始终围绕个人的人生目标而展开，过去、现在和未来应有内在的一致性和延续性。

四、撰写职业生涯规划书的注意事项

撰写职业生涯规划书时，需要注意以下几个方面，以确保职业生涯规划书既具实用性又能展现个人的专业性。

1. 目标清晰明确

1）短期目标与长期目标相结合：规划书中的目标应具有明确的时间框架，既包括短期目标（1～3 年），也包括中期目标和长期目标（5 年及以上）。目标应具体、可量化，避免模糊不清。

2）目标合理性：设定的目标应根据自身能力、行业前景和个人兴趣来衡量，确保目标既具挑战性又能实现。

2. 真实的自我评估

1）客观自我分析：在进行深入的自我分析时，要确保对自己的优缺点有准确的认识。避免过于自信或消极，尽量做到客观、全面。

2）真实反映现状：在描述个人的经验、技能和背景时要真实，不夸大或低估现有的能力和条件。

3. 关注行业和市场动态

1）市场需求分析：在职业目标设定和行动计划中，必须结合当前市场趋势，分析目标职业的就业前景、行业需求、竞争态势等，确保规划符合外部环境的变化。

2）灵活应变：随着行业和市场的变化，职业规划可能需要随时调整，因此要有一定的灵活性，避免死板地执行计划。

4. 具体的行动计划

1）制订详细的计划：规划书中的行动计划要具体，分步骤列出每个阶段应达到的目标、所需时间和资源。例如，可以通过哪些培训提升技能，参加哪些项目积累经验等。

2）确保可操作性：行动计划要切实可行，避免过于理想化。要考虑现实条件，确保每个步骤都有实际的执行路径。

5. 量化可衡量的指标

1）设定可评估的标准：对于每个目标和行动计划，要设定明确的评估标准和衡量指标，确保进度和效果能够得到有效评估。例如，是否通过某项认证考试、是否晋升到某个职位等。

2）定期回顾与调整：通过定期评估和反馈，及时调整计划和目标，确保规划与实际情况保持一致。

6. 风险评估与应对策略

1）识别潜在风险：在职业生涯规划书中要分析可能面临的困难和挑战，如行业萎缩、技术更新换代、职业发展中的竞争等。

2）准备应对策略：针对识别出的风险，提出应对措施，以增强职业生涯规划的稳定性和应变能力。

7. 格式与结构清晰

1）格式规范：职业生涯规划书应结构清晰，按照合适的格式进行编排。可以采用分章节或条列式的形式，确保规划内容清晰易读。

2）图文并茂：适当使用表格、图示或流程图来展示关键内容，使职业生涯规划书更具可操作性和可视化效果。

8. 避免空洞和泛泛而谈

1）具体而详细：避免使用过于抽象或空泛的语言，如“努力工作”“不断学习”等，尽量提供具体的行动步骤和实际案例。

2）有深度的分析：不仅要列出目标和计划，还要进行深刻的分析和反思，解释为何选择这个职业方向，如何通过规划来弥补自身不足等。

9. 考虑个人兴趣与职业目标的匹配

1）兴趣与职业目标一致：确保职业目标与个人兴趣相一致，避免选择那些自己不感兴趣或难以坚持的职业方向。要认识到兴趣是职业生涯长期发展的动力源泉。

2）职业发展的可持续性：进行职业生涯规划时，不仅应关注当前的目标，还应考虑未来的职业发展潜力和可持续性，确保有长期的发展空间。

10. 保持积极的态度和信心

1）展现自信与决心：在职业生涯规划书中要展现自己对未来职业生涯的信心和决心，积极的态度能帮助自己在职业发展的过程中克服各种挑战。

2）预见可能的困难：要认识到职业发展的复杂性，预见到可能遇到的挑战，并提前准备应对方法。

通过遵循以上的注意事项，可以撰写出一份全面、实用的职业生涯规划书，为个人职业发展提供清晰的路径和指导。

实训任务

撰写职业生涯规划书

【实训目的】

通过实训，学生能够树立职业发展目标，明确职业生涯的方向与步骤，为今后的职业选择和发展奠定基础。

【实训过程】

根据以下提供的模板，结合撰写职业生涯规划书的要求、原则、注意事项等要点，撰写属于自己的职业生涯规划书。

大学生职业生涯规划书

一、职业生涯规划基本信息

姓名		出生年月		照片
性别		民族		
籍贯		生源地		
专业		年级		
兴趣、特长				
目标职业		目标城市		
目标职业理由（100字以内）				
备选职业	1.	2.		

二、职业生涯规划书（正文不超过 5000 字）

1. 自我认知（主要从优劣势、个人兴趣等方面分析自我，并运用人才测评工具进行评估）

2. 职业认知（应用文献检索等方法介绍整体就业趋势、目标行业现状、工作内容、对生活的影响等）

续表

3. 职业决策（详细描述职业目标的选择过程、备选目标，要求职业决策符合外部环境和个人特质，正确运用评估理论和决策模型）
4. 计划与路径（个人近期、中期、长期发展计划，要求符合逻辑和现实，具有可操作性）
5. 自我监控（要求科学设定评估方案，并制定调整方案，具有可操作性）

【实训总结】

通过本次实训，学生加深了对自己职业规划的理解，意识到在职业发展中需要持续学习和调整，学习了如何系统地进行职业规划，也明确了自己在职场上的发展路径和提升方向。未来，学生将根据此规划不断审视和调整自己的目标，以确保职业生涯的成功。

任务自测

项目五任务三学习自测

理解的知识点	
掌握的技能点	
感受与收获	
任务成效评分	0 分---10 分

拓展阅读

确定职业生涯规划成功的标准

有人认为职业生涯成功就是获得地位和财富的满足，于是为达到这个目标而努力工作，一旦没有在期望的时间内实现这一目标，便对自己的职业生涯产生怀疑。这是一种偏见的成功观。

在有限的时间内难以实现所有目标，但这并不意味着职业生涯的失败。每个人的价值观、职业需求、职业目标不同，对成功的定义会有所差异，成功的标准也不同。

成功，从终极意义上看，就是人生顺利、成功、圆满。人生最大的两个主题是家庭和事业，并且事业方面的成功往往比家庭方面的成功更能引人关注。事业上的成功，其核心就是职业生涯的成功。成功没有统一的标准，每个人都有自己的标准，并用这个标准检验自己的实际行动。

1. 职业生涯设计成功的公式

有一位美国学者提出职业生涯成功的公式：

$$成功=[(EE+CT+SP)\cdot DD]^{b}$$

其中，EE 代表教育和工作经验；CT 代表创造性思考；SP 代表推销自我的能力；DD 代表目标和驱动力；b 代表个人的机遇。

从这个公式可以看出，教育和工作经验、创造性思考、推销自我的能力对人的成功具有一定的作用，但不是绝对必要的，即某一个甚至两个因素缺少时仍然能使人成功。当然，在这样的条件下，成功率会有所降低。目标和驱动力因素所起的作用很小，甚至有可能为0。当该指数大于 1 时，个人的机遇将发挥较大的作用。

2. 职业生涯规划成功的方向

成功没有统一的标准，但大致上可以分为以下 4 种类型。

1）进取型：追求不被控制，视成功为长期稳定和相应不变的工作。

2）自由型：追求不被控制，视成功为经历的多样性，希望有工作时间和方法上的自由，不喜欢程式化的工作模式。

3）攀登型：追求挑战、刺激、冒险，愿意创新，视成功为不断螺旋式上升和自我完善。

4）平衡型：视成功为家庭、事业、自我需求等的均衡协调发展。

每个人职业定位的不同决定了其职业需求类型与职业目标的差异，这也造成了个人在职业生涯成功标准上的多样性。即使是同一个人，职业生涯成功的意义在不同的人生发展阶段也可能存在差异。

3. 职业生涯规划成功的评价

如何全面评价职业生涯？按照人际关系范围，将职业生涯是否成功的评价分为自我评价、家庭评价、组织评价和社会评价 4 类评价体系（表 5-7）。如果能在这 4 类评价体系中都得到肯定的评价，那么职业生涯设计就是成功的。

表 5-7　职业生涯 4 类评价体系

评价方式	评价人	评价指标	评价标准
自我评价	自己	① 自己的才能是否得到充分发挥； ② 对自己的组织发展、社会进步中做出的贡献是否满意； ③ 对自己的职务、待遇等方面的变化是否满意； ④ 对处理职业生涯发展与其他人生活的关系结果是否满意	根据个人价值观及个人知识能力水平评价
家庭评价	父母、配偶、子女及其他家庭重要成员	① 是否能被理解； ② 是否能被给予支持和帮助	根据家庭变化评价
组织评价	上级、平级、下级	① 是否有下级、平级的赞赏，上级的肯定和表彰； ② 是否有职称、职务的提升，或职责、权力范围的扩大； ③ 是否有工资待遇的提升	根据组织或企业文化及总体经营结果评价
社会评价	社会舆论、社会组织	① 是否有社会舆论的支持和好评； ② 是否有社会组织的承认和奖励	根据社会文明程度、社会历史进程评价

知识考核

一、选择题

1．在职业生涯规划的影响因素中，不属于主观因素的是（　　）。

A．职业兴趣　　B．性格

C．社会文化环境　　D．能力

2．职业生涯规划书的作用不包括（　　）。

A．提供行动策略和计划　　B．增强职业竞争力

C．确立人生方向　　D．提供高薪工作

3．在撰写职业生涯规划书时，（　　）格式既具备表格式的直观性和系统性，又保持了条列式的简洁性和灵活性。

A．表格式　　B．条列式　　C．复合式　　D．论文式

4．在职业生涯规划书的撰写原则中，强调根据自我发展、社会变迁及其他可预测的因素，主动适应各种变化，及时评估，灵活调整的原则是（　　）。

A．可行性　　B．独特性　　C．阶段性　　D．发展性

二、判断题

1．在职业生涯规划中，职业价值观对职业生涯规划具有调节作用，但对职业目标的实现没有激励作用。（　　）

2．撰写职业生涯规划书时，目标设定得越高越好，这样才能激励自己不断努力。（　　）

3. 职业生涯规划书格式多样，常见的有表格式、条列式、复合式和论文式，其中论文式适合那些希望深入研究职业发展过程并进行系统规划的人。（ ）

4. 在职业生涯规划书的撰写要求中，目标明确、合理适中是最重要的，而格式清晰、图文并茂则不重要。（ ）

三、填空题

1. 影响职业生涯规划的客观因素包括家庭环境、学校环境、就业工作环境和________。

2. 职业生涯规划书是个人对自身的兴趣、能力、价值观、性格等特点，以及________进行分析后，所制订的职业目标和实现这些目标的________。

3. ________虽然简洁明了，能够帮助个人快速厘清职业生涯的主要内容，但缺乏深入的自我分析和环境评估，通常无法全面呈现个人职业发展的全貌。

4. 职业生涯规划书的扉页一般包括标题、________、时间。

四、简答题

1. 在职业生涯规划中，职业兴趣对职业选择和发展有哪些影响？

2. 职业生涯规划书的正文主要内容包括哪些部分？

3. 职业生涯规划书的撰写要求有哪些？

项目六

职业生涯规划评估与调整

【项目导言】

职业生涯规划评估与调整，不仅是个人职业发展的过程，还是对社会责任与自我价值实现的深刻思考。作为新时代青年，大学生不仅要关注个人的职业成功，还要将个人的理想与国家的发展需求、社会的进步相结合。通过对职业生涯的不断评估与调整，能够更清晰地认识到自身的社会责任，坚定理想信念，将个人成长与社会发展有机融合，实现个人价值与社会价值的统一。

在不断变化的社会环境中，职业生涯规划的评估与调整要求大学生树立正确的价值观和人生观。面对复杂的就业市场和多元的职业选择，职业生涯的规划不能仅仅停留在物质层面的追求，更要注重个人对社会、国家的贡献。大学生应形成更加全面的职业发展视野，培养积极向上的工作态度，以实际行动服务社会、回馈国家，从而在职业生涯中实现更高层次的自我超越与社会责任担当。

【案例导入】

小赵是一名机械工程专业的大三学生，他原本计划毕业后成为一名机械设计工程师。然而，经过两年的专业学习和实践，小赵发现自己对动手操作的兴趣远大于纯粹的设计工作。小赵喜欢解决实际问题，并且对制造过程中的设备调试和故障排除充满兴趣。

在一次暑期实习中，小赵有机会在一家自动化设备公司进行设备维修工作，发现自己不但能快速适应工作节奏，而且在团队中得到了一致好评。这次实习让他意识到自己更适合从事设备调试与维护工作，而不是单纯的设计工作。因此，他决定调整自己的职业规划，未来成为一名设备工程师。

为了做出这一调整，小赵首先通过与导师和行业前辈讨论，进一步了解设备工程师的职业发展路径，并确认自己未来发展方向的可行性。同时，他还在校外参加了相关的技术培训课程，以提升自己在设备调试与故障排除方面的专业能力。最终，小赵调整了自己未来的求职方向，将目标锁定为设备工程师岗位。

问题：

1. 小赵在进行职业生涯评估时，是如何通过实习体验来发现自己的兴趣和优势的？

2. 为什么小赵决定将求职目标从机械设计工程师转向设备工程师？这一调整对他未来的职业发展有什么影响？

3. 小赵在调整职业规划的过程中，采取哪些实际步骤来提升自己的竞争力和专业能力？

任务一 评估职业生涯规划

【任务目标】

知识目标

- 了解职业生涯规划评估的意义与作用。
- 理解职业生涯规划评估的内容与要点。
- 掌握职业生涯规划评估的程序与方法。

微课：评估与调整职业生涯规划

能力目标

- 能够根据个人的职业发展情况，运用多种评估方法进行自我评估，识别自身在职业生涯中的优劣势。
- 能够根据个人兴趣、优势及市场需求，设定符合实际的长期、中期和短期职业目标。
- 能够根据评估结果及时调整职业生涯规划，灵活应对职业生涯中出现的挑战和变化。

素质目标

- 培养在职业生涯中主动进行规划、评估和调整的意识，形成自身持续关注个人发展的态度。
- 在职业生涯规划过程中，能够根据自身情况做出理性决策，并提出有效的解决方案应对工作中的问题。
- 通过不断反思和学习，提升自我认知，保持职业生涯的持续发展与进步。

知识讲解

评估职业生涯规划是每个人职业发展的重要环节，有助于个人明确自身的兴趣、优势与潜力，识别职业目标与现实之间的差距，从而制定更加切实可行的发展路径。随着社会和行业的不断变化，定期回顾和调整职业规划不仅能确保个人在职场中保持竞争力，还能实现个人职业目标的动态适应。因此，评估职业生涯规划是一项持续的自我探索与成长的过程，能够为个人的长远发展提供清晰的方向与动力。

一、职业生涯规划评估的意义与作用

1. 职业生涯规划评估的意义

（1）评估是改进职业生涯规划的重要环节

评估职业生涯规划是职业发展的一个核心环节。无论短期职业目标是否实现，评估都为个体提供了宝贵的反馈机制。只有通过定期的评估，才能真实地看到自己在职业道路上走了多远，以及发现自身的优点与不足。当某个目标实现时，评估能够帮助个体总结成功的因素，提升自我认知；而当某个目标未能顺利达成时，评估能够帮助个体找出其中的原因与缺陷，避免犯同样的错误。因此，评估不仅仅是对既往工作的回顾，更是一个动态调整的过程，它为未来职业生涯的规划和目标的设定提供了坚实的基础与指导。通过对经验的总结，个体能够修正早期对自我的认知，完善最初设定的职业目标，确保每个阶段的目标都紧密衔接，并找到职业路径上的最佳前进方向。

（2）评估是继续完成职业生涯规划的必要前提

职业生涯规划通常包括短期、中期和长期的多重目标，每个目标都为下一个目标的实现奠定基础。目标之间不是孤立的，而是相互关联的，一个阶段性目标的达成常常是下一阶段的起点。如果在推进职业生涯的过程中没有及时评估前一个目标的效果，那么往往无法发现目标执行过程中的问题，最终可能导致职业生涯规划出现偏差。未能及时发现问题的规划不仅会影响目标的实现效率，还可能使职业生涯陷入迷茫。因此，评估是保证各阶段目标相互衔接、顺利推进的前提条件，帮助个体准确地识别不足之处，及时调整职业方向，避免错过实现长远目标的机会。

（3）评估是激励自己继续前进的动力

职业生涯规划的过程常常充满挑战，尤其是在面临复杂的职业选择与激烈的职场竞争时。通过对既定目标的评估，不仅能够发现自己的成绩，还能够获得实现职业目标的成就感与满足感。无论是在短期目标的完成过程中，还是在中期规划的实施过程中，评估都能让个体看到自己的进步，提高对自我能力的认可度。当某一阶段的目标顺利达成时，个体通过评估能够更加清晰地看到自己努力的成果，并由此激发更强的自信心和前进动力。每次成功的评估结果都可以成为下一阶段目标实现的动力源泉，使个体不断超越自我，迈向更高的职业高峰。评估的正向反馈不仅是对成就的肯定，还是在挫折面前保持坚持与韧性的精神支撑，让职业生涯在不断的自我调整和修正中变得更加坚定和有意义。

总之，职业生涯规划的评估是一个不可或缺的环节，它不仅为个体提供了反思与改进的机会，也激励个体在职业道路上不断进步、稳步前行。通过持续的评估与调整，个体能够让职业生涯规划更加科学、合理，同时也能增强实现长远目标的自信与动力。

2. 职业生涯规划评估的作用

除了上述意义，职业生涯评估还有以下几个方面的作用。

（1）增强自我意识与职业认知

职业生涯规划评估有助于增强自我意识，使个体更加清晰地认识到自己的兴趣、优势、技能和短板。通过定期的评估，个体可以深刻了解自己是否处于合适的职业轨道上，是否有必要改变职业方向或调整职业目标。它促使个体定期反思自己的职业认知和发展情况，了解当前的职位是否与个人价值观和人生目标相匹配。

（2）帮助应对职场变化和挑战

在快速变化的职场环境中，技术进步、行业变革及市场需求的不断变化，都会对个人职业生涯产生影响。通过职业生涯规划评估，个体能够及时了解自身所处的行业状况和趋势，从而对新的挑战做出适应性调整。这不仅能帮助个体调整职业目标和规划，还能让其更好地应对外部变化，如裁员、职位调整、行业萎缩等，做出积极反应，避免职业生涯的停滞或倒退。

（3）提高决策能力与目标设定

职业生涯规划评估可以帮助个体更理性地做出职业决策。当目标设定出现偏差或达不到预期时，个体通过评估可以重新审视自己的职业路径，调整职业目标的设定。评估能让个体明确哪些目标是切实可行的，哪些目标可能过于理想化或难以实现，有助于做出更加明智的决策，并科学地设定下一步的职业发展目标。

（4）提升职业满意度和幸福感

定期的职业生涯规划评估有助于提高职业满意度。通过回顾自己在工作中的成长与成就，个体能够确认自己的工作是否在职业生涯中产生了积极的意义和价值。当职业目标与个人发展方向匹配时，个体的工作体验和成就感会大大提升，从而增强职业幸福感。评估让个体看到工作的意义与价值，有助于摆脱职业倦怠，重新找到职业生涯中的乐趣与动力。

（5）促进个人成长与终身学习

职业生涯规划评估不仅仅是对目标的回顾，更是一种学习和成长的契机。评估能帮助个体发现自己在知识、技能、经验等方面的不足，并推动自身不断学习与进步。通过对自我发展状态的审视，个体能认识到职业生涯中的空白或薄弱环节，从而为终身学习的需求提供动力，不断增强竞争力和适应能力。

（6）拓展职业目标的长远视角

职业生涯规划评估能够让个体从更长远的角度看待自己的职业路径。通过反思短期和中期目标的完成情况，对长期职业目标进行调整和优化，确保每个阶段的努力都朝着最终目标迈进。评估还有助于发现个人职业生涯中的大局和全局，避免因眼前的挑战而忽视长期规划，从而提高职业生涯的持续性和稳定性。

（7）加强职业与个人生活的平衡

职业生涯规划评估不仅仅是针对职业目标的反思，更能让个体从个人生活与职业生涯的平衡角度进行审视。通过职业生涯评估，个体能够评估工作与生活的关系，是否因过度投入工作而忽视了个人生活，或者是否因生活不和谐而影响了工作表现。通过评估，个体能够重新找回职业与生活的平衡点，提升整体的幸福感与工作效率。

总的来说，职业生涯规划评估不仅帮助个体修正和调整职业目标，还涉及自我认知、决策能力、适应能力、学习动力及职业生涯的全方位反思与提升。通过全面的评估，个体可以不断优化自己的职业路径，在快速变化的社会中保持竞争力，并最终实现个人职业与生活的双重成就。

二、职业生涯规划评估的内容与要点

1. 职业生涯规划评估的内容

随着社会政治、经济、文化的不断发展变化及自身人生观、价值观等的变化，原来制订的职业生涯目标和计划与实际情况会有所偏差，这就要求个体不断反省并对规划的目标和行动方案做出修正或调整，以便规划更加切合实际并能继续执行，从而实现理想人生。评估与调整是在计划执行的过程中发现和识别问题，并针对问题获取相关信息，有重点地再次进行自我认知和职业探索，然后对问题和相关信息进行分析、综合、评估、决策及再执行的过程，实际上就是新一轮的职业生涯规划。这是一个不断循环的过程。

（1）职业生涯目标评估

职业生涯目标评估是职业生涯规划中至关重要的一步，它涉及对个人职业目标的合理性、可达性及适应性的全面反思。评估时，首先需要对照自己设定的目标与实际的执行结果，判断是否达成预期效果。如果目标已经不再适合当前的个人能力、兴趣或市场需求，就需要重新设定目标。例如，若长期无法适应现有职业的工作内容，或者在某个职位上无法获得应有的发展与晋升机会，就会导致职业发展的停滞、情绪低落甚至产生不愉快的工作体验。此时，修正目标是必需的，这包括重新评估职业选择、调整职业方向，甚至可能需要完全改变职业领域。此外，如果所从事的工作给家庭生活带来巨大压力，或者遭遇家庭成员反对，也需要考虑是否调整职业目标，以便实现家庭与职业的平衡。通过这一评估过程，个体可以避免进入不适合自己的职业轨道，从而实现职业目标与个人生活的双赢。

（2）职业生涯路径评估

职业生涯路径评估要求个体不断回顾和审视个人的发展方向是否依然具有可行性。当原有的职业路径缺乏发展前景、不能充分发挥个人潜力时，应及时调整方向。职场发展并非一成不变，随着时间的推移、新兴行业的出现、技术的革新及个人能力的变化，都可能带来更多的职业选择。如果当前的职业路径未能满足个人的长期职业目标或缺少进一步发展的空间，就应考虑调整发展方向。例如，在某个行业或职位中积累了一定的经验，但在面对更具发展潜力的行业或领域时，可能需要通过转行、再教育或技能升级来抓住新的机会。此外，评估职业路径时，还需考虑行业整体趋势、市场需求等外部因素，确保自己所选择的职业路径在未来具有持续发展潜力，从而避免因行业衰退或市场竞争加剧而受到负面影响。

（3）实施策略评估

实施策略评估是对如何执行职业生涯规划的策略性反思。职业生涯规划不只是制定目标和选择路径，关键在于如何高效实施计划和调整行动策略。如果原计划中的职业选择在实际执行中遇到阻力或未能达到预期效果，就应重新审视自己的行动策略。例如，可能原本计划在某个城市或地区工作，但因家庭问题无法长期定居，或是因城市发展前景有限，导致职业发展受到阻碍。在这种情况下，需要根据新的情境调整行动策略，可能包括选择去其他地方工作或探索其他职业选择。通过策略评估，个体能够及时识别执行过程中的不合理因素，采取灵活的应对措施，从而最大程度地保证职业生涯规划的顺利实施。

（4）其他因素评估

职业生涯规划不仅受个人意愿和市场需求的影响，还受多方面外部因素的制约。在职业发展的过程中，身体健康、家庭状况、经济条件等因素都可能成为调整职业目标和路径的重要依据。例如，如果个人或家庭成员的健康状况发生变化，需要更多的照顾，那么职业目标可能需要暂时调整，以减轻工作压力，甚至考虑暂停或改变职业发展方向。此外，家庭责任和经济压力也是影响职业规划的重要因素。如果某些意外情况发生，如家庭经济困难或突发的社会事件，就可能会迫使个体重新评估现有的职业目标和路径，做出适当的调整。例如，若某个工作地点的收入无法满足家庭开支，或者不可抗力因素导致工作机会减少，就应考虑调整职业选择。相同的，偶然机会或突发事件也可能为职业生涯带来新的机遇。通过对这些外部因素的及时评估，个体能够确保职业生涯规划保持灵活性，适应不断变化的环境，避免因单一目标而限制职业发展的多样性和灵活性。

2. 职业生涯规划评估的要点

职业生涯规划评估不仅仅是对过去成就的总结，更是对未来发展策略的反思和调整。了解职业生涯规划评估的要点，有助于更有效地面对职业生涯中的挑战和变化。

（1）抓住最重要的内容

在进行职业生涯规划评估时，要聚焦最关键的内容，避免被琐碎的细节所困扰。首先，明确哪些是当前阶段最重要的职业目标和发展方向。通过对这些核心内容的深度分析，可以更清晰地看到自己在职业道路上的定位。对于已取得的成绩，要有所总结，避免重复低效的努力；对于未达到的目标，则要通过评估找出症结所在，做好调整与突破。

（2）分离出最新的需求

环境是动态变化的，职业生涯规划也需与时俱进。在评估过程中，尤其要关注内外部环境的变化，包括行业趋势、技术革新、市场需求、职场竞争等因素的最新动态。分析这些变化对个人职业目标和路径的影响，寻找新的机会和需求。例如，某些传统行业正在向数字化转型，若没有及时跟上这一变化，就可能会错失职业发展良机。因此，要根据新的需求和趋势调整策略，发掘新的职业目标和方向，保持与行业发展同步。

（3）找到突破方向

在职业生涯的某个阶段，个体可能会遭遇瓶颈，突破性进展往往能改变不良局面。评估时要思考，在先前的职业规划中，哪些策略或目标可能对进展产生突破性影响？是否有某项策略未能实现预期效果？找出原因，分析哪些因素可能限制了突破，如何在下一阶段寻求新的突破。例如，如果之前没有注重职业技能的提升，就可能会因此无法晋升或提升职业竞争力，那么下一阶段就需要增强对新技能的学习与实践，以突破当前的能力瓶颈。

（4）关注最弱点

职业生涯规划中的“短木板”理论告诉人们，职业生涯的瓶颈往往是由某些弱点所导致的。评估时，除了肯定自己取得的成绩外，还要识别和修正这些短板。个体应找出最薄弱的方面与最短的“木板”，以清除发展上的障碍。常见的短板如下。

1）观念差距：过时或陈旧的观念可能会阻碍个体与时俱进，导致策略失误。例如，固守传统的职业发展观念，未能适应新的职场环境或行业变化。

2）知识差距：职场中的知识更新速度较快，如果未能及时学习新知识，就可能会在工作中遇到困难或错失机会。通过评估，确定哪些领域的知识是自己缺乏的，并采取相应的学习和提升措施。

3）能力差距：随着职场环境的不断变化，所需的能力也在不断更新。可能在某个时期，通过努力提高了某些能力，但随着新要求的出现，这些能力可能不足以应对新的挑战。因此，要根据新的需求对自身能力进行持续提升。

4）心理素质差距：许多时候，职业发展的瓶颈并不在于知识和技能的不足，而在于心理素质方面的问题。如何应对压力、调整心态、保持自信等因素，也会影响职业发展的步伐。评估自身的心理素质，发现自己的弱点，并通过心理调适、培养积极心态等方式加以改进，可以为职业生涯的顺利发展提供重要支撑。

三、职业生涯规划评估的程序

1. 重温职业生涯目标

在职业生涯中，经常回顾和重温职业目标至关重要。无论目标设定得多么明确和有针对性，如果缺乏定期回顾和反馈，计划可能会随着时间的推移而变得模糊不清，从而导致目标的偏离。以下是一些有助于重温职业生涯目标的做法。

1）经常回顾自己的构想和行动规划：有的人可能有很好的职业规划，但在日常忙碌中逐渐忽视了这些目标。要保持对目标的持续关注，避免在日常事务中迷失方向。设定固定的时间，如每周或每月对自己的目标进行回顾，确保始终朝着正确的方向前进。

2）将构想和任务方案呈现在显眼的地方：可以将职业目标和规划存储在计算机里，或者将其打印出来并贴在床头或办公桌上等常见的地方，让自己每天都能看到。这种方式能够时刻提醒自己，保持清晰的目标感，避免在忙碌的工作和生活中迷失方向。

3）在做重大决定时考虑目标规划：当面临重大的职业决策时，特别是在工作或生活中做出重大改变时，务必反思自己的长期目标和行动规划。确保这些决策与自己的职业生涯目标相一致，避免做出可能偏离方向的选择。

4）定期自问是否走在正确的轨道上：时常问自己，你正在做的事情是你最想做的吗？你适合这个职业吗？你能按时完成既定目标吗？你是否将注意力集中在最重要的任务上？这些问题能帮助自己保持清晰的自我认知，及时调整工作重点和行动方向。

2. 分析当前的实际情况与当初目标的吻合状态

职业目标不仅要有清晰的设定，还要与现实情况保持一致。随着时间的推移，个人的环境、需求及能力等会发生变化，评估这些变化与最初设定目标之间的差距至关重要。

1）确定精确的位置：了解自己当前在职业规划中的位置，是评估过程的第一步。将实际情况与初设目标进行比对，找出两者之间的偏差。通过量化的方式，如工作成果、职位提升或技能提升等，评估自己所取得的进展。

2）判断实际行为效果与期望值的偏差：对比自己的工作成果与预期目标，识别哪些目标没有实现或者未达到预期。要具体到任务和目标的层面，找到哪些方面存在差距，这可能是策略失误、能力不足或者环境变化导致的。

3）探究失败结果的根本原因：当目标未能顺利实现时，需要深入分析其背后的原因。是因为目标本身设定过于理想化，还是执行过程中存在偏差，抑或是外部环境的变化使原定目标变得不现实？分析失败的原因能够为未来的调整和修正提供有力的依据。

3. 运用结果修正并完善目标

职业生涯的目标不是一成不变的，它需要随着时间的推移、环境的变化及自身的成长不断修正和完善。通过评估，个体可以发现问题并及时做出调整，以确保目标的实现。

1）采取及时、适当的纠正措施：当发现自己未能按照原定目标前进时，应及时采取措施进行修正。这些措施可以是重新设定目标、调整策略或提升相关技能和能力。纠正措施要根据问题的具体情况实施，不能一味地延续原有的计划，而忽视现实的挑战。

2）调整策略、改变行动：如果在评估过程中发现原有的计划无法达到预期效果，就需要采取不同的策略。例如，可能需要通过跨行业的学习提升自身能力，或者改变工作方式以适应新的环境和需求。这些做法的关键在于保持灵活性，及时调整行动方案，确保顺利达成目标。

4. 进行自省和过程监督

持续的自我反思和监督是确保职业目标实现的重要保障。除了对每个阶段的目标进行总结外，还需要定期对整体职业规划进行检查和验证。

1）定期自省：自我反思有助于发现职业生涯中的盲点和潜在的机会。在定期回顾职业目标时，应时常问自己：我达到目标了吗？有哪些地方可以改进？我遇到的挑战是什么？下一步应该如何调整？这种反思能够帮助个体发现职业规划中的不足之处，进而修正方向。

2）过程监督：对过程的监督比单纯的目标设定更加重要。每 3 个月进行一次评估，确保行动计划按照既定的策略执行，及时发现偏差并调整。过程监督不仅仅是对目标的检查，更是对职业生涯规划实施效果的检验。通过监督，个体可以了解自己是否走在正确的轨道上，并及时调整和完善策略。

四、职业生涯规划评估的方法

职业生涯规划评估是一个系统化的过程，通过对个人的职业目标、发展路径、执行效果等方面的评估，个体能够发现问题并调整策略，从而更好地实现职业目标。常见的职业生涯规划评估的方法如下。

1. SWOT 分析法

（1）SWOT 分析法的基本概念

在充分认识自我、了解职业和环境后，还应评估各种因素对个人职业生涯的影响，判断自己的兴趣、爱好、特长、性格、气质与能力等是否适合当前的环境。要进行如此复杂的分析和评估，就需要借助强大的评估工具，SWOT 分析法是最为常用的一种分析评估方法。

SWOT 分析法是在市场营销管理领域被广泛使用的强大分析工具。它是由管理学家海因茨·韦里克（Heinz Weihrich）于20世纪80年代初提出来的，主要用来帮助决策者在竞争环境中制订适合企业发展的竞争战略，如今已被引入职业生涯决策中。在职业生涯规划问题上，每个人都是自身发展的决策者，SWOT分析法同样可以发挥有效的指导作用。SWOT分析法中的S代表优势（strengths），W代表劣势（weaknesses），O代表机会（opportunities），T代表威胁（threats），其中S、W是内部因素，O、T是外部因素。借助SWOT分析法，能够容易地了解自己的优势和劣势，并且可以详细地评估自己感兴趣的不同职业道路的机会和威胁所在。

（2）SWOT分析法的优势

SWOT分析法的优势主要体现在以下几个方面。

1）全面性：从4个维度（优势、劣势、机会、威胁）全面评估个人职业状况，帮助个体发现自身潜力和改进空间。

2）自我认知提升：通过识别自身的优缺点，增强自我意识和自信心，明确职业发展方向。

3）决策支持：为职业决策提供依据，帮助个体理性权衡不同选择，做出明智的决定。

4）发现竞争优势：帮助个体识别并利用自身优势，提升职场竞争力。

5）灵活性：简单易行，适用于任何职业阶段，支持随时调整职业发展策略。

6）提高适应力：通过识别外部机会和威胁，帮助个体更好地应对职业环境的变化。

（3）SWOT分析法的实施步骤

在运用SWOT分析法对职业生涯规划进行评估时，可以按照以下步骤进行。

1）分析自己的优势和劣势。随着社会分工的进一步细化，职业的分类也越来越细，每个人都会有自己突出的优势和才能，也会有不足和劣势。例如，有的人喜欢与人交往，不希望从事单调的工作；而有的人则不擅长与人交流，喜欢独自在实验室里做研究工作。

为了分析自己的优势和劣势，可以制作一个表格，列出喜欢做的事情和优势，同时也列出不喜欢做的事情和劣势。需要注意的是，找出劣势与发现优势同等重要，因为在此基础上可以有针对性地进行弥补和提高，也可以放弃那些自己不擅长的职业领域。

2）找出外部机会和威胁。社会环境时刻在发生变化，在变化的环境中，有些因素是机会，有些因素则是威胁。当然，不同的行业、职业和职位面临的机会和威胁也不同。只有准确地找出这些外部因素，才能做出正确的决策。例如，如果选择的行业最近几年不景气，那么它可以提供的工作职位自然比较少，升迁机会也就较少，因此在进行职业决策时要予以充分考虑；相反，充满许多积极的外部因素的行业将为求职者提供广阔的职业前景。

3）构造SWOT矩阵。将分析和调查得出的各种因素，包括自己的优势和劣势及外部的机会与威胁，根据轻重缓急或影响程度等排序方式，构造SWOT矩阵（图6-1）。在此过程中，将那些对职业发展有直接的、重要的、大量的、迫切的、久远的影响因素优先排列出来，而将那些间接的、次要的、少许的、不急的、短暂的影响因素排列在后面。

4）制订行动方案。在完成影响因素分析和SWOT矩阵的构造后，运用系统分析的方法，把各种因素相互匹配起来加以分析，就可以从中得出一系列相应的结论（如对策等），然后便可以制订出行动方案。制订行动方案的基本思路：发挥优势因素，克服劣势因素；利用机会因素，化解威胁因素；回顾过去，立足当前，着眼未来。

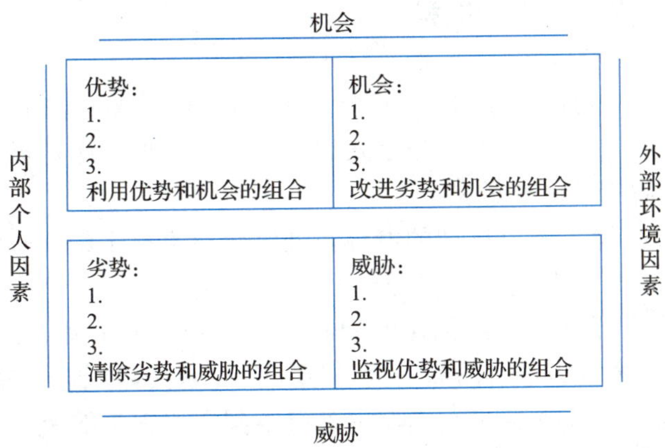

图 6-1　SWOT 矩阵

2. 360 度反馈法

（1）360 度反馈法的基本概念

360 度反馈法是一种全面且多维度的评估工具，通常用于评估职业生涯发展、绩效及个人成长。通过这种方法，个体不仅能获得来自领导的评价，还能获得来自同事、下属及自我评估的反馈，从而得到更加客观、全面的职业表现评估。这种方法能够帮助个体认识到自己在工作中的优势和不足，找到改进的方向，同时也能增强自我意识，促进自身成长。

360 度反馈法，顾名思义，是一种来自各个方向（即 360 度）的反馈方式。在这种反馈体系中，对个人的工作表现将从不同维度进行评估。这些维度通常包括以下几个方面。

1）上级反馈：来自直接领导或上级的评价，他们通常关注员工的绩效、执行力、战略理解能力及领导能力等。

2）同事反馈：与同事的互动和合作情况，同事的反馈可以提供关于团队协作能力、人际沟通能力及同事间合作的评价。

3）下属反馈：如果个体处于领导或管理岗位，下属的反馈尤为重要，能揭示个体在领导、管理、激励和沟通上的表现。

4）自我反馈：自我评估是自我反思的一个重要组成部分，有助于评估自己设定的目标是否合理，工作中的优势和不足在哪里，以及自己的发展方向是否明确。

（2）360 度反馈法的优势

360 度反馈法的优势主要体现在以下几个方面。

1）全面性：通过从多个维度和不同层级的人员收集反馈，360 度反馈法能够提供比单一评价更加全面的个人表现数据。

2）多角度的洞察：不同的人会从不同的角度来评估个体的工作表现，如上级可能更注重业绩和成果，而同事和下属则可能更关注人际关系与合作能力。

3）增强自我意识：通过多方反馈，个体能够了解自己在工作中的盲点，识别未曾察觉的弱点，从而增强自我反思和自我改进的意识。

4）促进职业发展：360 度反馈法为个人提供了一个明确的发展方向，帮助个体制订更具针对性的提升计划，提高职业技能和综合素质。

（3）360 度反馈法的实施步骤

在运用 360 度反馈法对职业生涯规划进行评估时，可以按照以下步骤进行。

1）目标设定：明确评估的目的，是绩效评估、职业发展，还是员工培训，确保所有参与反馈的人员了解评估的目标和意义。

2）选择反馈对象：确定参与反馈的群体，通常包括直接上级、平级同事、下属，以及本人。评估对象的多样性可以确保反馈的全面性和多角度性。

3）设计反馈问卷：设计一份结构化的问卷，其中涵盖工作绩效、领导力、人际沟通、团队合作、问题解决能力等方面。问卷应简洁明了，问题具体，避免模糊不清的评价标准。

4）收集反馈信息：通过匿名的方式收集来自不同层级人员的反馈，以保证反馈的真实性和客观性。常见的收集方式包括线上调查、邮件、面对面访谈等。

5）反馈结果分析：将收集到的反馈信息进行整理和分析，识别出个体在工作中的优势、短板及改进空间。在分析过程中，需注意不同来源的反馈差异，找出共同的评价趋势。

6）反馈与讨论：将评估结果反馈给个体，并进行深入讨论。反馈应客观、中肯，避免给个体带来负面情绪。在讨论过程中，个体应明确哪些方面需要改进，并共同制订行动计划。

7）后续跟进：在反馈和改进计划落实后，应定期进行后续评估，检查个体在改善目标方面的进展，确保评估结果的有效性和行动计划的执行力。

3. 目标-行动评估法

（1）目标-行动评估法的基本概念

目标-行动评估法是一种有效的自我评估工具，核心在于通过对比个人设定的职业目标和实际行动，判断自己的努力是否有效地推动了职业目标的实现。这种评估方法强调将目标设定与行动策略紧密结合，确保每一步行动都能为实现长期职业规划奠定基础，并且根据评估结果进行必要的调整与优化。

（2）目标-行动评估法的优势

目标-行动评估法的优势主要体现在以下几个方面。

1）清晰目标导向：这种方法能够帮助个体保持对目标的专注和导向性，确保工作和生活中的各项决策始终与设定的职业目标保持一致。

2）及时调整策略：通过定期评估目标与行动的对接情况，个体能够及时识别偏离轨道的行为和战略，避免浪费时间和资源。

3）增强自我反思与成长：这种评估方法本身就强调对执行过程的反思，帮助个体从每次行动中吸取经验教训，促进个人职业素质和能力的提升。

（3）目标-行动评估法的实施步骤

在运用目标-行动评估法对职业生涯规划进行评估时，可以按照以下步骤进行。

1）确定并列出已设定的职业目标：评估的第一步是明确个人的职业目标。目标通常可以分为短期目标、中期目标及长期目标，通过将这些目标进行层次化处理，个体能够更清晰地看出自己在职业发展规划中的进度。

2）检查实际行动是否达到预期成果：在评估时，首先需要核对设定的职业目标与实际行动是否匹配。考虑是否按照既定时间表完成了相关任务或项目，是否采取了必要的行动步骤，以及是否在每个时间段内都有效推进了职业目标的达成。如果行动和目标之间存在差距，就需要找出具体的原因，如行动计划是否执行不力、时间管理是否不当或目标设定是否不切实际。

3）评估行动计划的执行情况：对照实际的执行情况，分析行动计划是否得到有效的落实，是否采取了正确的策略，并对已取得的成果进行总结。此时，应关注以下两个方面。

成功因素：分析哪些措施帮助达成了目标。例如，通过学习新技能、扩展人脉、参加行业培训、调整工作方法等方式取得了突破。

失败原因：分析哪些因素导致了行动计划的偏离或未能达到预期成果。例如，是外部环境变化、个人执行力不足，还是目标本身设定存在问题。

4）根据评估结果，调整未来的行动策略：基于前面步骤中的反馈，个体需要对未来的职业行动计划进行修正与优化。如果发现某些行动方案未能达到预期目标，就可能需要调整策略，改进方法，或者重新设定更为切实可行的目标。例如，如果某个发展方向的机会不如预期，就可以考虑寻找新的目标或改变路径；如果某些工作方法无效，就可以尝试新的工作方式、提高效率等。

4. 自我反思法

（1）自我反思法的基本概念

自我反思法是一种非常直接且易于实施的职业生涯评估方法。它依靠个体的自我觉察和思考，通过对工作、生活及职业发展过程的回顾，帮助个体识别职业生涯中的成功与不足，从而为未来的职业规划和发展提供有价值的反馈。通过定期的自我反思，个体可以更清楚地了解自己的职业状况，发现潜在的改进空间，并在此基础上做出相应的调整。

自我反思法特别适合那些善于独立思考、具有高度自我觉察和自我调节能力的人。对于那些愿意深入思考自己在职业生涯中的进展、价值和情感的人来说，自我反思法能够帮助他们在日常工作中及时发现问题并做出调整，从而有效提高职业发展的质量。

（2）自我反思法的优势

自我反思法的优势主要体现在以下几个方面。

1）提升自我意识：自我反思法能够帮助个体增强自我意识，深入了解自己的工作习惯、情感反应、工作中的强项与短板，以及潜在的职业方向。通过反思，个体可以更清晰地识别自己的职业优势和改进空间。

2）具有灵活性和可操作性：自我反思法简单易行，任何人都可以根据自己的实际情况灵活地进行反思和评估。相比其他方法，它不需要外部资源或工具支持，个体可以根据自己的节奏进行调整。

3）促进个人成长：定期的自我反思不仅可以帮助个体发现问题，还能培养其批判性思维，帮助个体从每一次的挑战和失败中汲取经验，促进职业能力的持续提升。

4）提高职业满意度：通过不断的自我反思，个体可以更好地调整自己的职业方向，使工作更符合个人的兴趣与价值观，从而提升职业满意度和成就感。

（3）自我反思法的实施步骤

在运用自我反思法对职业生涯规划进行评估时，可以按照以下步骤进行。

1）定期回顾职业生涯：可以每天、每周或每月进行一次，也可以根据个人需求设置周期。在回顾时，个体可以评估自己的职业发展进度、成就和挑战，分析在过去一段时间内的工作表现，以及如何处理工作中的压力、机会和变化。

2）反思目标的实现情况：反思自己设定的职业目标是否实现，并且评估这些目标是否仍然符合当前的兴趣和能力。在职业生涯的不同阶段，目标可能会发生变化，因此定期检查目标的实际实现情况和目标是否依然适应当前的职业环境是至关重要的。

3）分析遇到的挑战与问题：回顾并分析自己在职业生涯过程中遇到的挑战、困难和问题，深入思考这些挑战的根本原因。例如，是由于缺乏技能、资源匮乏、工作环境的限制，还是由于自身的心理素质和应变能力不足。通过找出背后的原因，个体可以学习如何更好地应对类似问题。

4）设定未来的职业目标和行动计划：在对过去进行反思后，个体应根据自我评估的结果，设定下一阶段的职业发展目标，并制订具体的行动计划。这些目标应基于之前的反馈、经验和现有情况而设定，既要有挑战性，又要切合实际。

实训任务

制订职业生涯规划评估方案

【实训目的】

通过实训，学生能够了解并掌握如何设定和调整职业目标，以及学习如何根据长期、中期和短期目标评估个人的职业发展进度，并根据评估结果调整规划。

【实训过程】

根据职业生涯规划方案，从长期、中期和短期目标 3 个方面对规划执行情况制定评估表（表 6-1）。

表 6-1　职业生涯规划评估表

序号	时间	计划工作事项	量化目标	完成情况	未完成原因或效果评估
1					
2					
3					
4					
5					

【实训总结】

通过本次实训，学生能够更加理性地分析自己职业发展的进展，具备了更高效的目标设定和调整技能，为职业生涯的长期成功奠定坚实基础。

任务自测

项目六任务一学习自测

理解的知识点	
掌握的技能点	
感受与收获	
任务成效评分	0分--10分

拓展阅读

职业生涯规划方案的有效执行

心动不如行动。有了合理可行的职业生涯规划方案后，如何保证该方案的有效执行呢？可以从以下两个方面进行考虑。

1. 改变拖延的习惯

拖延是影响计划执行的最主要因素。不可否认，大多数人会出现拖延的情况，突出表现为寻找各种理由拖延完成计划。拖延不仅会影响事务的完成和计划的执行，还会使人产生紧张、焦虑等不良情绪。

拖延产生的原因及对策如下。

1）缺乏紧迫感。这通常是由于对事务完成速度的过高估计或是对自己能力的高估，认为只需要最后几天就可以完成工作或任务。对策：冷静思考事务的具体要求和细节；根据计划执行情况适当调整进度；在接到任务后马上执行。

2）没有分清主次。自己的时间常被用来应付那些琐碎的事，或者有完美主义情结，总想利用更多的时间好好地做事。对策：学习时间管理方法，要知道什么对自己最重要。其次，还要利用碎片时间。

3）对成功的信心不足。因为以前做事很少取得预期的成绩，所以缺少动力。对策：认识到完美是在实践中不断改进实现的；运用底线思维，找到底线并达到底线，再追求更好。

4）抵制和抗拒，讨厌被人委派任务。不一定是对事情的抗拒，可能是他人对你的态度不好，而让你觉得没必要去做这件事。对策：学会感恩。

5）缺乏自制力，容易受到情绪左右。对策：若经常出现“今天状态不佳”“明天再做更合适”“今天先放松，明天再处理事务”等想法，应及时摒弃这些借口，切实增强自我约束能力。面对任务要坚定决心，主动应对，而非选择回避。

6）目标与回报之间距离过远，导致动力不足。对策：将目标任务细化为每天可完成的最小单元，循序渐进地推进计划，并在完成后及时给予自己适当的奖励，以增强成就感和持续动力。

拖延的习惯既无法一蹴而就地改变，也不能完全依赖他人来克服。唯有依靠自身的意志和努力，才能真正摆脱拖延。这一过程需要坚定的决心和高度的自制力。请记住：行动是克服恐惧的良药，而犹豫与拖延只会不断滋长内心的恐惧。

2. 自我激励

自我激励是指个体不需要外界奖励和惩罚作为激励手段，能为设定的目标自我努力工作的一种心理特征。以下是常用的自我激励的有效方法。

1）立即奖励自己。每当达成一个近期目标时，就立即鼓励自己，如一句赞美、一份礼物等。当给予自己一些鼓励或奖励时，神经系统便会把完成任务跟快乐连在一起。

2）设定合适的目标。设定的任务目标要有一定的难度，但努力后可以实现。成功率为50%的任务能够激发最高的动机水平，因为这样的任务能够提供具有现实意义的挑战。

3）合理归因。在完成一项工作后，有人喜欢分析自己或他人取得成功或遭受失败的原因。对成功和失败的解释会影响个体对下一次成就行为的期望、情绪和努力程度等。如果将失败或成功归因于能力高低、运气（机遇）好坏、外界环境等内部、稳定、不可控的因素，就会产生习得性无助感，进而影响个体自我效能感的提升，或者会高估自我特质因素的作用而低估外在因素的影响。如果将失败或成功归因于努力程度、任务难易、身心状态等内部、不稳定、可控的因素，个体就会产生这一次无论是失败还是成功，下一次都会通过自己的努力取得成功的信念。

4）不断回顾成就事件，增强自我效能感。自我效能感是指人们对自己是否能够成功地从事某一成就行为的主观判断。直接的成败经验、替代性经验、言语劝说和情绪的唤起是影响自我效能感的 4 个方面。通过发掘自己的成就故事，可以从自身经历中发现自己的能力和特长，也可以从中找到对自己能力的自信，从而提高自我效能感。

5）寻找榜样和导师。榜样的力量在于，当看到他人因成功的行为而获得奖励时，便更容易激发出模仿其行为的动机。可以选择自己崇拜的人物作为榜样，也可以从目标行业或职业领域中挑选具有突出成就的人物，通过学习他们的经历、行为方式和奋斗精神，不断激励和引导自己向既定目标迈进。

6）自我对话。每个人都会在心中和自己进行对话，但是要想通过自我对话保持积极、乐观的心态，就必须谨慎选用字眼，应使用那些令人振奋、进取和乐观的字词。当心情低落、沮丧时，如果能不断安慰自己、主动体贴、积极引导自我对话，负面情绪就会逐步消除。

任务二 调整职业生涯规划

【任务目标】

知识目标

- 了解职业生涯规划调整的必要性和时机。
- 理解职业生涯规划调整的原则与内容。
- 掌握职业生涯规划调整的方法。

能力目标

- 能够根据个人职业发展的实际情况，及时识别差距，并进行自我评估和分析，为职业规划的调整提供依据。
- 能够根据评估结果，设计合理、具体的职业生涯规划调整方案，并通过行动来实现这些调整。
- 具备灵活应对职业环境变化的能力，能够根据外部因素和个人发展的变化，及时调整职业生涯规划，并保证目标的实现。

素质目标

- 保持持续学习和进步的态度，主动根据个人短板进行自我提升，以支持职业规划的有效实施。
- 增强面对职业生涯中的挑战和困难时的心理调节能力，能够保持积极心态、灵活应变。

知识讲解

在职业生涯发展的过程中，目标和环境的变化往往要求个人不断地调整和优化原有的职业规划。职业生涯规划是一个长期的过程，需要随着个人经历的积累、工作环境的变化及市场需求的更新而不断修正。调整职业生涯规划的核心在于敏锐地识别出目标达成过程中出现的偏差，及时进行评估与调整，以确保职业目标的可行性与发展路径的顺畅。通过合理调整职业生涯规划，个人不仅能增强应对挑战的能力，还能保持职业发展的持续动力，最终实现职业目标。因此，调整职业生涯规划就成为确保个人职业成功的重要环节。

一、职业生涯规划调整的必要性

1. 职业生涯规划是一个动态的过程，需要不断根据内部和外部环境进行调整

社会是一个不断发展变化的系统，职业作为其中的一部分，依托于社会环境，随着社会分工的不断细化而产生和演变。社会发展取决于生产力的不断进步，这就决定了职业生涯的发展是一个动态发展的过程。大学生要根据外部的环境，包括经济发展趋向和行业发展趋势，以及自身特点和优劣势，不断调整自己的职业生涯规划。大学生正处于对自己和社会的认知阶段，价值观处于形成时期，加上现实种种不确定因素的存在，原先制订的职业生涯规划有时会与现实情况有所偏差，这就需要对规划做出调整，以保证职业生涯规划的顺利进行，从而实现职业理想。

2. 职业生涯在不同阶段会面临不同的挑战和机遇，灵活调整可以让特定目标更现实可行

在职业生涯发展的过程中，个体会遇到难以预估的挑战和不可控的因素。自身和外部环境的变化会推动职业生涯的发展变化，从而促使个体不断进行调整，这是一个客观存在的过程。个人的兴趣和计划的改变，家庭的突发事件，如婚姻的改变、孩子的出生、孩子

读大学、配偶的工作变动等都会让个体改变和调整自己的规划。灵活地调整是为了更好地适应这些变化。

3. 职业生涯规划的调整有利于实现职业目标

随着年龄和阅历的增长，个体对自己的期望会越来越高。例如，当职位达到主管级别时，就会不满足现状，向经理级别努力。职业生涯规划是一个循序渐进的过程，目的是实现个人的职业理想，达成职业目标，也就是抵达金字塔的顶端。大学生刚毕业时，条件还不够成熟，10 年或 20 年后，其实际情况会发生改变，职业生涯规划也会随之不断调整，最终达成职业目标，实现自我价值的最大化。

二、职业生涯规划调整的时机

在职业生涯发展的过程中，会出现各种问题。当遇到以下问题时，就是调整职业生涯规划的时机。换言之，就是应停止挣扎而去寻找一份自己真正喜欢的工作的时候。

1）怀疑自己能力不足。如果在工作中感到痛苦，可能源于对自身工作表现的不满，却又不愿正视这一问题。此时，不妨冷静反思，认真评估自己的实际表现。你可以主动请上司对自己的工作进行评价，以判断是否达到其预期要求；也可以请一位值得信赖的同事，给予你相对客观的反馈。

2）与上司关系紧张。判断与上司是否合拍的一种常用方法是观察自己在他/她面前的感受：是轻松自在，还是紧张不安，抑或是产生对立情绪？这种主观体验往往能够反映出双方关系的真实状态。

3）与同事缺乏融洽。你可以自问：在与同事交往过程中，是否经常感到格格不入？是否对他们感兴趣的话题缺乏共鸣，甚至感到乏味？如果答案是肯定的，这可能意味着你已经处于一个难以融入的工作环境中。

4）工作过于轻松。如果你可以很轻松地完成工作，这可能意味着你的能力已远远超出当前职位的要求，而你自己尚未意识到这一点。此时，不妨自问：我还能从这份工作中学到新的知识或技能吗？我是否渴望进一步提升并拓展当前所掌握的能力？

5）对行业缺乏兴趣。如果可以重新选择职业道路，你还会选择现在所从事的行业吗？你是否愿意主动阅读本领域专家或成功人士的自传与相关资料？如果缺乏兴趣和投入感，说明你可能需要重新思考职业定位与行业方向的匹配度。

对于刚毕业的大学生来讲，调整职业生涯规划的最佳时机有两个：一是毕业前夕，已经有了求职实践，根据新的就业信息和社会需求，在求职过程中进行调整；二是工作 3～5 年后，已经有了从业实践，根据从业过程中对自身条件的检验，以及周围环境和自身素质的变化，及时予以调整。通过 3 年以上的社会工作，刚毕业的大学生可以更了解社会和企业的需求。最初的职业生涯多是从学校时期，也就是学校的视角来规划的，经过 3 年的工作，大学生更能从社会实际的角度来看待自己的职业发展。重新审视自己并及时调整职业发展方向，对职业生涯发展有着非常重要的意义。

三、职业生涯规划调整的原则与内容

1. 职业生涯规划调整的原则

（1）灵活性原则

经济、社会、技术在迅速发展，根据环境、自身客观条件的变化，经过尝试和实践的检验，对自身的认识不断进行调整和完善，及时进行反馈与调整，适时进行微调，这样更有利于职业生涯目标的实现。在多元化和全球化的今天，职业更新速度加快，必须随时准备转换职业角色。大学生要善于灵活地从一个角色迅速转换到另一个角色。

（2）发展性原则

在一个多元复合的社会中，既需要专业化的知识，也离不开通用性和多样化的技能。为了更好地规划未来的职业发展，大学生不仅要“低头拉车”，专注于某一专业领域的深入研究，还要“抬头看路”，思考所学专业在未来是否仍具有竞争力，关注社会正在发生的变革，及时了解和掌握新出现的技能。

职业发展应具有前瞻性，从长远角度出发，掌握多种技能往往比单一精通一门狭窄的专业知识更具优势。这样的能力结构，不仅能增强个人的适应力和抗风险能力，也能使个人在不断变化的职场环境中赢得更多机会。

（3）一致性原则

个人的职业生涯目标与组织发展目标相吻合，对个人、组织和社会都具有重要意义。如何让个人的发展与组织的发展保持一致，这是组织开发人才必须解决的一个问题，也是个人职业发展不能回避的问题。

个人的职业生涯目标策略或决定必须考虑所处组织的现实，职业的发展不可能脱离组织所界定的规范和组织的发展目标。个人是无法自足的，很多事情须依赖他人、组织或社会，也只有在团体和社会里，个人才能得到认同，从而实现自身价值。既能使个人成才，又能满足组织所需，这才是最好的选择。

（4）平衡性原则

职业生涯规划调整还包括为平衡职业生涯目标和其他目标（如生活目标、家庭目标）而做出的种种努力。因为人并非孤立地生活，人生也不仅仅只有工作，每个人在社会中还肩负着多重角色，而不仅仅是“职业人”。如果忽视职业目标与生活目标、家庭目标之间的协调和平衡，就难以满足生活中的多种需求，也难以保持持续稳定的工作表现。从长远来看，这种失衡不仅会损害个人的身心健康，还会成为实现职业生涯目标的阻力，使人精力分散，难以持续前进。

2. 职业生涯规划调整的内容

职业生涯规划调整包括多个方面，当自身情况和周围环境发生变化时，需要科学设定评估方案，评估行动计划实施过程和风险，制订切实可行的调整方案。

下面以第一人称采取假设的方式对调整内容进行分析与归纳。

（1）职业目标调整

1）假如在公司内一直不被器重，一直被排挤，我会选择其他公司。

2）假如公司的管理理念与我自身的理念不相适应甚至产生矛盾，我会选择离开该公司，去新的公司寻求发展。

3）假如公司福利不好，或者工资水平与其他同等公司差距悬殊，我会选择离开公司，去新的公司寻求发展。

4）假如公司倒闭，我会提前为去新的公司求职做准备，直到公司结束运营后，再到新的公司面试就职。

（2）职业路径调整

1）在大学阶段，假如我发现自己并不适合从事外贸类工作，我会选择走适合自己的金融方向的路线，进入银行工作，并重新制订职业生涯规划。

2）在工作初期，假如我发现自己并不适合从事外贸类工作，我会考虑通过参加职业资格考试或专升本考试，寻求新的发展方向。

3）在工作中期，假如我发现自己并不适合从事管理类工作，我会争取机会参加岗位培训或继续深造相关专业课程，提高自己的管理能力。

4）在工作后期，假如我发现自己并不适合从事高层管理类工作，我会选择提前退休或者到新的公司就职。

（3）实施策略调整

1）假如我的“亲民”管理路线不适合或者不奏效，我会选择走其他管理路线。

2）假如短期内工作过于劳累或者压力偏大，我会选择请假，到外地散心休养。

3）假如长时间处于过度劳累状态或者压力过大，我会选择其他公司。

4）假如公司文化影响力不足，我会强化公司影响力，同时融入自己的管理理念和文化影响因素。

（4）其他因素调整

1）假如身体出现重大疾病，我会选择辞职，待调理好身体再度就业。

2）假如家庭发生重大变故，如需要大量资金，我会酌情选择工资较高的工作；假如需要长时间陪伴家人，我会选择辞职，陪伴家人渡过难关。

3）假如经济状况不足以维持整个家庭的开支，我会尽量缩减开支，同时寻找第二份职业填补家用。

职业生涯规划调整的频率应依据个人实际情况，可以 1 年或半年做一次评估，在年初制订该年的具体计划并逐月修订，将具体计划按照月、周进行细分，并做好总结工作。积极修正并核查策略和计划，保证目标的有效实施。在特殊情况下，如职位、职业变更时期，可随时评估并进行相应调整。

四、职业生涯规划调整的方法

1. 职业生涯规划调整的基本方法

1）重新认识自己。重新认识自己就是掌握个人条件的变化，以及实际工作中的经验积累，能够更清晰地认识自己，明白自己想要什么、能做什么。在使工作契合自身特点的基础上，适时调整职业生涯规划，不仅更具现实可行性，还有助于实现长远的发展目标。

2）重新评估自己的职业生涯规划。通过对社会环境（如目前经济发展动向）、行业发展趋势、自己在本行业是否有更多的发展空间、工作现状和人际关系、工作环境等方面进行综合而全面的分析，进一步确定自己适合做什么、能做什么。

3）调整职业生涯发展目标。根据外部情况和自身条件发生的变化，可以适当地调整自己设定的职业发展长期目标和中期目标。

4）调整和落实行动计划。根据每个阶段不同的外部和内部环境的变化，调整自己的职业生涯发展规划。

5）制订提升自我发展的规划。调整并不是放弃以前的规划，而是使规划更符合当前的社会发展环境，调整的过程也是自我提升的一个重要过程。

2. 职业生涯规划调整的具体方法

（1）风险预测

职场人必须适应变化，做好职业生涯规划，主动进行风险防范。相关调查显示，“公司没有发展前景”“办公室政治”“工种可替代性强”“能力与工作不匹配”“知识、经验、能力过分透支”等，是令职场人感到不安全的因素。对于有一定工作经验且处于瓶颈期的职场人士来说，不安全感主要来自对自身未来职业发展的困惑，他们往往担心自身的知识结构和经验过早进入衰退期，晋升之路越走越窄。对于初入职场的新人来说，不安全感主要来自他们对自身工作能力的担心，担心自己的专业知识不够，不足以担当、胜任太多的工作。

在进行职业生涯规划时，要培养自己的风险防范能力，如平时有意识地储备人脉资源，或者准备资金支持，或者提前准备相关的知识和技能。如今，职业风险日益显现，无序性和不确定性已成为职业发展的显著特征。因此，要提前做好风险防范，提升自身的适应力与抗风险能力。

（2）职业生涯规划考核

职业生涯规划本身就是绩效考核的起点。在组织中，不同级别的成员拥有不同的能力和职责描述。当将任务细分到每个人时，首先应考虑对不同级别进行不同任务的分配。绩效考核的第一步就是设置目标。职业生涯规划就是员工在企业长期发展的路径，这个长期规划是短期目标的基础。如果没有这个长期规划，短期目标就将失去意义。

职业生涯规划也是每次绩效考核的终点。根据不同表现，员工获得不同的激励，这些激励也需要反映在职业生涯的发展上。对于表现优秀的员工，要进行奖励；对于表现欠佳的员工，要采取相应处理措施。企业吸引员工并非仅仅依赖薪水，更重要的是依赖员工的职业生涯发展带来更多的益处。职业生涯规划考核如表 6-2 所示。

表 6-2　职业生涯规划考核

项目	具体内容
职业生涯规划考核	1. 在工作中，你什么做得好，什么做得不好？ 2. 在工作中，你还需要什么？是需要学习，还是需要争取更多管理权限，抑或是积累实战经验？ 3. 如何应用你的培训成果？你拥有什么资源？ 4. 对于职业生涯发展，你现在应该停止做什么，开始做什么？培训和工作的时间如何安排？
职业生涯规划调整	1. 职业的重新选择 2. 职业生涯路线的重新选择 3. 人生目标的修正 4. 实施措施与计划的变更等

（3）职业生涯规划调整“三步走”策略

1）找准差距。差距是个人职业素质现状与实现职业生涯目标所需职业素质之间的差距，包括思想观念、知识、心理素质及能力上的差距。实现目标的过程就是缩小差距的过程。只有找准目前状况与实现目标所需要的知识能力、观念等方面的差距，才能采取有效的行动。

2）找对方法。缩小差距的方法主要是教育培训、讨论交流和实践锻炼3种。教育培训侧重于向书本学习；讨论交流侧重于向别人学习；实践锻炼是根本方法，就是去争取改变工作内容和工作方法，着重处理自己较难解决的工作，通过实践不断积累经验、提升能力。教育培训、讨论交流习得的知识和观念都要通过实践锻炼来应用。

3）确定实施步骤与完成时间。实施方案要有明确的时间坐标，并具有可操作性。由于人生在不同阶段具有职业生涯周期性的发展任务，职业生涯规划与管理的内容就必须分解成若干个阶段，每个阶段又有“起点”和“终点”，即“开始执行”和“完成目标任务”两个时间坐标。如果没有明确的时间规定，就会使职业生涯规划陷于空谈并导致失败。大学生要根据自身实际情况和社会发展趋势，不断设定新的可操作的短期目标。

实训任务

调整职业生涯规划

【实训目的】

通过实训，学生能够通过制订和调整职业生涯规划，运用“三步走”策略缩小职业理想与现实之间的差距；同时，理解如何根据个人的职业生涯规划，分阶段设定目标并根据实际情况不断调整，以便持续向职业目标迈进。

【实训过程】

玲玲是一名企业管理专业的大学生，她的职业发展目标是成为外资企业的一名中高层管理人员。玲玲清晰地认识到自己在现实与理想上还存在很大差距，请利用职业生涯规划调整“三步走”策略为她设计未来5年缩小差距的方法与具体安排，使她能够不断向梦想靠近。请将设计内容填入表6-3中。

表6-3 玲玲的“三步走”策略

差距	方法	具体安排
专业技术能力欠缺		
英语口语水平欠缺		
管理知识和能力欠缺		

【实训总结】

通过本次实训，学生更好地理解了职业生涯规划调整的必要性，提升了规划执行力，并掌握了在职业生涯发展过程中如何通过具体行动缩小差距、向目标不断靠近的有效方法。

任务自测

项目六任务二学习自测

理解的知识点	
掌握的技能点	
感受与收获	
任务成效评分	0 分---10 分

拓展阅读

杨澜的职业规划分析

1. 自我定位——传媒人

坚持目标，不懈追求。杨澜的职业角色历经数次转变，但始终“万变不离其宗”。无论路径如何转换，杨澜始终把自己定位为“传媒人”。因为她清楚自己的才能，所以从未偏离媒体这个大方向，而她的变化就在于职业目标层次的持续提升。

2. 自我素质的提升

（1）终身学习，以知识充实自我

杨澜拥有出众的外貌，但她并未选择依赖外在条件，而是致力于用知识塑造自己的人生。杨澜选择出国留学，正是为了深入研习中西文化对比，通过不断学习与积累提高自身的思维深度与广度。

（2）开阔视野，具备国际格局

杨澜的思维意识具有时代前瞻性，是中国电视主持人中鲜有的具备开放国际视野的代表人物。正是这种开放、多元的思维特质，赋予了她鲜明的国际视野和开阔的发展格局。作为电视节目主持人，杨澜曾采访众多世界政要、科学家、艺术家、企业家、杰出华人及杰出女性。1996 年，她入选英国《大英百科全书・世界名人录》；1999 年 2 月，被《亚洲周刊》（*Asia Week*）评为泛亚太地区 20 位社会与文化领袖之一。

3. 成功转型——传媒人与商人的完美结合

2000 年 1 月，杨澜出资 4000 多万元入股香港上市公司良记集团，成为第一大股东并担任集团主席。同年 3 月，良记集团更名为阳光文化网络电视控股有限公司。2001 年 7 月 13 日，杨澜在莫斯科国际奥委会 112 次全会上代表北京奥申委做文化主题的申办陈述，并见证了北京申奥成功。自 2003 年 3 月起，杨澜担任中国人民政治协商会议第十届全国委员会委员。2005 年，杨澜开始主持面向中国都市女性观众的大型谈话节目《天下女人》，其人物访谈节目始终深受全球华语观众的喜爱。

杨澜的事业兼具商业属性与文化使命，体现了她对文化传承和社会责任的担当。她创办阳光卫视，旨在介绍历史与人文，彰显了对文化发展的贡献；同时，她主持的电视节目也蕴含丰富的文化内涵，进一步推动了文化的传播与弘扬。

从央视的知名主持人到远涉重洋的学子，再到凤凰卫视的名牌主持，最后到阳光卫视的掌舵者，杨澜的角色在不断变化，而以一位文化经营者身份出现在公众视野里，则是杨澜人生最重要的角色转换。这些不同角色的成功转换归功于杨澜对人生的规划，首先她有明确的职业目标——做一名优秀的传媒人。围绕这个目标，她一步步地制订规划，每一步都比前一步更上一个台阶、更深一个层次，因此时至今日，勤奋睿智的她得以以成功优雅的姿态展现在世人面前。

知 识 考 核

一、选择题

1．职业生涯规划评估的意义不包括（　　）。

A．提供反馈机制，帮助总结经验　　B．作为继续完成职业生涯规划的必要前提

C．增强个人的物质财富　　D．激励自己继续前进的动力

2．在职业生涯规划评估中，（　　）不属于评估的内容。

A．职业目标的合理性　　B．职业路径的可行性

C．实施策略的有效性　　D．个人的外貌形象

3．以下方法不属于职业生涯规划评估方法的是（　　）。

A．SWOT 分析法　　B．360 度反馈法

C．目标-行动评估法　　D．随机抽样法

4．职业生涯规划调整的原则不包括（　　）。

A．灵活性原则　　B．发展性原则

C．不一致性原则　　D．平衡性原则

二、判断题

1．职业生涯规划评估的主要目的是帮助个人发现职业目标与现实之间的差距。（　　）

2．职业生涯规划调整的时机仅限于毕业前夕和工作 3～5 年后。（　　）

3．在职业生涯规划评估中，外部机会和威胁的分析对个人的职业决策没有帮助。（　　）

4．进行职业生涯规划调整时，个人的职业目标必须完全与组织目标保持一致。（　　）

三、填空题

1．职业生涯规划评估的意义之一是提供反馈机制，帮助个体总结成功的因素，提升自

我认知，同时在目标未能达成时，找出其中的________和缺陷。

2．在职业生涯规划评估中，评估职业目标的合理性、可达性及适应性属于________评估的内容。

3．SWOT 分析法中的“S”代表________，它帮助个人识别自身的优势所在。

4．在职业生涯规划调整的原则中，________原则强调个人职业目标与组织发展目标相吻合。

四、简答题

1．在职业生涯规划评估中，如何通过 SWOT 分析法评估个人的职业状况？

2．职业生涯规划调整的必要性体现在哪些方面？

3．简述职业生涯规划调整“三步走”策略的具体内容。

参考文献

戴艳，吴乐央，2020．大学生职业生涯规划[M]．3 版．北京：高等教育出版社．

邓基泽，曾龙威，2021．大学生职业生涯规划与就业创业指导教程[M]．2 版．北京：中国农业大学出版社．

刘明耀，曹金凤，陈强，2015．职业生涯规划与就业指导案例解析[M]．北京：电子工业出版社．

柳欣，2019．大学生职业规划与就业指导[M]．北京：清华大学出版社．

苏文平，2016．职业生涯规划与就业创业指导[M]．北京：中国人民大学出版社．

王胜会，廖满媛，乐海红，2021．智慧职场：职业生涯规划工具与方法[M]．北京：化学工业出版社．

王旭，毛主生，2019．大学生职业生涯规划与发展[M]．北京：高等教育出版社．

王彦敏，杨丽敏，杨颖，2018．大学生职业生涯发展与规划[M]．北京：高等教育出版社．

张智强，2011．大学生职业规划与人生发展[M]．北京：北京大学出版社．

钟谷兰，杨开，2008．大学生职业生涯发展与规划[M]．上海：华东师范大学出版社．

附　录

附录一　职业兴趣测试量表

下面的职业兴趣测试量表共 7 个部分，每部分测试都没有时间限制，但希望测试者尽快完成。

（一）你心目中的理想职业（专业）

对于未来的职业（或升学进修的专业），最好提前考虑。它可能很抽象、很朦胧，也可能很具体、很清晰。不论是哪种情况，现在都请你把自己最想做的 3 种工作或最想学的 3 种专业按顺序写下来。

1. ________________
2. ________________
3. ________________

（二）你感兴趣的活动

下面列举了各种活动，请就这些活动判断你的好恶。感兴趣的活动在“是”栏里打 √，不感兴趣的活动在“否”栏里打 √。请按顺序回答全部问题，并统计每种活动类型的分数。

现实型活动	是	否
1. 装配、修理电器或玩具	□	□
2. 修理自行车	□	□
3. 用木头做东西	□	□
4. 开汽车或摩托车	□	□
5. 用机器做东西	□	□
6. 参加木工技术学习班	□	□
7. 参加制图描图学习班	□	□
8. 驾驶卡车或拖拉机	□	□
9. 参加机械和电气学习	□	□

10. 装配、修理机械 □ □

统计“是”一栏得分：_____。

艺术型活动 是 否

1. 素描、制图或绘画 □ □
2. 参加话剧、戏曲方面的学习 □ □
3. 设计家具、布置室内空间 □ □
4. 练习乐器或参加乐队 □ □
5. 欣赏音乐或戏剧 □ □
6. 看小说或读剧本 □ □
7. 从事摄影创作 □ □
8. 写诗或吟诗 □ □
9. 参加艺术（美术或音乐）培训班 □ □
10. 练习书法 □ □

统计“是”一栏得分：_____。

研究型活动 是 否

1. 读科技图书或杂志 □ □
2. 在实验室工作 □ □
3. 改良水果品种，培育新的水果 □ □
4. 调查了解土壤和金属等物质的成分 □ □
5. 研究自己选择的特殊问题 □ □
6. 解算式或数学游戏 □ □
7. 上物理课 □ □
8. 上化学课 □ □
9. 上几何课 □ □
10. 上生物课 □ □

统计“是”一栏得分：_____。

社会型活动 是 否

1. 参加学校或单位组织的正式活动 □ □
2. 参加某个社会团体或俱乐部活动 □ □
3. 帮助别人解决困难 □ □
4. 照顾儿童 □ □
5. 出席晚会、联欢会、茶话会 □ □
6. 和大家一起出去郊游 □ □
7. 想获得关于心理学方面的知识 □ □
8. 参加讲座或辩论会 □ □

	是	否
9. 观看或参加体育比赛和运动会	□	□
10. 结交新朋友	□	□

统计“是”一栏得分：_____。

企业型活动	是	否
1. 说服、鼓动他人	□	□
2. 卖东西	□	□
3. 谈论时事	□	□
4. 制订计划，参加会议	□	□
5. 以自己的意志影响别人的行为	□	□
6. 在社会团体中担任职务	□	□
7. 检查与测评别人的工作	□	□
8. 结识名人	□	□
9. 指导有某种目标的团体	□	□
10. 参与政治活动	□	□

统计“是”一栏得分：_____。

常规型活动	是	否
1. 整理桌面和房间	□	□
2. 抄写文件和信件	□	□
3. 为领导撰写报告或公务信函	□	□
4. 核查个人收支情况	□	□
5. 参加打字培训班	□	□
6. 参加统计、文秘等实务培训	□	□
7. 参加商业会计培训班	□	□
8. 参加信息处理培训班	□	□
9. 整理信件、报告、记录等	□	□
10. 撰写商务贸易信函	□	□

统计“是”一栏得分：_____。

（三）你所擅长或能胜任的活动

下面列举的各种活动，擅长或能胜任的，在“是”栏里打√；反之，在“否”栏里打√。请回答全部问题。

现实型能力	是	否
1. 能使用电锯、电钻和锉刀等工具	□	□
2. 知道万用表的使用方法	□	□
3. 能修理自行车或其他机械	□	□
4. 能使用电钻床、磨床或缝纫机	□	□

5. 能给家具和木制品刷漆 □ □
6. 能看懂建筑等设计图 □ □
7. 能修理简单的电器用品 □ □
8. 能修理家具 □ □
9. 能修计算机 □ □
10. 能简单地修理水管 □ □

统计“是”一栏得分：_____。

艺术型能力 是 否

1. 能演奏乐器 □ □
2. 能参加两部或四部合唱 □ □
3. 能独唱或独奏 □ □
4. 能扮演剧中的角色 □ □
5. 能创作简单的乐曲 □ □
6. 会跳舞 □ □
7. 擅长绘画或书法 □ □
8. 能雕刻、剪纸或泥塑 □ □
9. 能设计海报、服装或家具 □ □
10. 能写得一手好文章 □ □

统计“是”一栏得分：_____。

研究型能力 是 否

1. 懂得真空管或晶体管的作用 □ □
2. 能列举3种含蛋白质多的食品 □ □
3. 理解铀的裂变 □ □
4. 会使用计算尺、计算机、对数表 □ □
5. 会使用显微镜 □ □
6. 能找到天空中的3个星座 □ □
7. 能独立进行调查研究 □ □
8. 能解释简单的化学式 □ □
9. 理解人造卫星不落地的原因 □ □
10. 经常参加学术会议 □ □

统计“是”一栏得分：_____。

社会型能力 是 否

1. 有向各种人说明解释的能力 □ □
2. 经常参加社会福利活动 □ □
3. 能和大家一起友好地相处或工作 □ □

4. 善于与年长者相处 □ □
5. 会邀请人、招待人 □ □
6. 能简单易懂地教育儿童 □ □
7. 能安排会议等活动顺序 □ □
8. 善于体察人心或帮助他人 □ □
9. 帮助护理病人或伤员 □ □
10. 安排社团组织和各种事务 □ □

统计“是”一栏得分：_____。

企业型能力 是 否

1. 曾担任学生干部，并且表现出色 □ □
2. 工作上能指导和监督他人 □ □
3. 做事充满活力和激情 □ □
4. 做事常用自身的做法去调动他人 □ □
5. 销售能力强 □ □
6. 曾担任俱乐部或社团负责人 □ □
7. 向领导提出建议或反映意见 □ □
8. 有开创事业的能力 □ □
9. 知道怎样做能成为一名优秀的领导者 □ □
10. 健谈善辩 □ □

统计“是”一栏得分：_____。

常规型能力 是 否

1. 会熟练地用计算机录入中文 □ □
2. 会用外文打字机或复印机 □ □
3. 能快速记笔记和抄写文章 □ □
4. 善于整理保管文件和资料 □ □
5. 善于从事事务性工作 □ □
6. 能熟练使用算盘或计算器 □ □
7. 能在短时间内分类和处理大量文件 □ □
8. 能熟练使用计算机 □ □
9. 能收集数据 □ □
10. 善于为自己或集体做财务预算表 □ □

统计“是”一栏得分：_____。

（四）你所喜欢的职业

下面列举的多种职业，如果是你感兴趣的，请在“是”栏里打√；如果是你不太喜欢、不关心的工作，请在“否”栏里打√。请回答全部问题。

现实型职业

	是	否
1. 飞机机械师	□	□
2. 野生动物专家	□	□
3. 汽车维修员	□	□
4. 木匠	□	□
5. 测量工程师	□	□
6. 无线电报务员	□	□
7. 园艺师	□	□
8. 长途公共汽车司机	□	□
9. 火车司机	□	□
10. 电车司机	□	□

统计“是”一栏得分：______。

社会型职业

	是	否
1. 街道、工会或妇联干部	□	□
2. 小学、中学教师	□	□
3. 医生	□	□
4. 婚姻介绍所工作人员	□	□
5. 体育教练	□	□
6. 福利机构负责人	□	□
7. 心理咨询员	□	□
8. 共青团干部	□	□
9. 导游	□	□
10. 国家机关工作人员	□	□

统计“是”一栏得分：______。

研究型职业

	是	否
1. 气象学家或天文学家	□	□
2. 生物学家	□	□
3. 医学实验室的技术人员	□	□
4. 人类学家	□	□
5. 动物学家	□	□
6. 化学家	□	□
7. 数学家	□	□
8. 科学杂志的编辑或作家	□	□
9. 地质学家	□	□
10. 物理学家	□	□

统计“是”一栏得分：______。

企业型职业	是	否
1. 厂长	□	□
2. 电视剧制片人	□	□
3. 公司经理	□	□
4. 销售员	□	□
5. 不动产推销员	□	□
6. 广告部长	□	□
7. 体育活动主办者	□	□
8. 销售部长	□	□
9. 个体工商业者	□	□
10. 企业管理咨询人员	□	□

统计“是”一栏得分：_____。

艺术型职业	是	否
1. 乐队指挥	□	□
2. 演奏家	□	□
3. 作家	□	□
4. 摄影家	□	□
5. 记者	□	□
6. 画家、书法家	□	□
7. 歌唱家	□	□
8. 作曲家	□	□
9. 电影、电视演员	□	□
10. 节目主持人	□	□

统计“是”一栏得分：_____。

常规型职业	是	否
1. 会计师	□	□
2. 银行出纳员	□	□
3. 税收管理员	□	□
4. 计算机操作员	□	□
5. 簿记人员	□	□
6. 成本核算员	□	□
7. 文书档案管理员	□	□
8. 打字员	□	□
9. 法庭书记员	□	□
10. 人口普查登记员	□	□

统计“是”一栏得分：_____。

（五）你的能力类型简评

附表 1 和附表 2 是你在 6 个职业能力方面的自我评分表，可以先与同龄者比较自己在每一方面的能力，然后对自己的能力做出评价。请在表中的适当数字上画圈，数字越大，表示职业能力越强。

附表 1　自我评分表 A

机械操作能力	科学研究能力	艺术创作能力	解释表达能力	商业洽谈能力	事务执行能力
7	7	7	7	7	7
6	6	6	6	6	6
5	5	5	5	5	5
4	4	4	4	4	4
3	3	3	3	3	3
2	2	2	2	2	2
1	1	1	1	1	1

注：请勿全部画同样的数字，因为个人的每项能力不可能完全一样。

附表 2　自我评分表 B

体力技能（现实型）	数学技能（研究型）	音乐技能（艺术型）	交际能力（社会型）	领导能力（企业型）	办公技能（常规型）
7	7	7	7	7	7
6	6	6	6	6	6
5	5	5	5	5	5
4	4	4	4	4	4
3	3	3	3	3	3
2	2	2	2	2	2
1	1	1	1	1	1

注：请勿全部画同样的数字，因为个人的每项能力不可能完全一样。

（六）统计和确定你的职业倾向

请将第二部分至第五部分的全部测试分数按已统计好的 6 种职业倾向（现实型、研究型、艺术型、社会型、企业型、常规型）填入附表 3 中，并做纵向累加。

附表 3　测试总评表

测试	职业倾向					
	现实型	研究型	艺术型	社会型	企业型	常规型
第二部分						
第三部分						
第四部分						
第五部分						
总分						

请将附表 1-3 中的 6 种职业倾向总分按高低顺序从左到右排列：

________型、________型、________型、________型、________型、________型。

（七）你所看重的东西——职业价值观

人们在选择工作时通常会考虑 9 个方面的因素，即工资高、福利好，工作环境（物质方面）舒适，人际关系良好，工作稳定有保障，能提供较好的受教育机会，有较高的社会地位，工作不太紧张、外部压力小，能充分发挥自己的能力特长，社会需要与社会贡献较大。请在其中选出最重要的两项因素，以及最不重要的两项因素。

最重要：________________________________

最不重要：________________________________

以上全部测试完毕后，找出测试得分居第一的职业类型，对照下面所列的信息，判断适合自己的工作类型。

现实型：木匠、农民、操作 X 光的技师、工程师、飞机机械师、鱼类和野生动物专家、自动化技师、机械工（车工、钳工等）、电工、无线电报务员、火车司机、长途公共汽车司机、机械制图员、修理师、电器师。

研究型：气象学家、生物学家、天文学家、药剂师、动物学家、化学家、科学报刊编辑、地质学家、植物学家、物理学家、数学家、实验员、科研人员、科技工作者。

艺术型：室内设计师、摄影师、音乐教师、作家、演员、记者、诗人、作曲家、编剧、雕刻家、漫画家。

社会型：社会学者、律师、导游、福利机构工作者、咨询人员、社会工作者、社会科学教师、学校领导、医生、公共保健护士。

企业型：推销员、进货员、商品批发员、旅馆经理、饭店经理、广告宣传员、调度员、零售商。

常规型：记账员、会计、银行出纳员、法庭书记员、成本估算员、税务员、核算员、打字员、办公室职员、统计员、计算机操作员、秘书。

由于篇幅限制，这里不可能把社会上所有的职业都列出，更多的职业类型可以参阅《中华人民共和国职业分类大典》。你可以根据自己的职业兴趣类型特点，寻找与自己职业兴趣类型特点一致的职业。

附录二 职业适应测试量表

下面的职业适应测试将现代职业分为四大类，即人、程序与系统、交际与艺术、科学与工程，每一大类又可进一步分为若干项。请按自己的真实情况，在“是”或“否”相对应的字母上画圈，每题只能画一个圈，不能多圈，也不能漏圈。

第一类：人	是	否
1. 我在做出决定前，常考虑别人的意见。	A	C
2. 我愿意处理统计数据。	C	A
3. 我总是毫不犹豫地帮助别人解决家庭问题。	A	C
4. 我常常忘记东西放在哪里。	B	C
5. 我很少能通过讨论说服别人。	C	B
6. 大多数人认为我可以忍辱负重。	C	A
7. 在陌生人中，我常感到不安。	C	B
8. 我很少吹嘘自己的成就。	A	C
9. 我对世事感到厌倦。	B	C
10. 我参加一项活动的主要目的是取胜。	C	A
11. 我容易被大多数人所左右。	C	B
12. 我做出选择后就会按照我的计划去做。	C	A
13. 我的工作成功对我很重要。	B	C
14. 我喜欢既需要大量体力又需要脑力的工作。	B	C
15. 我常问自己真正的感受如何。	A	C
16. 我相信那些使我心烦意乱的人自己心里是清楚的。	C	B

得分（每选择一个得 1 分，不计算答案 C）：

A（关于“照料人”）得分：________。

B（关于“影响于人”）得分：________。

第二类：程序与系统	是	否
1. 我喜欢整洁。	A	C
2. 我对大多数事情都能迅速地做出结论。	C	A
3. 我认为受过检验和运用过的决议最值得遵循。	A	C
4. 我对别人的问题不感兴趣。	B	C
5. 我很少对别人的话提出疑问。	C	B
6. 我并不总是能遵守时间。	C	A
7. 我在各种社交场合都感到坦然。	C	B
8. 我做事总愿意先考虑后果。	A	C
9. 我认为在限定的时间内迅速地完成一件事很有趣。	B	C
10. 我喜欢接受紧张的新任务。	C	A
11. 我的论点通常可信。	C	B
12. 我不善于核对细节。	C	A
13. 明确、独到的见解对我来说是很重要的。	B	C
14. 在人多的场所会约束我的自由表达。	B	C
15. 我总是努力完成已开始的事情。	A	C
16. 大自然的美使我震惊。	C	B

得分（每选择一个得 1 分，不计算答案 C）:

A（关于“言语”）得分：________。

B（关于“财务/数据处理”）得分：________。

第三类：交际与艺术	是	否
1. 我喜欢在电视节目中扮演角色。	A	C
2. 我有时难于表达自己的想法。	C	A
3. 我觉得我能写短篇故事。	A	C
4. 我能为新的设计提供蓝图。	B	C
5. 关于艺术，我所知甚少。	C	B
6. 我愿意做实际的事情，而不愿意读书或写作。	C	A
7. 我很少留意服装设计。	C	B
8. 我喜欢听别人谈论他们的见解。	A	C
9. 我有独创的思想。	B	C
10. 我发现大多数小说很无聊。	C	A
11. 我特别不具备创造力。	C	B
12. 我是个实实在在的人。	C	A
13. 我愿意将我的照片、图画给别人看。	B	C
14. 我能设计有直观效果的东西。	B	C
15. 我喜欢翻译外文。	A	C
16. 不落俗套的人使我感到很不舒服。	C	B

得分（每选择一个得 1 分，不计算答案 C）:

A（关于“文学、语言、传播”）得分：________。

B（关于“艺术与设计”）得分：________。

第四类：科学与工程	是	否
1. 在辩论中，我善于抓住别人的弱点。	A	C
2. 我几乎总是自由地做出决定。	C	A
3. 想个新主意对我来说不是问题。	A	C
4. 我不善于令别人相信。	B	C
5. 我喜欢在事前做好充分的准备。	C	B
6. 我认为抽象的想象有助于解决问题。	C	A
7. 我不擅长动手维修。	C	B
8. 我喜欢谈论不可能发生的事情。	A	C
9. 我不会因别人议论自己而感到难受。	B	C
10. 我主要靠直觉和个人感情解决问题。	C	A
11. 我办事有时半途而废。	C	B
12. 我不隐藏自己的情绪。	C	A

13. 我发现解决实际问题很容易。 B C
14. 我认为传统方法通常是最好的。 B C
15. 我珍惜我的独立。 A C
16. 我喜欢读古典文学。 C B

得分（每选择一个得1分，不计算答案C）：

A（关于“研究型”）得分：________。

B（关于“现实型”）得分：________。

将上述各类的A得分、B得分与A和B的总分填入附表4中。1～4分表明对某一类工作兴趣不大，5～12分居中，13分以上表明兴趣很浓。在这4类中总分最高的，说明这一类工作最适合你，能满足你的个性所求。可以根据下面的信息来确定适合你的具体职业。

附表4 职业测量得分

分类	分项	各项得分	A、B总分
人	A		
	B		
程序与系统	A		
	B		
交际与艺术	A		
	B		
科学与工程	A		
	B		

根据附表4中的分类，在每一类型中，A、B所代表的特点及相应的职业举例如下。

人：

A（关于“照料人”）：医务、福利、教育类，如医生、健康顾问、摄影师、社会工作人员、教师、演说家等。

B（关于“影响人”）：治理、商业、管理类，如军人、警察、监狱管理员、经理、市场管理员、市场开发员、广告经理等。

程序与系统：

A（关于“言语”）：行政管理、法律情报类，如办公室主任、人事管理秘书、律师、图书馆员、档案员、记录员等。

B（关于“财务/数据处理”）：金融、资料处理类，如会计、银行估价员、经济保险统计员、计算机程序员和系统分析员。

交际与艺术：

A（关于“文学、语言、传播”）：广播、文学语言类，如记者、翻译、电台与电视台研究员、广告抄写员、公共事务管理员。

B（关于“艺术与设计”）：设计与可视艺术类，如平面设计员、制图员、建筑师、舞台设计师、时装设计师、摄影师等。

科学与工程：
A（关于“研究型”）：研究与应用类，如生物学家、物理学家、化学家等。
B（关于“现实型”）：动手实操类，如机械工程师、土木工程师等。

附录三　性格类型测试

利用 MBTI 完成下面的性格类型测试。

1. 测试须知

1）参加测试的人员请诚实、独立地回答问题，只有如此，才能得到有效的结果。

2）MBTI 提供的性格类型描述仅供测试者确定自己的性格类型，性格类型没有好坏，只有不同。每种性格特征都有其价值和优点，也有缺点和需要注意的地方。清楚地了解自己性格的优劣势，有利于更好地发挥自己的特长，在为人处世中尽可能地避免自己性格中的劣势，更好地和他人相处，更好地做出重要的决策。

3）本测试分为 4 部分，共 93 题；需用时约 18 分钟。所有题目没有对错之分，请根据自己的实际情况选择。将你选择的 A 或 B 所在的○涂黑，如●。

4）只要认真、真实地填写测试问卷，那么通常情况下都能得到一个与自己的性格相匹配的类型。希望你能从中获得一些有益的信息。

2. 测试内容

1）附表 5 中的哪个答案最能贴切地描绘你一般的感受或行为？

附表 5　测试内容（一）

序号	问题描述	选项	E	I	S	N	T	F	J	P
1	当要外出时，你会怎么做？ A．计划要做什么和什么时候做 B．说去就去	A							○	
		B								○
2	你认为自己是一个怎样的人？ A．较为随兴所至的人 B．较为有条理的人	A								○
		B							○	
3	假如你是一位老师，你会选择教授什么课程？ A．以事实为主的课程 B．涉及理论的课程	A			○					
		B				○				
4	你通常在社交中是什么样的？ A．亲和力较强 B．比较沉静或矜持	A	○							
		B		○						

续表

序号	问题描述	选项	E	I	S	N	T	F	J	P
5	一般来说，你和哪些人比较合得来？ A．富于想象力的人	A				○				
	B．现实的人	B			○					
6	你如何处理情感和理智的关系？ A．让情感支配理智	A						○		
	B．让理智主宰情感	B					○			
7	在处理事情上，你会喜欢怎么做？ A．随兴所至行事	A								○
	B．按照计划行事	B							○	
8	你让人了解的程度如何？ A．容易让人了解	A	○							
	B．难以让人了解	B		○						
9	按照程序表做事让你有何感受？ A．合心意	A							○	
	B．感到束缚	B								○
10	当有一份特别的任务时，你会喜欢怎么做？ A．开始前小心组织计划	A							○	
	B．边做边思考需要做什么	B								○
11	在大多数情况下，你会选择怎么做？ A．顺其自然	A								○
	B．按程序表做事	B							○	
12	大多数人会说你是一个什么样的人？ A．重视自我隐私的人	A		○						
	B．非常坦率开放的人	B	○							
13	你宁愿被人认为是一个什么样的人？ A．实事求是的人	A			○					
	B．机灵的人	B				○				
14	在一大群人中，通常由谁来介绍？ A．你介绍大家认识	A	○							
	B．别人介绍你	B		○						
15	你会跟哪些人做朋友？ A．常提出新主意的人	A				○				
	B．脚踏实地的人	B			○					
16	你重视感情还是逻辑？ A．重视感情多于逻辑	A						○		
	B．重视逻辑多于感情	B					○			
17	你比较喜欢什么时候做计划？ A．坐观事情发展再做计划	A								○
	B．很早就做计划	B							○	
18	你喜欢花很多时间独处还是和他人在一起？ A．独处	A		○						
	B．和他人在一起	B	○							
19	与很多人在一起时你的感受如何？ A．活力倍增	A	○							
	B．心力交瘁	B		○						

续表

序号	问题描述	选项	E	I	S	N	T	F	J	P
20	你比较喜欢怎么做？ A．很早便把约会、社交聚会等事情安排妥当 B．无拘无束，看当时什么有趣就做什么	A							○	
		B								○
21	计划一个旅程时，你比较喜欢怎么做？ A．大部分时间都是凭感觉行事 B．事先知道大部分时间会做什么	A								○
		B							○	
22	在社交聚会中，你的感受如何？ A．有时感到郁闷 B．常常乐在其中	A		○						
		B	○							
23	你通常是什么样的？ A．亲和力较强 B．趋向自处一隅	A	○							
		B		○						
24	哪些人会更吸引你？ A．思维敏捷及非常聪颖的人 B．实事求是且具备丰富常识的人	A				○				
		B			○					
25	在日常工作中，你一般如何做？ A．颇为喜欢处理迫使自己分秒必争的突发事件 B．通常预先计划，避免在压力下工作	A								○
		B							○	
26	你认为别人用多长时间才能认识你？ A．很长时间 B．很短时间	A		○						
		B	○							

2）在附表 6 中的每对词语中，哪个词语更合你的心意？请仔细思考这些词语的意义，而不要理会它们的字形或读音。

附表 6　测试内容（二）

序号	问题描述		选项	E	I	S	N	T	F	J	P
27	A．注重隐私	B．坦率开放	A		○						
			B	○							
28	A．预先安排	B．无计划	A							○	
			B								○
29	A．抽象	B．具体	A				○				
			B			○					
30	A．温柔	B．坚定	A						○		
			B					○			
31	A．思考	B．感受	A					○			
			B						○		
32	A．事实	B．意念	A			○					
			B				○				
33	A．冲动	B．决定	A								○
			B							○	
34	A．热衷	B．文静	A	○							
			B		○						

续表

序号	问题描述	选项	E	I	S	N	T	F	J	P
35	A．文静　B．外向	A		○						
		B	○							
36	A．有系统　B．随意	A							○	
		B								○
37	A．理论　B．肯定	A				○				
		B			○					
38	A．敏感　B．公正	A						○		
		B					○			
39	A．令人信服　B．感人	A					○			
		B						○		
40	A．声明　B．概念	A			○					
		B				○				
41	A．不受约束　B．预先安排	A								○
		B							○	
42	A．矜持　B．健谈	A		○						
		B	○							
43	A．有条不紊　B．不拘小节	A							○	
		B								○
44	A．意念　B．实况	A				○				
		B			○					
45	A．同情怜悯　B．远见	A						○		
		B					○			
46	A．利益　B．祝福	A					○			
		B						○		
47	A．务实　B．理论	A			○					
		B				○				
48	A．朋友不多　B．朋友众多	A		○						
		B	○							
49	A．有系统　B．即兴	A							○	
		B								○
50	A．富有想象　B．以事论事	A				○				
		B			○					
51	A．亲切　B．客观	A						○		
		B					○			
52	A．客观　B．热情	A					○			
		B						○		
53	A．建造　B．发明	A			○					
		B				○				
54	A．文静　B．合群	A		○						
		B	○							

续表

序号	问题描述	选项	E	I	S	N	T	F	J	P
55	A．理论　B．事实	A				○				
		B			○					
56	A．富有同情心　B．合乎逻辑	A						○		
		B					○			
57	A．具有分析力　B．多愁善感	A					○			
		B						○		
58	A．合情合理　B．令人着迷	A			○					
		B				○				

3）附表 7 中的哪个答案最能贴切地描绘你一般的感受或行为？

附表 7　测试内容（三）

序号	问题描述	选项	E	I	S	N	T	F	J	P
59	当你要在一周内完成一个大项目时，你在开始的时候会怎么做？ A．把要做的不同工作依次列出 B．马上动工	A							○	
		B								○
60	在社交场合中，你经常会有什么感受？ A．与某些人很难开启话题并保持对话 B．与多数人都能从容地长谈	A		○						
		B	○							
61	要做许多人也做的事，你比较喜欢怎么做？ A．按照一般认可的方法去做 B．构想一个自己的想法	A			○					
		B				○				
62	你刚认识的朋友能否说出你的兴趣？ A．马上可以 B．要待他们真正了解自己之后才可以	A	○							
		B		○						
63	你通常较喜欢的是什么科目？ A．讲授概念和原则的科目 B．讲授事实和数据的科目	A				○				
		B			○					
64	你认为哪类人容易获得较高的赞誉或称许？ A．一贯感性的人 B．一贯理性的人	A						○		
		B					○			
65	你认为按照程序表做事有必要吗？ A．有时是需要的，但一般来说自己不大喜欢这样做 B．大多数情况下是有帮助的，而且是自己喜欢做的	A								○
		B							○	
66	和一群人在一起，你通常会选择如何做？ A．与自己熟悉的人谈话 B．参与大伙的谈话	A		○						
		B	○							
67	在社交聚会上，你会怎么做？ A．说话很多 B．让别人多说话	A	○							
		B		○						

续表

序号	问题描述	选项	E	I	S	N	T	F	J	P
68	把周末期间要完成的事列成清单，你认为这个主意怎么样？ A．合心意 B．让人提不起精神	A							○	
		B								○
69	你认为哪类人可以获得较高的赞誉或称许？ A．能干的人 B．富有同情心的人	A					○			
		B						○		
70	你通常喜欢怎么做？ A．事先安排社交约会 B．随兴所至做事	A							○	
		B								○
71	总的来说，要做一项大型作业时，你会怎么做？ A．边做边想应该做什么 B．首先把工作按步骤细分	A								○
		B							○	
72	你能否滔滔不绝地与人聊天？ A．只限于跟自己有共同兴趣的人 B．几乎跟任何人都可以	A		○						
		B	○							
73	你会如何处理问题？ A．采用一些证明有效的方法 B．分析现存问题，以及针对尚未解决的难题	A			○					
		B				○				
74	为乐趣而阅读时，你喜欢什么样的表达方式？ A．奇特或创新的 B．直抒胸臆的	A				○				
		B			○					
75	你宁愿为哪类上司（或者老师）工作？ A．天性淳良，但常常前后不一的 B．言辞尖锐，但永远合乎逻辑的	A					○			
		B				○				
76	你做事多数情况下会怎么做？ A．按当天心情去做 B．照拟好的程序表去做	A								○
		B							○	
77	你是否健谈？ A．可以和任何人按需求从容地交谈 B．只是对某些人或在某种情况下才可以畅所欲言	A	○							
		B		○						
78	要做决定时，你认为比较重要的是什么？ A．据事实衡量 B．考虑他人的感受和意见	A					○			
		B						○		

4）在附表 8 中的每对词语中，哪个词语更合你的心意？

附表 8　测试内容（四）

序号	问题描述	选项	E	I	S	N	T	F	J	P
79	A．想象　　　B．真实	A				○				
		B			○					
80	A．仁慈慷慨　　　B．意志坚定	A						○		
		B					○			
81	A．公正　　　B．有关怀心	A					○			
		B						○		

续表

序号	问题描述	选项	E	I	S	N	T	F	J	P
82	A．制作　　B．设计	A			○					
		B				○				
83	A．可能性　　B．必然性	A				○				
		B			○					
84	A．温柔　　B．力量	A						○		
		B					○			
85	A．实际　　B．多愁善感	A					○			
		B						○		
86	A．制造　　B．创造	A			○					
		B				○				
87	A．新颖　　B．已知	A				○				
		B			○					
88	A．同情　　B．分析	A						○		
		B					○			
89	A．坚持己见　　B．温柔有爱心	A					○			
		B						○		
90	A．具体　　B．抽象	A			○					
		B				○				
91	A．全心投入　　B．有决心	A						○		
		B					○			
92	A．能干　　B．仁慈	A					○			
		B						○		
93	A．实际　　B．创新	A			○					
		B				○				
总分										
每项			E	I	S	N	T	F	J	P

3. 评分规则

1）当将●涂好后，把 8 项（E、I、S、N、T、F、J、P）分别加起来，并将总和填在每项最下方的方格内。

2）请复查你的计算是否准确，然后将各项总分填在下面对应的方格内。

每项总分：

外向型	E			I	内向型
感觉型	S			N	直觉型
思考型	T			F	情感型
判断型	J			P	知觉型

4. 确定类型的规则

1）MBTI 以 4 个组别来评估你的性格类型倾向，即“E-I”“S-N”“T-F”“J-P”。请比较 4 个组别的得分。在每个组别中，获得较高分数的那个类型就是你的性格类型倾向。例如，如果得分是 E（外向）12 分、I（内向）9 分，那么性格类型倾向便是 E（外向）。

2）将代表获得较高分数的类型的英文字母填在下方的方格内。如果在一个组别中，两个类型获同分，则依据下面表格中的规则来决定性格类型倾向。

评估类型：

同分处理规则：假如E=I，则填I；假如S=N，则填N；
假如T=F，则填F；假如J=P，则填P。

附录四 职业价值观测试

下面有 52 个题目，每个题目都有 5 个备选答案（A．非常重要，B．比较重要，C．一般，D．不重要，E．很不重要），请根据自己的实际情况或想法，在题目后面圈出相应字母，每题只能选择一个答案。通过测验，你可以大致了解自己的职业价值观念倾向。

1．你的工作必须经常解决新的问题。

2．你的工作能为社会福利带来看得见的效果。

3．你的工作奖金很高。

4．你的工作内容经常变换。

5．你能在你的工作范围内自由发挥。

6．你的同学、朋友非常羡慕你的工作。

7．你的工作具有艺术性。

8．你的工作能使人感到你是团体中的一分子。

9．不论你怎么做，你总能和大多数人一样晋级和涨工资。

10．你的工作使你有可能经常变换工作地点、场所或方式。

11．在工作中，你能接触到各类人。

12．你的工作上下班时间比较随便、自由。

13．你的工作使你不断获得成功的感觉。

14．你的工作赋予你高于别人的权力。

15．在工作中，你能试行一些自己的新想法。

16．在工作中，你不会因身体或能力等因素而被人瞧不起。

17．你能从工作成果中知道自己做得不错。

18．你的工作需要经常外出、参加各种集会和活动。

19．只要你承担起这份工作，就不再被调到其他意想不到的单位和工种。

20．你的工作能使世界更美丽。

21．在你的工作中，不会有人常来打扰你。

22．只要努力，你的工资会高于其他同年龄的人，升级或涨工资的可能性比做其他工作大得多。

23．你的工作是一项对智力的挑战。

24．你的工作要求你把一些事务管理得井井有条。

25．你的工作单位有舒适的休息室、更衣室、浴室及其他设备。

26．你的工作有可能结识各行各业的知名人物。

27．在工作中，你和同事建立了良好的关系。

28．在别人眼中，你的工作是很重要的。

29．在工作中，你经常接触到新鲜的事物。

30．你的工作使你能常常帮助别人。

31．你在工作单位中有可能经常变换工作。

32．你的作风使你被别人尊重。

33．你的同事和领导人品较好，与他们相处比较随便。

34．你的工作会使许多人认识你。

35．你的工作场所很好，如拥有适度的灯光，安静、清洁的工作环境，以及恒温、恒湿等优越的条件。

36．在工作中，你为他人服务，使他人感到满意，你因此也感到高兴。

37．你的工作需要计划和组织别人的工作。

38．你的工作需要敏锐的思考。

39．你的工作可以使你获得较多的额外收入，如常发实物、常购买有折扣的商品、常发商品的提货券、有机会购买进口货等。

40．在工作中，你是不受别人差遣的。

41．你的工作结果应该是一种艺术，而不是一般的产品。

42．在工作中，你不必担心因所做的事情令领导不满意而受到训斥或经济惩罚。

43．在工作中，你和领导有融洽的关系。

44．你可以看见自己努力工作的成果。

45．在工作中，常常由你提出许多新的想法。

46．由于你的工作，经常有许多人来感谢你。

47．你的工作成果常常能得到上级、同事或社会的肯定。

48．在工作中，你是一个负责的人。虽然可能只领导少数人，但你信奉“宁做兵头，不做将尾”的俗语。

49．你从事的工作经常在报刊、电视中被提到，因而你在人们的心目中很有地位。

50．你的工作有数量可观的夜班费、加班费、保健费或营养费。

51．你的工作比较轻松，精神上也不紧张。

52．你的工作与影视、戏剧、音乐、美术、文学等艺术领域有联系。

评分与评价：

上面的 52 个题分别代表 13 种职业价值观。选 A 得 5 分，选 B 得 4 分，选 C 得 3 分，选 D 得 2 分，选 E 得 1 分。请根据下面评价表中每一项前面的题号，计算每一项的得分总数，并将其填在每一项的得分栏上。然后在表格下面依次列出得分最高和最低的 3 项。

题号及对应的价值观说明：

1. 利他主义（2，30，36，46），工作的目的和价值在于直接为大众的幸福和利益尽一份力。

2. 美感（7，20，41，52），工作的目的和价值在于能不断追求美的事物，以得到美感的享受。

3. 智力刺激（1，23，38，45），工作的目的和价值在于不断进行智力的操作、动脑思考、学习，以及探索新事物、解决新问题。

4. 成就感（13，17，44，47），工作的目的和价值在于不断创新，不断取得成就，不断得到领导与同事的赞扬，或不断实现自己想要做的事。

5. 独立性（5，15，21，40），工作的目的和价值在于能充分发挥自身的独立性和主动性，按自己的方式、步调或想法去做事，不受他人的干扰。

6. 社会地位（6，28，32，49），工作的目的和价值在于所从事的工作在人们的心目中有较高的社会地位，从而受到他人的重视与尊敬。

7. 管理（14，24，37，48），工作的目的和价值在于获得对他人或某事物的管理支配权，能指挥和调遣一定范围内的人或事物。

8. 经济报酬（3，22，39，50），工作的目的和价值在于获得优厚的报酬，使自己有足够的财力去获得想要的东西，让生活过得较为富足。

9. 社会交际（11，18，26，34），工作的目的和价值在于能和各种人交往，建立比较广泛的社会联系和关系，甚至能结识知名人物。

10. 安全感（9，16，19，42），不管自己能力怎样，希望获得安稳的工作局面，不会因奖金工资变动、调动工作或领导训斥等而提心吊胆、心烦意乱。

11. 舒适（12，25，35，51），希望能将工作作为一种消遣或享受的方式，追求比较舒适、轻松、自由、优越的工作条件和环境。

12. 人际关系（8，27，33，43），希望大多数同事和领导人品较好，相处时令人感到愉快、自然。你认为这就是很有价值的事，是一种极大的满足。

13. 追求新意（4，10，29，31），希望工作内容经常变换，使工作和生活显得丰富多彩，不单调枯燥。

得分最高的 3 项：1. __________； 2. ________； 3. __________。

得分最低的 3 项：1. __________； 2. ________； 3. __________。

从得分最高和最低的 3 项中，可以大致看出你的价值倾向，可供选择职业时参考。